ダライ・ラマとチベット

1500年の関係史

大島信三

芙蓉書房出版

まえがき

ダライ・ラマとは何者か。案外、知られておらず、ダライ・ラマというのはチベットの王様の名前だと思っている人がすくなくない。ダライ・ラマは名前ではなく、一つの称号であり、「中世以来、ダライ・ラマと呼ばれた人は一四人いて、そのうちの一人はモンゴル人でした」というと、「えっ、チベット人でなくともいいのですか」と大抵の人は意外な顔をする。

ダライ・ラマの代替わりは、まるで神話の世界のような生まれ変わりという方式によっておこなわれるので、建前のうえでは民族とか家柄はまったく関係がない。言い換えれば、中国人がダライ・ラマに選ばれる可能性も皆無ではないということだ。大半の人が「まさか」と思うだろうし、チベット人にはノーサンキューであろうが、民族の異なるチベット法王がかつて存在したという事実は、あらかじめ記憶にとどめておきたい。

チベット人はダライ・ラマという言い方をしない。一体、チベット人はどのように呼んでいるのか。訳書をふくめ日本語の関連書からピックアップしてみた。いわくクンドゥン（御前様）、ギャワ・タムチェキェンパ（全智全能の法王）、ギャワ・ヒイ・ノルブ（願いごとをかなえてくれる王）、ギャワ・リンポチェ（帝王玉座）、タムジェ・ケンバ（一切智者）、キャブグン・リンポチェ（救済主宝座）、チェンレージ（観音）、イシン・キ・ノルブ（如意宝珠）と、けっこう豊富である。

このなかで日本人にいくらかなじみがあるのは、映画の題名となったクンドゥンであろう。一九九九（平成一一）年に日本で初公開されたアメリカ映画『クンドゥン』（マーティン・スコセッシ監督）は、ダライ・ラマ一四世のインド亡命までを描いたもので、一四世の甥の息子や亡命チベット人が多数出演している。

クンドゥンもいいが、日本人にはやはりダライ・ラマが一番なじみやすい。ダライはモンゴル語で大海を、ラマはチベット語で上人《しょうにん》（徳のある僧侶）を意味する。したがってダライ・ラマとは、もったいぶった訳をつければ、大海のごとき高徳の僧侶ということになる。なぜ、モンゴル語とチベット語の合成語なのか。これはダライ・ラマの誕生にかかわる重要なポイントであり、いずれその経緯はふれることになる。ラマといえば、かつて日本ではチベット仏教をラマ教と呼んだ。この宗教はラマを主体としていたので、ラマ教というのは的確な訳語であった。ただ、戦前からメディアでラマ教は興味本位に扱われることが多く、結局、イメージの低下を招いて、やがてチベット仏教という言い方が定着した。結局、ラマ教を邪教のようにしか理解できなかった、メディアの勉強不足のせいである。

受戒した僧侶は法名《ほうみょう》をさずかる。テンズィン・ギャムツォというのが、当代のダライ・ラマ一四世の法名である。歴代ダライ・ラマの法名には一四世紀後半に生まれた初代ゲンドゥン・トゥッパを除いて、いずれもチベット語で海を意味するギャムツォがつけられた。もっとこだわれば、テンズィン・ギャムツォは略称で、一四世の正式名は落語の寿限無《じゅげむ》ほどではないが、ジェツン・ジャムペル・ガワン・ロサン・イエシェー・テンズィン・ギャムツォ・ツンパメーデと長い。ちなみに親からもらった一四世の幼名はハモ・トンドゥップという。

ダライ・ラマ一四世は何度も来日し、その都度多くの日本人を魅了してきたが、一九九五（平成七）年四月四日夜、東京・虎の門のホテルオークラでひらかれたレセプションは忘れ難い。一四世を歓迎しようと民間の有志が主催し、会費が二万円（亡命チベット人社会への義捐金も含まれていた）にもかかわらず会場の「平安の間」は一五〇〇人近くの人波で埋まった。冒頭、一四世が一時間二〇分の法話をおこなった。

このとき五九歳だった一四世が、「人間は宗教がなくとも生きられるが、愛なくしては生きられない」と述べた。神や仏の上に人間の愛を置いたのがとても印象深く、いまも覚えている。

レセプションの後半、「ダライ・ラマ法王様はここにおいでの皆さんの一人ひとりにお目にかかります」と司会者がいった。その場にいた全員が一列に並び、立ち止まらずに一四世と向き合い、互いに会釈し、手を差し伸べ、軽く握り合っていくというのだ。事前に知らされていなかったので、会場に静かなどよめきが広がった。

先代法王も個別の祝福を大切にした。二〇世紀の前半に三〇年近くチベットに籠り、チベット仏教の修行と研究に励んだフランスの女性探検家、アレクサンドラ・デビッドニールはダライ・ラマ一三世が大勢の巡礼団と会うときの姿を目撃して、「ローマ法王はただ一つの身振りですべての巡礼者を祝福するのに、チベット法王は一人ひとりに祝福を与えている」と血の通ったふれあいに驚嘆している。

ダライ・ラマ一四世は長い行列の、一人ひとりに対して笑顔を欠かさなかった。笑顔を絶やさないという表現がある。実際には不可能なのだが、一四世はほとんど一時間近く一五〇〇人近い列の最後尾までほほ笑みつづけた。対照的に前後を固めるSPのほうは忿怒《ふんぬ》の仁王のようであった。当夜、会場のあちこちで法王様、あるいは猊下《げいか》ということばが聞かれた。

法王といえば、一般の人々がまず頭に浮かべるのはローマ法王であろう。バチカンでは法王ではなく、教皇という言い方を望んでいるが、一般になじんでいるのは法王だ。日本史に関心がある人は、後白河法皇を思い出すかもしれない。ただ、院政時代の法皇はたしかに政治権力者にして僧侶であったが、宗教界を牛耳っていたわけではなく、ローマ法王やチベット法王と同列にはできない。政治と宗教の双方の指導者でなければ、やはり法王とはいえないのだ。

ダライ・ラマの場合、厳密にいえばチベット仏教界の最高指導者ではない。いくつかある宗派のなかの一つ、ゲルク派のトップにすぎない。それでも法王と呼ばれていたのは宗教界で突出した存在であるうえ、政治の最高指導者であったからにほかならない。ダライ・ラマは政治権力を握って、初めてチベットの僧王となったのだ。

チベットの場合、一世から一四世までの歴代ダライ・ラマ全員が僧形《そうぎょう》の王であったわけではない。ダライ・ラマが政治権力を持ったのは一六四二（寛永一九）年、五世の時代からである。徳川家光が将軍の頃だが、このとき以来の専制君主政治に大ナタを振るったのが、インドで亡命政権を樹立した当代の一四世である。かねてより法王制の改革を予告していた一四世は二〇一一（平成二三）年、まずみずからの政治権力を放棄し、選挙で選ばれた新首相に権限を移譲した。

だからといってチベット人に対するダライ・ラマ一四世の圧倒的な影響力そのものにさほどの変化はなかったが、とにもかくにも三六九年間にわたり連綿としてつづいてきた法王制に事実上終止符が打たれた。言い換えれば、一四世は最後のチベット法王となったのだ。ただし、最後のダライ・ラマになったわけではない。いずれにしても宗教指導者としてのダライ・ラマは終身制であり、退位は許されない。

もっとも、いまもなおダライ・ラマ一四世に対して、相変わらず法王様という尊称が使われている。ダライ・ラマ法王日本代表部事務所（チベットハウス・ジャパン）という公式機関の名称にも変化はないし、チベット仏教関係者の間で交わされる会話も依然としてダライ・ラマ法王様である。そのダライ・ラマとチベットを多角的にとらえてみたい。

本書は先代と当代のダライ・ラマを中心とするが、より理解を深めるために古代チベット王国までさかのぼってスケッチする。歴史に登場する王は六世紀のソンツェン・ガムポからだが、この王もダライ・ラマ同様、観音菩薩の化身《けしん》といわれる。生まれ変わりという連続性の文化を育んだ民族だから、チベット全史にわたる構成にもそれなりの意味があろう。また、ダライ・ラマ制の最大の特徴である転生《てんしょう》相続システムについても一章をついやした。

チベットと日本の関係は、本書が力点をおいた一つだ。明治や大正期にチベットを目指した勇敢な日本人、すなわち河口慧海《かわぐちえかい》、能海寛《のうみゆたか》、寺本婉雅《てらもとえんが》、成田安輝《なりたやすてる》、青木文教《あおきぶんきょう》、多田等観《ただとうかん》、矢島保治郎《やじまやすじろう》の人間模様にもふれた。明治維新後、なぜ日本人は情熱を傾けてチベットを目指したのか。これもぜひとも知りたいテーマであり、一章をもうけた。

最後にチベットからインドへ亡命したカルマパ一七世を取りあげ、本書の結びとした。チベットの将来にかかわる人物と目されているからだ。チベット一五〇〇年関係史がまるごとつかめるよう、いくぶん年表ふうの書き方をしてみた。訳書を含め日本語の参考書の充実ぶりには、目を見張るものがある。本書もその恩恵にあずかった。チベットに関心のある若い世代のため、巻末にダライ・ラマ&チベット関連文献を相当数あげた。これら貴重な書籍同様、本書もいささかでもお役に立てばさいわいである（文中敬称略）。

ダライ・ラマとチベット　目次

第7章

第8章

第9章

✸第1章 チベット仏教の本家で閉じられた法王制

ガンジー流政治姿勢にノーベル平和賞

まだ二三歳だったダライ・ラマ一四世が中国人民解放軍の監視を逃れてチベットの都ラサを脱出し、厳寒のヒマラヤを越えてインド北東部の国境の町、タワンにたどり着いたのは一九五九（昭和三四）年四月七日のことだった。当時、青年法王のインド亡命を日本の新聞や雑誌は、「奇跡の逃避行」とか、「死の谷を行く」といった見出しで大きく報じた。

この年の一月一日、キューバの独裁政権が三二歳の弁護士、フィデル・カストロ率いる反政府軍に倒された。カストロは革命政府の首相となった。日本に目を転じれば、第二次岸信介《のぶすけ》内閣のときで、皇太子（明仁《あきひと》親王）と正田美智子のご婚礼を三日後に控え、ミッチーブームが日本列島に広がっていた。

その後、ダライ・ラマ一四世一行が落ち着いたのはインド北西部ヒマーチャル・プラデーシュ州にあるダラムサラであった。日本人には、大ざっぱにいってパキスタンとの国境に近いカシミール地方の方角といったほうが見当もつきやすいだろう。インド政府に受け入れられた亡命チベット人たちは標高一八〇〇メートルのヒマラヤの西の山麓に本拠を構え、法王を最高指導者とするチベット亡命政府、正式名称でいえば中央チベット政府を樹立した。

当時、亡命チベット人のだれもが、ダライ・ラマ一四世のダラムサラ滞在が半世紀を超えるとは想像もしなかった。しかしながら一四世自身には、腰掛け程度の軽い気持ちはなかったと思われる。それはダラムサラにいち早く子どものための学校を建設したうえ、チベット文化の保存を目的とした研究所を設置したり、チベットの主要な僧院をつぎつぎとインドに再建していったところからもわかる。早くから長期戦の覚悟が、一四世の胸中にあったのはあきらかだ。

ラサから成都へ向かう旅客機が飛び立ってまもなく撮った。思わず息をのみ込みたくなるほど、チベットの山々は峻厳そのものに見えた（本文の写真はいずれも筆者撮影）

歴史上、各地で亡命政府はいくつもつくられたが、最初から同じ指導者によって半世紀以上も長くつづいた例はほかにない。そしてまたインドに散在するチベット社会のように民族の宗教や文化がこれほど大規模にそっくりそのまま異郷に移され、継承されていったケースはあまりない。

ラサ脱出からちょうど三〇年後の一九八九（平成元）年六月四日、北京で天安門事件が起きた。人民解放軍がこともあろうに人民へ銃を向けるという異常事態に、中国政府は国際世論から袋叩きにあった。ダライ・ラマ一四世もまた厳しい見解を表明し、水面下ですすめられていたチベット亡命政府と中国政府の話し合いがご破算になるという一幕もあった。それに呼応するかのように同じ年の一〇月五日、オスロでノーベル平和賞が一四世に贈られると発表された。中国の侵略に対して、非暴力によるチベット解放を説いてきた一四世のガンジー流政治姿勢が高く評価されたのである。最高実力者だった鄧小平《とうしょうへい》が激怒し、中国政府が「乱暴な内政干渉」と強く不快感を表明したのも、それだけ痛いところをつかれたからにほかならない。

ドラマチック街道でインド仏教消滅を思う

ダライ・ラマ一四世のノーベル平和賞受賞が発表された直後、筆者が勤務していた産経新聞社は他社に先駆けて取材班をダラムサラへ派遣することになった。一四世とのインタビューをおこなうという企画だった。当時、特集部編集委員の筆者は「話の肖像画」というインタビュー欄を担当していたが、その取材班の一人に指名され、一九八九（平成元）年一〇月下旬、インドへ出発することになった。そして、さいわいにもインタビューは実現し、紙面を飾った（ダライ・ラマ一四世とのインタビューは「波乱多きわが人生」と題して一九八九年一一月一五日から一七回にわたって産経新聞夕刊に掲載された。また、『日本記者クラブ会報』二〇一〇年六月一〇日号に「ダライ・ラマ一四世会見記」を掲載。以下、本文でこれらと重複する部分があることをあらかじめおことわりしておく）。

インドのニューデリーからダラムサラまでは五四〇キロある。道中はドラマチック街道と名づけたいほどに面白かった。ゾウやラクダに乗る人から、人力車に高級車と多彩だ。また、沿道は野外動物園のようにリスやサル、イノシシがチョロチョロと、あるいは悠然と道路を横切る。インドには、来世は動物に生まれ変わるかもしれないという言い伝えがあり、生きものを大切にする。だから腕に蚊がとまっても殺さない。その一方でクルマに轢《ひ》かれた動物の死骸があちこちに放置されていた。

ドラマチック街道では、あらゆる交通手段が行きかう。そのなかで、いまもラクダの出番はすくなくない

インドにおけるイスラム勢力の強大さをひと目で実感させるのは、北部アーグラにあるタージ・マハルだ。17世紀、トルコ系イスラム王朝のムガール帝国5代皇帝が亡くなった妃のために建てた総大理石の霊廟。世界遺産である

インド仏教は一三世紀初頭にあっけなく滅んだ。理由は諸説ある。ブッダ（仏陀。サンスクリット語で目覚めた者という意味）の教えがインド人の性分に合わなかったとか、女性パートナーをともなった在家密教行者らの不健全な姿が民衆の反感を買ったとか、ブッダの教えが大きく変容したためとか、異教から強い圧迫があったとか、いろいろあげられている。そのなかでイスラム勢の強大な影響は衆目の一致するところだ。それは筆者の実感でもあった。

ドラマチック街道沿いのモスクやイスラム教徒の祈る姿を車中から見ているだけでも、インドにおけるイスラム教の怒濤のような浸透ぶりを想像できるのだ。インドの民族宗教であるヒンズー教は多数派とはいえ、いくつかの宗派の寄せ集めであり、その存在感はとてもイスラム教にかなわない。実際、イスラム教のインド進出が、チベットへ仏教をもたらす契機となったのは否定しようのない事実であった。すでにその萌芽は五、六世紀から見られ、一一世紀に入るとイスラムの強圧に追いまくられたインドの仏教僧がつぎつぎにチベットへ向かったのだ。

中村元、インドを語る

日本人の多くが初めてチベット仏教にふれたとき、仏像にしても、教えにしてもそのおどろおどろしさ、あるいはセクシャルなところに違和感をいだくが、インド仏教に接したあとだと、それほどでもないのだ。

インド仏教とチベット仏教の近さはだれもが認めるところである。

在日チベット人のなかには、「日本人はインド仏教にばかり関心を寄せている」とやっかむ向きもあるが、日本における書籍の発行点数からいえば、現在はチベット仏教やダライ・ラマ関連書のほうが上だ。いずれにしてもインド抜きでチベットは語れないが、そのインドはじつにふところの深い国である。筆者は以前、インド哲学の世界的権威、中村元《はじめ》東京大学名誉教授にインタビューした。急がば回れという格言に従って、ひとまずインドに寄り道し、老哲学者の話に耳を傾けたい（『正論』一九九二年三月号）。

——先生が東洋の哲学に惹《ひ》かれた契機は何でしょう。

「若い頃に病気をしまして、とてもふさぎ込むような傾向がありました。そうすると、どうしても哲学的な、あるいは宗教的な深みのある思想に惹かれるわけですね。インドの思想とか仏教は、心に迫るものがありますので、ついふらふらとのめり込んでしまったわけです」

——最初にインドに行かれたのは、いつ頃ですか。

「終戦直後、日本がアメリカの占領下にあった頃です。まだ日本人は外国へ行けなかった時代です。本当に運がよかったと思いますが、スタンフォード大学でわたしの著書（『東洋人の思惟方法』）に注目し、客員教授として呼んでくれたのです。カゴの鳥が抜け出したようなものでしょう。この機会だと思って、帰国するとき、アメリカ大陸をよぎり、ヨーロッパを通り、それからインドからアジアの国々をまわりました」

——先般、ダラムサラへ行き、七世紀の昔に玄奘《げんじょう》（『大唐西域記《さいいき》』を著し、のちに伝奇小説『西遊記』の三蔵法師のモデルとなった）はよくまあ中国から歩いてきたものだと感心しました。先生が初めてインドにいらっしゃった頃も、まだたいへんだったと思いますが。

「若かったから無茶もしました。第一、どこへ泊まっていいか、わからない。ホテルなどありません。好意のある人が、わたしの家に泊まりなさい、というのです。泊まれといっても、屋根の上です。インドの屋根は平らです。雨季以外は、雨が降りません。屋根の上に椅子を置いて、お月さんを見ながら二度も寝た経験があります」

――仏教発祥の地であるインド、それを受け継いだチベット仏教のほんの一端にふれたにすぎませんが、日本の仏教とはずいぶんちがうなと思いました。

「仏教は相当変わりました。それぞれの民族を通ってくる間に、その民族に合うようにだんだん変わったわけですね。もとのものと比べるとずいぶんちがいがあります」

――インド人は、同じアジアでも日本人とはちがいますね。

「あの茫漠《ぼうばく》たるところで、悠遠《ゆうえん》を見つめて暮らしているわけでしょう。日本人は歴史を大事にしますけれど、インドの仏典を読むと、国王または盗賊ということばがよく出てきます。民衆を苦しめるものが二つある。国王と盗賊というわけです。永遠を見つめている民族ですから、王朝の歴史などどうでもいいのですね。永遠の教えとか、神との交流をいつも考えている。インド人には宗派意識はあまりないです。日本では宗派が細かにわかれています。日本人は小さく固まりたいのですね」

――そうすると、悠久なるものを見つめているインド人は、死を恐れない民族といえるわけですか。

「死を恐れないというより、死を見つめているといったほうがいいと思います。つまりわれわれは死から隔《へだ》てられ、死を隠して生きているわけでしょう。けれど、インド人は人間の根底には死があることをまともに見ているので、どうしても形而上学的《けいじじょうがく》になるでしょうね」

――そのくせインド人は遺体に鈍感というか、亡《な》きがらへのいたわりはあまり感じられません。

「河のなかへポンと投げ込んだり、灰をパッと流したり」

――道路に動物の死体がころがっているのに、片付けないのです。

「片づけない、ほんとに。日本人はきれい好きですから、すぐ片づけますね」

――ブッダは、いまのネパールでお生まれになったといわれていますが。

「中部ネパールの南側のところです」

――ブッダは本当に実在された方ですか。

「そうです。『ルンビニーでお釈迦さまはお生まれになりました。そこへ敬意を表するためにお参りに行きました』というアショカ王の建てた石碑が残っているのです」

――あまり文字を残さないインド人なのに、ブッダにかぎっては少々多すぎるような気もしますが。

「王様の語録は、ほとんど残ってないわけですね。王様は盗賊と紙一重《かみひとえ》と思われているから。ところが、釈尊は偉いとみんなが思っているからひとこと、ひとことを大事に伝える。伝えている間に、いろんなことがつけ加わる。大乗《だいじょう》仏教になると釈尊は理想化されます。あることないこと、みんなお釈迦さまにかこつけてしまうのです」

――ブッダがこの世にあらわれ、キンキラキンの偉いお坊さんたちを見たら、びっくりされるでしょう。

「あのキンキラキンは日本独特です。シナや朝鮮半島のお坊さんは墨染《すみぞ》めの衣《ころも》です。緋《ひ》の衣なんてないのです。これは世俗化ですね、あきらかに」

――ダライ・ラマ一四世はふつうのお坊さんと同じ法衣でした。

「そうです。ふつうのお坊さんと同じえんじ色の服を着ています。世俗を超えている出家者ですから、そこに階級の区別などありえないわけですね。同じように戒律を守って暮らしているわけですから」

――それなのに日本では僧正とか大僧正とか……。

「とてもハイアラーキー（階層構造）があるのです」

「豪華な法衣をまとった日本の僧侶のなかには不勉強な人がいる」と苦言を呈したことのあるダライ・ラマ一四世は、「わたしは一介の修行僧です」と繰り返し述べている。決して雲の上の人ではないというのだが、この一修行僧という表現に一四世の生き方が凝縮されている。いうまでもないが、ダライ・ラマの存在を正しく理解しようとするなら、せめてチベット仏教の初歩ていどは知っておきたいものだ。

大乗仏教と小乗仏教

インド仏教の流れを汲むチベット仏教は七世紀から九世紀にかけての前伝期と、一〇世紀以降の後伝期

ラサの繁華街、パルコルを行くチベット仏教の僧侶

1989年の晩秋、ダラムサラの公邸を散策するダライ・ラマ14世。法王といえども、ふだんは一般の僧侶と変わらない

にわけられる。明確な分断はチベット民族が一度仏教を捨てた時期のあったのをあらわしている。また中国仏教や日本仏教が主に前期インド仏教を取り入れてきたのに対して、チベット仏教は後期インド仏教を純粋な形で受容してきた。この点は重要なところだ。

大きくわければ仏教には、大乗仏教のほかにもう一つ、上座部《じょうざぶ》仏教とか部派仏教といわれる小乗《しょうじょう》仏教がある。仏教はインドから第一波として南ルート（東南アジア）、第二派として北ルート（東アジア）を通じて広まった。南ルートは小乗仏教であり、中国や日本が含まれる北ルートは大乗仏教である。南ルートを南方仏教、北ルートを北方仏教という言い方もある。第一波、第二派にさらに第三派ともいうべき潮流を受けたチベットもまた大乗仏教だ。

小さな乗りものという意味の小乗仏教は大乗仏教側からの呼び方で、そこにはあからさまな蔑視がふくまれている。小さな乗りもの組の出家者は、俗世間を離れ、狭苦しいところで共同生活をつづけながら、自分たちのためにだけ修行にはげんでいるというわけだ。だが、出家して厳しい修行に耐えた者だけが悟りをひらけるというのは、ブッダの根本の考えである。もともとブッダが目指したのは小乗仏教のみであり、大乗仏教が目指す命あるものすべてを救う衆生《しゅじょう》救済は、ブッダの教えからは極端にかけ離れているのだ。

バンコクの朝市で写す。タイ人の多くは小乗仏教の信者。托鉢をする黄衣の僧侶のハダシは小乗仏教の戒律の厳しさをうかがわせる。供物をささげ、僧侶を拝む信者の姿はタイの日常的な光景だ

また、日本でも小乗仏教という言い方は差別用語だからと上座部仏教のほうを使うジャーナリストもいるが、筆者は小乗仏教でかまわないと思っている。フランスの印象派というネーミングは当初、悪口で使われた。現在、

印象派と聞いて悪いイメージをいだく人は皆無だ。それと同じで、いまはだれも小乗ということばに悪意を感じていない。小乗仏教の出家者は野菜などを自分で生産することを禁じられ、すべてもらいものに頼る。そして、ひたすら修行に打ち込む。その教えはタイやスリランカ、ミャンマー、カンボジア、ラオスなど東南アジアに広まった。じつはブッダの入滅《にゅうめつ》後、数百年ほどは小乗仏教だけだった。

小乗仏教への反発から派生した大乗仏教は大衆部仏教ともいうように、わかりやすくいえば仏教の大衆化である。大きな乗りものという意味の大乗だから、だれもが入れる。出家しても、しなくてもよい。自分だけでなく、他人を救うために祈る。生きとし生けるものすべてに仏性が宿っているとし、自利から利他への転換を説く教えは画期的であった。利他心の涵養《かんよう》によりチベット仏教も、中国仏教も、日本仏教も包容力に富むことになるが、その一方で年月を経るうちにブッダの教えからどんどん離れていった。俗化しやすいだけに腐敗も生じた。

東京・銀座４丁目交差点の和光側より写す。佇む托鉢僧。日本は僧侶が衆生のために祈る大乗仏教の国。30分ほど観察しだが、通りすぎる通行人はだれ１人、僧侶に視線すら向けなかった

司馬遼太郎、密教を語る

大乗仏教は顕教《けんきょう》と密教《みっきょう》にわけられる。顕教はことばによる教えだが、密教とはなんであろう。誤解を恐れずにいえば、早く悟《さと》りをひらくためのことばによらないスピード修行ということか。チベット仏教の

真髄はまさしく密教にあるといってよい。言い換えれば、密教の意味をいくらかは知らないと、チベット仏教に近づけないということだ。筆者は以前、名作『空海の風景』で芸術院恩賜《おんし》賞を受賞した司馬遼太郎にインタビューした際、密教について聞く機会を得た。そのときの一問一答を紹介したい（『正論』一九九三年一一月号）。

――ひと口に密教といっても真言密教とチベット仏教とはずいぶんちがうようです。

「インドから北上して来た仏教が、いつのことか密教の形になってチベットに入る。インドにおける密教の成立は四、五世紀ぐらいのようですね。お釈迦さんは密教なんか知らないわけです」

――顕《あら》わにされた教え（顕教）と秘密の教え（密教）ですか……。

「秘密というよりも、奥の教えといったほうがいいかもしれません。風がいま動こうとしている、地震がいま起ころうとしている、山がいま緑になろうとしている。これらは宇宙のなかの生命の動きがそうさせているわけですが、そのなかに入ろうとするのが密教です」

――神秘的ですね。

「うわべはオカルトみたいですが、そうではなくて宇宙の動きの内面という意味です。密教がチベットに入って、チベット人は初めて形而上学に接します。土地の人たちは素朴な日常語しか持っていなかったのに、ことばをつくってお経全部を翻訳した。チベットは人類史上稀《まれ》なる体験を持った土地なのです。いまは、中国政府が苛酷にとりあつかっていますが」

――チベット仏教はインドの後期密教をオリジナルに近い形で受容しているといわれます。学問的にも貴重のようです。

「原始仏教の研究という点では、チベット大蔵経《だいぞうきょう》は非常に価値があるそうですな」

――ダライ・ラマ一四世にお会いしたとき、ダラムサラの図書館でチベット大蔵経を見せてもらいました。

「魅力的な人のようですね。ダライ・ラマにしてもパンチェン・ラマにしても生まれ変わりによって継《つ》がれてきていますね。亡くなったあとに生まれた子どもをさがして、化身《けしん》とする。それで非常に高貴な精神を持つことができるというのは、人間のたのもしさというものですね」

このとき、筆者は司馬遼太郎に、「仏教はインド人の肌に合わなかったのでしょうか」と聞いた。「平等主義を説いたからでしょうな。それが、カーストが大好きな人々にとって不愉快だったのでしょう。そのため仏教のお坊さんはシルクロードあたりへ行くわけです。そこに王国がいくつもあったので保護を受けるようになった。そこで知的生産されたのが大乗仏教です」と、高名な作家は語った。

また、仏教について、「仏教は基本的にはすべて空《くう》です。空は数字の零《ぜろ》ということです。これはインド人の考えです。零の発見もインド人です。それもお釈迦さん以後のインド人ですね。空を考えたのはお釈迦さんですけれども、その空の説明を後世のインド人はじつに巧みにおこないました。それが大乗仏教になって日本に入りました」と、司馬遼太郎は述べた。

中沢新一、チベット密教修行を語る

チベット仏教界では、時代順にニンマ派、サキャ派、カギュー派、そしてダライ・ラマ一四世の出身母体であるゲルク派を四大宗派という。ニンマ派は前伝期からの古い宗派であり、サキャ派やカギュー派、ゲルク派は後伝期にできた。ニンマ派は旧約密教経典に基づき、他の三派は新約密教経典によるが、本質的なちがいはない。歴代ダライ・ラマは、厳密にいえばゲルク派のトップにすぎないが、政治の最高指導者となってからはすべての宗派に精通することが求められている。

日本人の多くは、ダライ・ラマ一四世に好意をいだいている。だが、宗派のほうはどちらかといえば、ゲルク派よりニンマ派に関心を寄せている。宗教学者の中沢新一が若い頃に修行したのはニンマ派の伝承するゾクチェン密教だったし、日本で人気の高い『チベット 死者の書』もニンマ派の聖典だ。筆者はかつて中沢にインタビューし、つぎのようなやりとりを交わした（産経新聞一九八八年四月二九日）。

——チベット密教の修行をしようと思い立ったのは、お坊さんになるつもりで？

「最初にチベットへ行ったときは、頭をそってお坊さんになるつもりでした。で、先生のところへ行ったら、先生は密教行者ですけれど、ま、そうあわてるな、一緒に暮らしてから決心してもおそくはないとおっしゃる。一か月くらい一緒に暮らしてから、キミは僧には向いてないから、密教行者になれっていわれました」

——ジャーナリストのなかにも取材のために、にわか信者になったりするのがいます。うさんくさい信者があちこちにいる。

「いる、いる。なにか困ると、すぐ、ぼくは宗教者ですから、聖書にはこう書いてあります、とかいう。うさんくさいですね。ぼくは何度も比叡山へあがって修行しているのです」

——比叡山延暦寺の修行とチベット仏教僧のそれとは、どっちがきついですか。

「肉体的には比叡山のほうがきついと思います。回峰行《かいほうぎょう》のお坊さんと一緒に歩いたこともありますけれど、ぼくはついていけなかった」

——千日回峰行はすごいですね。毎日三〇キロ歩いて、病気になっても休まない。

「チベットの場合、最初のほうは肉体的にも厳しいけれど、あとは深層意識の訓練になりますから。人間というのは、考えなければならないことを考えていないのですね。チベット語ではリクパといいますが、これはあかるくするものという意味で、漢字では明《みょう》と訳します。ロゴスですね。ギリシャ語のロゴスのもともとの意味もあかるくするものです。

明はぼくたちの体のなかに宿っているし、理性や知性の形でもあらわれてくる。その明に目覚めて一体化することをチベット仏教では悟りといっています。この世界をあかるくする力と一体化したとき、非常に楽しい、浮き浮きする、喜びにあふれた力を感じるわけです。これは人間を強くします」

インド仏教をルーツとする点で日本仏教もチベット仏教も同じだ。だが、チベット仏教と日本仏教では、祭壇1つとってもそのちがいは大きい（ラサのセラ僧院で撮影）

チベット仏教最大の宗派であるゲルク派は後発組に属する。ゲルクとは高徳の道を求める人という意味で、最も戒律の厳しいこの宗派はチベット仏教の偉大な復興者といわれるツォンカパによって創設された。ツォンカパは既存の宗派の堕落を批判し、みずから宗教改革に着手し、ゲルク派をチベット仏教の主流派に育てた。この派の僧侶は黄色の帽子をかぶっているので黄帽《こうぼう》派とも呼ばれている。

チベット仏教の僧院と僧侶

ダライ・ラマ一四世が亡命する以前のチベットでは、数千の僧院が社会の中心となっていた。僧院は、人々が参拝する祈りの場であり、僧侶が共同生活をおこなって修行につとめる場でもある。

僧院は小学校から大学院までを網羅する教育機関でもあった。大僧院はそれぞれいくつかの学堂を持ち、学堂には学寮があって、僧侶はそこで暮らしていた。最盛期のデプン僧院の場合、学堂が四つもあり、それぞれ三〇〇人から多いところは四〇〇〇人の僧侶を擁していた。最大の学堂は学寮が二三もあって、あたかも一つの村のようであった。

大僧院は祈りの場、修行の場にとどまらず、周辺地域の行政の一端を担い、治安を守る警察や軍隊の役割も担った。かつてラサのセラ僧院がそうであったように、大僧院は事態の急変の際に僧侶の多くが武器を持って戦う僧兵体制をととのえていた。

僧兵の始源は古代インドまでさかのぼることができ、中世の日本でも朝廷への強訴《ごうそ》が知られている。「賀茂川の水、双六《すごろく》の賽《さい》、山法師、これはわたしの心に従わないもの」とは白河法皇の有名なことばだが、ここでいう山法師は比叡山延暦寺の僧兵を指している。最盛期には三〇〇〇人の僧兵がいた延暦寺につい で多かったのは興福寺、東大寺、園城寺《おんじょうじ》（三井寺）だった。この四大寺に各地の有力寺院を加えれば全国規模で二万人ほどの僧兵がいたと見られている。チベットの場合、正確な数を把握するのは困難だが、僧院の社会における役割の重要性から判断して近代に至っても中世の日本を上回る僧兵を擁していたと思われる。

チベットの僧院は、病院の機能を果たし、医薬を製造するところであった。また、絵画や彫刻を中心とする芸術の発信地であり、出版や印刷をおこない、音楽や舞楽を演じ、庶民の憩いの場でもあった。

チベット民族が長い間培ってきた薬草に関するノウハウは、ダラムサラでしっかりと受け継がれている

　宗教施設と医薬の製造所が一体というのはチベットにかぎらないが、この民族の技法には歴史があり、日本の製薬会社も早くからチベットの薬業に注目していた。武田薬品の基礎を築いた五代目武田長兵衛は一九四八（昭和二三）年五月、チベット滞在一〇年の経験のある多田等観《とうかん》に、「薬草関係のチベット文献を譲り受けたい」と申し入れているほどだ。チベットの文献には、二二九四種の薬物が載っているといわれる。

　大僧院は学問の府であり、情報ネットワークのキーステーションにして、公共事業の発注者となって、政治的にも経済的にも文化的にも民衆をリードした。かつてチベットの農耕地や牧草地の三割以上を僧院が所有し、チベット人のほぼ一割が僧侶となった。どの家庭も子どもが出家するのを誇りとした。僧院は最大の求人先であり、多数の子どもを受け入れ、かれらを教育し、養ってきた。かれらは僧院でそれぞれに自分の師（ラマ）を選び、その師に生涯仕えることになるが、それはいわば終身雇用の、それなりの社会保障に支えられた構図といえなくもなかった。

　僧侶は一部の宗派を除いて生涯不犯《ふぼん》を貫く。多数の子どもたちの出家は一見過剰で奇異に思えるが、農業の生産性が低かったチベットでは人口抑制や財産の分散を防ぐための知恵であった。日本の場

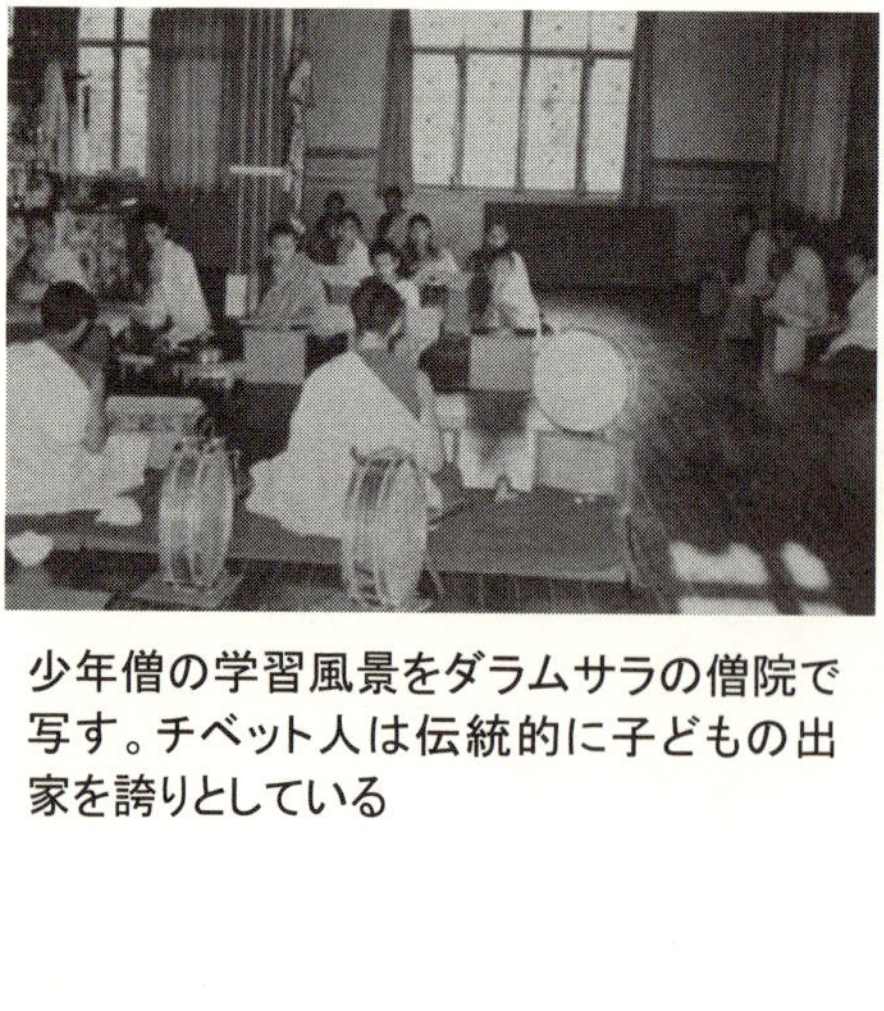

少年僧の学習風景をダラムサラの僧院で写す。チベット人は伝統的に子どもの出家を誇りとしている

合、出家にはどこか侘しさのイメージがつきまとうが、チベット人の子どもたちにはそれはない。大僧院はいわば一流総合大学であり、中央官庁であり、大企業である。将来の僧院での出世を夢見て、かれらは修行にはげむのだ。負の面は労働人口の減少である。もっとも、チベットの宗主国としてふるまった清は、「子どもたちが兵士になるよりマシだ」という理由で、とやかくいうことはなかった。

このような僧院中心社会では、ダライ・ラマを頂点とする僧侶があらゆる分野で優位に立つのは当然といえよう。かつてチベット政府の行政組織は、首相格はもとより一行政庁にも大臣クラスが複数いて、その多くで僧侶と非僧侶が対《つい》になって職務をおこなっていた。

チベット人は地域の僧院のみならず遠方の大僧院も心のよりどころとし、僧侶を敬い、かつ大切にしたうえ、かれらの生活を粛々とサポートしてきた。民衆は物納と労役でチベット政府を支えたが、僧侶に納税の義務はなかった。そういうチベット人の信仰心や奉仕の精神を農奴制というステロタイプの視点でとらえると、この民族が経験的に編み出した共同体の知恵を見過ごしかねない。僧院を中心に民衆と僧侶は物心両面で一体化していた。それだけに僧院を破壊され、僧侶が迫害された文化大革命の悲惨さは、言語に尽くしがたいものであった。

オン・マニ・ペメ・フーム

茫漠たるインド北部の高原や山あいをフルスピードで突っ走って一二時間、陽が暮れてからようやくダラムサラに着いた。標高一八〇〇メートルの丘陵地帯にへばりつくように家が立ち並び、

ダラムサラは人間とサルがふれあい、そしてインド人とチベット人と外国人が自然にふれあう雰囲気に包まれていた

その当時は約四〇〇〇人が住むチベットの町は闇に包まれていた（現在は亡命チベット人、それにかれらを支援する外国人など一万四〇〇〇人前後がいる）。

夜の山麓は星空がぐんと間近に広がり、気のせいか宇宙が狭くなったような感じだった。小道をゆったりとした足取りで行く高齢のインド人は、まるで仙人のようだった。老人が通り過ぎた道端からサルがふいにあらわれ、まさしく西遊記の雰囲気だった。

インドを支配していた頃、イギリス人は風光明媚な丘陵地帯にいくつかの避暑地をつくった。ダラムサラもそういう新興都市の一つで、多くの亡命チベット人が暮らしているのは、マクロード・ガンジ地区だ。リトル・ラサと呼ばれるダラムサラは世界に散らばる一四万人近くの亡命チベット人の心のよりどころである。中国から逃れてきたチベット難民は、「法王のいらっしゃるところが、わたしたちの聖地です」といった。また、ダラムサラのカンチェン・キション地区には法王府から内閣、議会、宗教・文化庁、財務庁、情報・国際関係庁、教育庁といった公的機関がおかれていた。チベット亡命政府は外国政府から公式には認められていなくとも、現地のチベット人はいうにおよばず、遠く離れた多くのチベット人にとってもローマのバチカンのような小国家であるのだ。

マクロード・ガンジ地区の景勝の地に緑色の質素な法王公邸があった。すぐ前のナムギャル僧院はダライ・ラマ一四世の亡命以来、ゲルク派の総本山となっている。朝もやのなかを公邸近くまで歩いた。僧院を参拝する巡礼者は左手に数珠を持ち、右手に円筒のマニ車を握って熱心にまわしている。筒のなかには経典が入っていて、マニ車を一回まわせば、お経を一回唱えたのと同じ功徳が得られると信じられている。巡礼路や仏塔をまわるときは、時計の針と同じ右回りが鉄則だ。仏像を回るときも同様で、つねに自分の体の右側を仏に向けて敬意をあらわす。巡礼者はたいてい早朝と日没の二回、参拝におとずれる。それぞれマニ車を回転させながら、「オン・マニ・ペメ・ソーム」（蓮華のなかの宝珠に栄えあれ）と真言《しんごん》を唱えて

僧院を囲むようにマニ車が張りめぐらされている。「オン・マニ・ペメ・フーム」と唱えながらマニ車を回転させていく

ダラムサラのシンプルなナムギャル僧院。ダライ・ラマー四世の亡命以来、この僧院がゲルク派総本山の役割を果たしている。五体投地に没頭する人たちがいた

ダラムサラの僧院で若い僧侶が、長さが3メートルもある円錐形の大きなホルンを吹いていた。数キロ先まで届くという

ダラムサラのノルブリンカ芸術文化研究所では、仏画の絵師などの養成がおこなわれている。文化や伝統の継承とともに、職業としての自立も目指している

いる。

真言はサンスクリット語でマントラという。オン・マニ・ペメ・フームも元来はサンスクリット語だ。ただ、チベットなまりである。これはチベット民族の守護神である観音菩薩への呼びかけで、数あるマントラのなかで最もポピュラーだ。泥沼のなかの蓮が見事な花を咲かせるように、業《ごう》の深い人間も来世では蓮のような美しい花を咲かせたい、という人々の願望がこめられている。

真夏の午前九時九分九秒に歴史的宣言

地球上どこであろうと、チベット仏教の僧院が近くにあれば、日の出前からボワーン、ボワーンと心地よいホルンの音が聞こえてくるはずだ。ダラムサラでも僧院の一角で若い僧侶がほおをふくらませて三メートルもの長大なホルンを吹いていた。もっとも、皆が皆、心地よく思っているかどうかはわからない。以前、ダラムサラでダライ・ラマ一四世の妹、ジェツン・ペマに、「朝のホルンはとても優雅に響きますね」と話したところ、イギリスのケンブリッジ大学で学んだ才媛は、「こちらではうるさいという苦情もあるんですよ」と苦笑した。ジェツン・ペマは姉が立ちあげたダラムサラのチベット子ども村を引き継いで、学校運営のすべてを仕切る村長として活躍していた。

二〇一一（平成二三）年夏の早朝、ホルンがダラムサラに響き渡った。筆者はその場にいなかったが、新聞などで報じられたように、この日の朝、ナムギャル僧院に世界各地から多数の亡命チベット人や外国人来賓、外国メディアが集まった。来賓席には中国政府に気兼ねして公職にある外国要人の姿はなかったが、それでも日本からは当時政権与党だった民主党の衆議院議員が座った。チベット問題を考える議員連盟代表の牧野聖修《せいしゅう》議員である。

にこやかに笑顔をふりまきながらダライ・ラマ一四世が中央の席についた。これから宗教と政治の双方のトップとしてチベット亡命政府を率いてきた一四世が、みずからの政治権力を選挙で選ばれた民間のチベット人に移譲する厳粛な式典が始まろうとしていた。

この年の八月八日午前九時九分九秒、ナムギャル僧院でチベット亡命政府の新首相に選ばれたロブサン・センゲが宣誓し、「わたしはチベットの土を踏んだことはないが、チベットはわたしの心のなかにある。ダライ・ラマ一四世のチベット帰国と、分断されたチベット民族の再統合、チベット社会の自由復活を実現させよう」と力強く演説した。新首相が九時九分九秒と時刻を選んで宣誓したのは、チベット社会では九が吉数といわれているからだ。

ロブサン・センゲがまだ足を踏み入れたことのないチベットはヒマラヤ山脈北側の高原に位置する。その都ラサは中央チベットの標高三六〇〇メートルの台地にあり、富士山とほぼ同じ高さだ。ラサの北方の郊外にあるマルポリ山（赤い山）の南斜面に建つポタラ宮殿は世界でもっとも壮麗な建造物の一つといわれるが、ここに住むべきあるじは長く宮殿を留守にしている。その間、チベットは中国の省や区にばらばらに分割され、ラサは中国チベット自治区の区都となった。

若い頃、ダラムサラに拠点を置くチベット青年会議所に所属していたロブサン・センゲの新首相就任に中国政府は強い警戒感をいだいた。チベット青年会議所がチベット独立を強く志向しているからだ。この日、式典をひと目見ようと僧院の周辺に多くの人々が集まったが、群衆に紛《まぎ》れて中国の情報部員が情報収集に懸命であったはずだ。チベット独立運動を警戒する中国共産党政権から見れば、ダライ・ラマ一四世は許しがたい扇動者、センゲ新首相は危険なテロリストに等しいのだ。

東チベットの僧院にいたロブサン・センゲの父親は一九五〇（昭和二五）年、人民解放軍の東チベットへの侵攻が始まったとき、レジスタンスの闘士へと転じ、反中国のゲリラ組織で活動した。一九五九（昭和三四）年のチベット動乱後、父親はダライ・ラマ一四世のあとを追ってインドに脱出した。一九六八（昭和四三）年、インド東部にあるダージリンのチベット難民キャンプで生まれたセンゲは成績抜群だった。デリー大学を卒業後、留学生として渡米し、ハーバード大学法科大学院で国際法を専攻した。法学博士号を取得したあとも上級研究員としてハーバードに残り、在米期間が一五年に及んだ国際派だ。

新首相の就任式に出席したダライ・ラマ一四世はこのとき七六歳になっていた。法王制度に若い頃から懐疑的だった一四世は折にふれ、「わたしは、チベットの人々が自分たちで選んだ指導者に権限を移譲したい」と言いつづけてきた。だが、チベット亡命社会だけでなく中国に残るチベット人、世界に散らばるチベット人に対する求心力や国際社会における発信力で一四世に代わり得る人は見当たらず、法王の願いは長い間、聞き入れられなかった。二〇一一（平成二三）年三月、法王の願いがようやくかなって亡命チベット人の間で自由選挙がおこなわれ、新首相が誕生した。これはダライ・ラマ政権の終焉《しゅうえん》でもあった。就任式で一四世は、「君主のような人間が政治を取り仕切るのは、もはや時代遅れだ」とロブサン・センゲにエールをおくった。

チベット仏教の本家であるインドのダラムサラで、三七〇年近くつづいた法王制度が閉じられたのも一つの因縁というものであろう。ダライ・ラマ一四世の影響力に大きな変化はないと見た世界の報道機関は控え目に報じたが、後世の史家はダラムサラの二〇一一（平成二三）年八月八日午前九時九分九秒をチベット政治史における歴史的な転換点とみなすにちがいない。

第2章
✺ダライ・ラマ一四世の誕生秘話と遥かなるルーツ

パンデンと五体投地

チベット亡命政府が拠点を置くインド北部のダラムサラ。多数の亡命チベット人が暮らす街へ出ると、数人のチベット女性が道端で立ち話をしていた。それぞれ横縞《よこじま》のカラフルなパンデンという前かけをつけている。パンデンは結婚した女性がつけ、「夫の命は妻のパンデンとともにある」という言い伝えがあるほど大切にされる。すれちがう中年女性のことごとくが前かけを下げているのを見て、なるほどこの民族において主婦とパンデンは一体なのだと納得した。

中年の男性が数珠の珠《たま》を一つずつ爪繰《つまぐ》りながら歩いていた。チベット人は一〇八を神の数字とし尊《とうと》ぶ。数珠も一〇八個からなり、多くの人がふだんも手放さない。かつてチベット潜入を試みた探検家や情報部員は、この風習を利用してひそかに距離の測定をおこなっていた。かれらは一〇八個ではなく一〇〇個からなる特製の数珠を持ち、一〇〇歩ごとに一つの珠を動かし、距離の測定に利用した。

店先にみやげものが並ぶ小さな商店に入った。店内にはダライ・ラマ一四世の写真や肖像画、雪山に二頭のライオンが描かれたチベットの国旗「雪山獅子旗」があった。一九一〇年代にラサ入りした西本願寺の学僧、青木文教《ぶんきょう》のデザインといわれる（元軍人の矢島保治郎《やすじろう》説もある）。一四世の写真も国際的に認知されざる国旗も、中国共産党政権下のチベット自治区では決してお目にかかれないものだ。菩薩《ぼさつ》やマンダラ（曼荼羅。本尊の周辺に諸尊などを配した図像）を題材にした、タンカと呼ばれる仏画の掛け軸が色鮮やかだった。

砂ぼこりの舞う参道を巡礼の若者が、日本ではなかなかお目にかかれない動作を繰り返しながらすすんできた。米つきバッタのように、ガバッと体を地面に投げ出し、立ち上がって、また伏せる。その所作を観察すると、まず背筋を伸ばして立ち、合掌する。そのまま両手を頭に、ついで口元に当て、さらに胸に降ろす。そして両手を地面につけ、全身を伏せる。つぎは大地に伸ばした指先まで歩いて、また同じ動作を繰り返す。まるで尺取り虫のようだ。

多くの人々はこの所作を同じ場所でおこなう。僧院の祭壇の前に立った若い女性は、スカートのひざ上あたりを細ひもで結んでいた。スカートが乱れないための身だしなみだ。ほとんどの人々が、特製の座ぶとんや手袋、履きものを用意していた。参道であれ、山道であれ、どこでも地面に伏せることができるように、これらは巡礼者に欠かせない。

このストイックな姿は、チベット仏教徒の代表的な礼拝である五体投地礼《ごたいとうちれい》（以下、五体投地）の情景だ。五体とは両手、両ひざ、額《ひたい》を指す。全身全霊を投げ出して平伏し、神仏への帰依《きえ》を表現する。身を投げ出し、無私の状態になる。神仏に対する服従のみならず、自分の可能性を認識する礼拝でもある。五体投地の源は古代インドまでさかのぼれるが、日本にも早くから伝わり、いまも東大寺二月堂のお水取りのときにおこなわれている。

神仏の前で五体投地をおこなうときは、すくなくとも三回は繰り返す。三回を基本に七回、二一回、一〇八回と繰り返すときもある。一日に数百回の五体投地をおこなう超人的なチベット人もいる半面、三回で済ます僧侶もいる。ダライ・ラマ一四世は、勤行《ごんぎょう》や五体投地に不熱心な僧侶がふえる一方、一般庶民の信仰心のほうは高まり、「僧院の内と外であべこべになっている」と嘆いたこともある。一四世は毎日早朝、たっぷり時間をかけて五体投地礼をおこなっていると聞いた。ちなみに一四世の食事は午前五時と正午の一日二回で、夕食はないという。

国境警備を強化する習近平政権

ダラムサラの東の方角、白雪をいだく峰々の遙かかなたにチベットがあり、亡命チベット人の望郷の念を駆り立てている。中国を脱出してダラムサラにたどりついたばかりの若者は、「見つからないように、夜、山中を歩いて来ました。雪で渇《かわ》きをいやしながら国境を越えたのですが、その前にオオカミに食われた人が何人もいます」と安堵と苦渋の入り混じった表情で語った。かれらは法王の元気な姿を拝謁できる日を胸にいだいて、苦難の日々に耐えたのだ。

当時、亡命チベット人のための宿舎には中国から辿りついたばかりの人々が、多数見られたが、現在、その数は減少している。二〇一七（平成二九）年三月、来日したチベット亡命政府のロブサン・センゲ首相は都内で産経新聞の広池慶一記者のインタビューに応じ、「チベットの悲劇は現在もつづいています。二〇〇九（平成二一）年以降、一四五人のチベット人が焼身自殺で命を落としました。報告を受けるたびに胸がとても痛みます」と述べたうえ、つぎのような事実をあかした（産経新聞二〇一七年三月七日）。

「二〇〇八（平成二〇）年の北京オリンピック以前は、一年間で最大五〇〇〇人のチベット人がインドに亡命していました。亡命がふえる季節は、国境警備が手薄になる冬です。極寒のヒマラヤ山脈を越えるには二～五週間かかります。亡命者のなかには一〇歳に満たない子どもも含まれ、凍傷で指を失う人もすく

ダラムサラの山道。五体投地を繰り返しながら、尺取り虫のようにすこしずつすすむ若者がいた。手も足の役割を担う。両手を守るのは、手袋ではなく履物である

結婚したチベット人女性は、パンデンと呼ぶ前かけをつけるのが古くからの習わしだ（ダラムサラで）

ダラムサラからヒマラヤ山脈を望む。ヒマラヤのはるか向こうはチベットだ

なくありません。ただ、最近は亡命者が減少しています。中国政府がネパール政府に圧力をかけ、国境警備を強化しているからです」

ネパールは中国の衛星国になったのか、とロブサン・センゲは懸念を示す。国境問題にこだわる習近平政権の強圧的な態度はヒマラヤの奥地にまで及んでいるわけで、その執拗さは尖閣諸島問題をかかえるわが国にとっても他人事ではない。

法王公邸の詰め所と応接室

「亡命チベット人がインドで不自由なく生活できるのは、インド政府がわたしたちに最大限の配慮をしてくれるからです」とダラムサラでチベット亡命政府の高官は語ったが、それは偽りのない気持ちであろう。一九八九（平成元）年一〇月二九日、ダライ・ラマ一四世にインタビューするため、ダラムサラのホテルから徒歩で石ころだらけの近道を通って法王公邸に向かったときもインド政府のサポートを強く感じた。

その日、法王公邸周辺は厳重な警備が敷かれ、正門の屋根の上にもインド人警備兵が立っていた。中庭にはライフルを持った警備兵が鋭い目を正門に向けていた。ふだんはこれほど物々しくないが、なにしろ話題沸騰のときであった。ダライ・ラマ一四世のノーベル平和賞受賞というビッグニュースに世界の目がダラムサラに向けられるなか、中国政府の過剰な反応を意識せざるを得なかったインド政府の緊張ぶりがそこにうかがわれた。

訪問客は正門脇の詰め所で厳しくチェックされた。パスポートを提示し、書類に記入し、所持品を見せ、男女二人の警備兵からべつべつに二度もボディーチェックを受けた。かれらは交互に内ポケットに差し込んだ筆者のシャープペンシルのペン先まで調べた。北朝鮮の秘密工作員は毒針を仕込んだボールペンや万年筆に似せた小型のピストルを隠し持っていたのだから、完璧を期すならそこまで調べる必要があるのだろう。片隅にポタラ宮殿の模型が置かれていた。

通された応接室の入り口のすぐ右側に大きな地図が立て掛けてあった。チベットとその周辺図は、ダライ・ラマ一四世が政治指導者であることを示している。だが、左側はがらりと趣《おもむき》が変わる。まず目を奪われたのは観世音菩薩像だ。ダライ・ラマ一四世は、あまた存在する菩薩のなかでダントツの人気を誇る観音様の生まれ変わりとされる。そして壁面高く掲げられた絹の縁飾りがついたタンカ。まばゆいばかりの仏像や仏画をひと目見れば、一四世の本分が聖職者であるのがたちどころにわかるしつらえだった。

チベット自治区の現状と問題点

現在、中国の支配下におけるチベット人の居住地域はおおざっぱにいって中国領の約四分の一を占め、五つの行政区に組み込まれている。チベット自治区の全域と青海省《せいかい》、甘粛省《かんしゅく》、四川省《しせん》、雲南省《うんなん》の一部である。かつてチベットは、東北チベットのアムド地方、東南チベットのカム地方、中央チベットのウ・ツァン地方を擁していた。その地域の線引きは国際的な認知を受けていないにしても、チベット亡命政府はいわゆるチベット全図の総面積を二五〇万平方キロとする。現在のチベット自治区のざっと倍になる。

ダライ・ラマ一四世の出身地であるアムド地方はほとんどが青海省となり、カム地方の半分は甘粛省、四川省、雲南省に組み込まれている。カム地方のチベット人はカムパ族といわれ、その若者たちは勇猛果敢なことで知られる。ウ・ツァン地方のウはラサを中心とし、ツァンはシガツェを中心とする（したがってツァン地方といった場合は、後者の地域を指す）。ラサとシガツェはチベットの政治と宗教をリードしてきた、いわば東京と大阪のような二大都市となっている。ここに載せたチベット自治区周辺図ではチベット自治区（ウ・ツァン地方）、青海省（アムド地方）、四川省（カム地方）としたが、これはあくまでもわかりやすくするためで、いずれもぴったりと重なるわけではない。

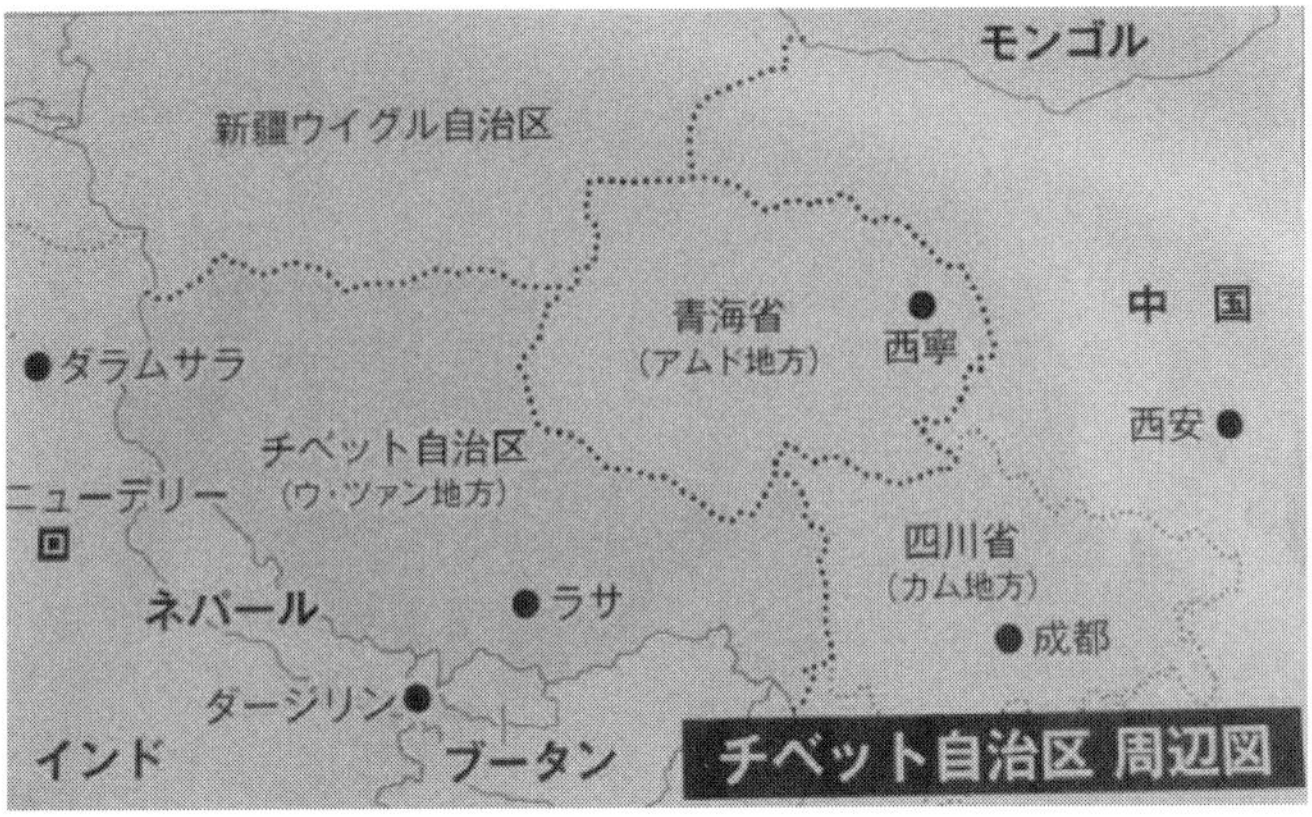

チベットの首都であったラサには世界遺産のポタラ宮殿がそびえ、長くチベット法王が君臨していた。現在はチベット自治区の区都である。また、ラサから西へ三六〇キロ離れたところにあるシガツェのタシルンポ僧院はゲルク派ナンバーツーの歴代パンチェン・ラマが本拠地としていた。

　チベット自治区の総面積は一二三万平方キロで、日本の約三倍になる。チベット人の七〇％以上がチベット自治区に居住している。中国の総面積における省レベルの比率を見ると、チベット自治区は全体の一二・三％になる。これは新疆《しんきょう》ウイグル自治区についで二番目の大きさだ。チベット自治区の人口は約三一八万人で、そのうち二八〇万人前後がチベット人といわれる（チベット亡命政府は中国軍の侵攻以前のチベット人総人口を約六〇〇万人とする）。現在、中国人（漢族）が急速に増大し、チベット亡命政府が中国政府による多額の投資とともに強まる中国人の大量進出に強い危機感をいだいているのは周知の通りである。

　筆者も現地で確認したが、チベット自治区の道路網はかなり整備され、ラサには高級ホテルが建ち、ポタラ宮殿は中国人観光客でごった返している。半面、中国人の人口増加にともなう、さまざまな問題点が指摘されている。チベット仏教やチベット文化の衰退、大規模開発による環境破壊などがチベット人の不満と不安の原因となっている。

チベットは鉱物資源が豊富なうえ、インドやネパールなどと国境を接するところだけに地政学上も重要な意味合いを持つ。南アジアへの影響力を考えれば、その重要性は一目瞭然だ。中国共産党政権は発足以来、国防に直結する国境問題をもっとも重要視し、それは習近平政権下でさらに敏感となっている。中国政府がチベットの独立運動に過剰なほどに警戒心をいだいていること自体が、この領域の重要性を端的に示している。実際、チベット自治区は着々と軍事基地化され、核基地の存在もたびたび報道されている。

チベット仏教文化圏ということばをしばしば目にする。そこはどこなのか。思いつくままにあげれば、中国大陸やモンゴル、インド、ネパール、ブータン、ロシアのブリヤートなどがある。だが、地域を限定するのは、あまり意味がない。現在、欧米においてチベット仏教は一定の評価を受けている。言い換えればダライ・ラマ一四世の亡命が、チベット仏教をいわば地方区から全国区へ、すなわち世界宗教にのしあげようとしているのだ。

タクツェル村とクンブム僧院

にこやかな表情であらわれたダライ・ラマ一四世はこのとき五四歳で、周辺のピリピリした警護とは対照的に開放的で快活であった。ハリがあってなかなか魅力的な低音で話した。日々の読経《どきょう》で鍛えているからだろうが、声量もきわめて豊かだった。インタビューはチベット人通訳を間に日本語とチベット語で始まったが、一四世は途中で英語に切り替えた。

冒頭、「どういうご家庭で育ったのですか」と取材班が尋ねると、「タクツェルという丘の上の小さな村で生まれました。ごくふつうの家です。それでもまあ、わたしの家は、村のなかではいいほうに属していたと思います」とダライ・ラマ一四世は語った。

タクツェル村は、現在の中国青海省湟中《こうちゅう》県の青海湖の近くにある。海抜三二〇〇メートルの青海湖は周囲三六〇キロもある中国最大の湖だ。二〇〇二（平成一四）年から毎年夏、青海湖を一周する国際自転車ロードレースがおこなわれている。以前、青海湖のほとりで日の出を見た。海のような湖から太陽がゆらゆらとあらわれ、じつに荘厳であった。日の出を拝んだ日、省都の西寧《せいねい》へ向かう途中で、「この先にダライ・ラマの生まれた村があります」と中国人ガイドが小声で教えてくれた。

タクツェル村で農民は家畜を飼い、大麦やトウモロコシなどをつくっていた。村人は収穫した農作物をクンブムの繁華街に持って行き、お茶や砂糖などと交換した。昔、モンゴル人が中国大陸に何度も侵入を繰り返したのは、一つにはお茶がほしかったからだが、この村でもお茶は貴重品だった。近辺にはチョルテン（仏塔）が点在し、あちこちに経文を彫ったマニ石が積みあげられていた。信仰心のあつい村人の生活はそれぞれの僧院と深く結びつき、だれもが僧院の参拝や寄進を大きな喜びとしていた。

西寧郊外のクンブム僧院の八仏塔。ここが大僧院の入り口となる。タクツェル村のダライ・ラマ14世の生家と、ラサのポタラ宮殿を結びつけたのは、このクンブム僧院のようにも思える

この一帯でもっとも有名なのはクンブム僧院だ。ダライ・ラマ一四世ときわめて縁が深かったクンブム僧院はアムド地方を代表する名刹《めいさつ》で、西寧の南西二八キロほどの町にある。クンブムとは一〇万の仏像を意味するが、中国ではタール（塔爾）寺と呼ばれている。クンブム僧院はゲルク派の始祖ツォンカパが生まれたところにあり、広大な敷地に仏殿や僧舎が立ち並ぶ。チベット仏教を国教とした清朝皇帝のバックアップもあって活況を呈し、最盛期には四〇〇〇人近くの僧侶がいた。

クンブム僧院には、僧侶の別格である転生僧《てんしょう》のための特別な僧坊が六つほどあった。リンポチェの尊称がつく六人のエリート転生僧を中心にそれぞれの僧房で多数の僧侶が生活共同体をつくっていた。リンポチェとは貴《とうと》い人という意味で、きわめて高い地位にある僧侶のことだが、歴代の僧院長は転生僧のなかから選ばれた。僧院長が生涯を終えると、法王同様、その生まれ変わりがさがし出され、僧院で貴公子のごとく大切に育てられた。

クンブム僧院は、いまではすっかり観光寺院になってしまった。筆者がおとずれたときも、多数の中国人観光客で境内は賑わっていたが、僧侶の姿はちらほらとしか見えなかった。それでも数百人くらいは在籍しているといわれる。ただ、高僧が亡くなったり、亡命したりして僧侶の指導層の薄さが懸念されている。

神話の世界と現実

公邸のダライ・ラマ一四世は、日本でもおなじみの濃いエビ茶色の袈裟《けさ》をまとっていた。どんなに厳寒のときでも一方の肩をおおうことは許されない。丸だしの右腕には種痘の跡が四つ、くっきりとあった。チベットの場合、高地のおかげでほとんどの伝染病とは無縁だが、天然痘はべつだ。左手首に数珠。黄色の下着に茶褐色の靴。公邸の一四世は一般の僧侶とまったく同じ装いだった。

「歴代法王は世界でも例のない方法で選ばれていると聞いています。ダライ・ラマ一四世ご自身はどのようにして選ばれたのですか」と聞いたとき、「昔からの習慣と伝統に従って選ばれました」と、一四世は連綿と受け継がれてきたチベット独特の転生制について語り始めた。ダライ・ラマがこの世を去ると、ただちに摂政や高僧が不特定多数のなかから生まれ変わりの子をさがし始める。発見された転生児が即位し、適齢となって政治を担うまでは摂政が代行する。法王みずからが統治する親政開始の年齢は、そのときどきの状況に左右され、一四世のように一〇代の半ばで政治指導者となる例もある。

転生者さがしというのは、部外者には雲をつかむよう話のように思える。一体、広大な地域からどのようにして一人の子を見つけるのか。なにか具体的な手がかりが与えられるのかと思ったら、これが意外にもほんのヒント程度にすぎないのだ。ダライ・ラマ一四世の場合は、こうだった。

一九三三（昭和八）年に先代のダライ・ラマ一三世が死去すると、遺体はラサのノルブリンカ離宮の王座に座った形で南に向けて安置された。数日後、一三世の学問上の話し相手で側近だった高僧は、一三世の顔が東の方角を向いているのに気づいた。「新しい転生者は東のほうにあらわれる」と、その高僧は読み取った。

ノーベル平和賞を受賞したとき、ダライ・ラマ14世は54歳であった。この頃がおそらく気力、体力ともにベストだったはずだ。だが、その後も衰えを見せず、海外を飛び回る姿は超人的といえよう。うしろに安置されているのはチベットの守り神ともいうべき観音様である（1989年、ダラムサラの公邸で）

歴代ダライ・ラマの転生児発見の経緯は、おおむね似通っている。当然、神話的要素が強い。だが、神話の世界で語られているように、次期法王がかんたんに発見できるはずもない。それを示す史料はないが、一方では現実的かつ人間臭い選考が入念におこなわれていたと思われる。

古今東西、人事は秘密裏におこなわれるのが原則だ。伝説化されたものを、実証的に詮索しようと試みてもあまり意味がない。ここは素直にチベットの法王物語に耳を傾けたい。

新しい転生者の出生地域として東北チベットを示唆するヒントは、ほかにもいくつかあった。新法王選考委員会の委員長ともいうべき、ときの摂政はラサ郊外のラモイ・ラツォ湖でそれを感じ取った。古来、チベット人は聖なる湖で得たイメージから将来を予見できると信じていた。

摂政は一五世紀にダライ・ラマ二世が建立したラモイ・ラツォ湖畔のチュンコル・ギェル僧院に腰を落ち着けた。そして湖畔に出て祈り、瞑想し、水面を見つめ、しかるべきイメージを求めつづけた。数日後、摂政は湖から「ア」、「カ」、「マ」という三文字を読み取った。また、大きな僧院のようなものを水面に感じ取り、それが緑と金色の屋根に輝いていると見た。ほかにも「白いところ」とか、いくつかのイメージを得た摂政は選考の際の判断資料とするため、それらを克明に記録し、必要なときまで厳重に保管した。

その後、摂政は、「ア」をアムド地方と推測した。現在の青海省である。アムドはラサから見れば東の方角にあって、ダライ・ラマ一三世の遺体の向きと一致する。「カ」と「マ」はクムブム僧院とカルマ・ロルパイ・ドルジェ僧院と解釈した。クムブム僧院には緑と金色の屋根があった。またタクツェル村にあるドルジェ僧院には、かつて一三世が立ち寄っていたこともわかった。やがてアムド地方に調査団が派遣された。だが、三年経っても本命と思うような子と出会うことはできなかった。その間にタクツェル村で一人の男の子が誕生した。

馬小屋で法王を出産した母親

一九三五（昭和一〇）年七月六日、チベットの東のほうの辺境にあるタクツェル村でダライ・ラマ一四世はイエス・キリスト同様、馬小屋で生まれた。マリアは外出先のベツレヘムの馬小屋で出産したが、一四世の母親は婚家の馬小屋を産室にした。母屋が狭かったから馬小屋へ移ったわけではなく、この地方ではそうするのがふつうであった。母親は助産婦も呼ばず、家人の助けも借りず、自分一人で出産した。へその緒も自分で切った。これも古くからの土地の習わしであった。母親は一九歳で長女を生んでから一六人の子どもを生み、そのうち七人が育った。息子五人、娘二人で、法王は四男だった。四番目の息子はハモ・トンドゥップと名づけられた。

ダライ・ラマ一四世が生まれた年は、世界的に動乱前夜の様相を呈していた。日本は岡田啓介内閣の頃で、八月一二日白昼、統制派の永田鉄山軍務局長が陸軍省の自室で皇道派の相沢三郎中佐に軍刀で斬殺されるという事件が起きた。中国大陸では毛沢東率いる中国共産党軍の主力部隊が一〇月二〇日、蒋介石の国民政府軍の包囲を突破して陝西省《せんせい》北部に到着し、一年余りにわたった長征《ちょうせい》を終えた。また、ヨーロッパではナチスが力を増していた。

だが、岩だらけの丘の上にあるタクツェル村の主婦たちにとっては、世界の動向より水の確保が一番の関心事だった。飲料水はたった一つの井戸に頼っていた。井戸の底はよどみ、すこしずつ水をすくいあげなければならなかった。水汲みの順番をめぐって、女同士の派手なケンカもあった。未来の法王の母親も毎日の水汲みに汗を流した一人だった。

ダライ・ラマ一四世の母親はのちにディキ・ツェリンという名前で知られるが、これは本名ではない。タクツェル村で水汲みをしていた頃はソナム・ツォモといった。ディキ・ツェリンというのは、歴代法王の母親が名乗る決まりになっていた。一四世の前半生をもっともよく知る母親は一九八一（昭和五六）年、ダラムサラで三男のロブサン・サムデンに看取られて八〇歳の生涯を終えた。

ロブサン・サムデンにヤンツォム・ドマという長女がいた。一九五〇（昭和二五）年生まれの彼女はロンドン大学に学んだ才媛で、ダラムサラのチベット人社会から将来を嘱望されていた。祖母の人生に強い関心を抱いた彼女は後世に残すために最晩年の祖母から話を聞いて、丹念に記録していた。

ヤンツォム・ドマは不運にも一九八二(昭和五七)年、三一歳のときに交通事故でこの世を去った。それから一四年後に祖母の貴重な記録を出版したのは彼女の妹、ケドューブ・トンドゥップだった。聞き手が孫娘だったからこそ本音や事実が引き出せたのだろう、ディキ・ツェリンの回想録『チベット 家族の肖像—ダライ・ラマ一四世の母』は、チベット現代史の貴重な史料である。本書も随所で参考にしている。

同書によれば、ディキ・ツェリンは、四番目の息子の目がほかの兄弟たちとちがうのに早くから気づいていた。村人のなかにも、「この子の目は特別だ」という者がいた。高僧の生まれ変わりかもしれないという予感が母親にはあった。すでに長男のトプテン・ジグメ・ノルブはクンブム僧院の六人の転生僧の一人、タクツェル・リンポチェの転生児として認定されていたから、母親の予感はそう突拍子のないものではなかった。だが、ハモ・トンドゥップがまさか法王の生まれ変わりというのは想像もつかなかった。

大伯父はクンブム僧院長

アムド地方のタクツェル村から中央チベットの首都ラサまでは、気が遠くなるくらいに離れている。列車も車もない時代に、もしタクツェル村の人々がラサ詣でを計画した場合、おおざっぱにいって往復一年くらいのプランになる。「なにもそんな辺鄙《へんぴ》なところではなく、もっと都《みやこ》に近いところで法王の生まれ変わりを見つけることはできなかったのか」と、考える人がいても不思議はない。そのほうが手間もコストもかからないのだ。ラサ周辺には大僧院があり、貴族や豪商、豪農が住んでいる。賢い子も多いだろうし、法王の転生者はラサ周辺に出現しやすくみえる。

だが、効率性にもとづく発想はなく、ラサからの距離などまったく考慮されなかった。それでも部外者には疑問が残る。ラサからはるかかなたの片田舎の一介の農民の子が、どうしてチベット法王になったのかと。しかもダライ・ラマ一四世の長兄、トプテン・ジグメ・ノルブはタクツェル・リンポチェという称号を持つ転生僧で、のちにクンブム僧院の僧院長になった。

いずれにしても奇跡のような話で、タクツェル村の一農家からダライ・ラマ法王とクンブム僧院長という飛び切り高位の転生僧が出たのは、驚きとしかいいようがない。調べてみると、やはりそれなりのつながりがあった。じつは、長兄が転生児と認定される以前から、この家はクンブム僧院と密接な関係にあったのだ。

現在は典型的な観光寺院だが、ダライ・ラマ14世の大伯父が僧院長だった頃のクンブム僧院はゲルク派の創立者であるツォンカパの精神を受け継ぎ、厳粛な雰囲気につつまれていた

クンブム僧院との接点となったのは、ダライ・ラマ一四世の祖母だった。一四世にとって大伯父にあたる祖母の兄はやはりタクツェル・リンポチェと呼ばれ、クンブム僧院長になった輝ける転生僧であった。一族から二代にわたってエリート僧が出現したのだ。強力なコネのおかげか、一四世の伯父（父親の兄）はクンブム僧院の経理部長をつとめていた。大僧院の金庫番は地域の実質的な財政責任者であり、地方官僚のような絶大な権限を持っていた。母親の実弟もまたクンブム僧院にいた。ただし、一般の僧侶で地位も高くなかった。のちにかれは、姉（ディキ・ツェリン）や甥（一四世）が住むラサへ移った。

ダライ・ラマ一四世の生家には、こういうほとんど世間には知られていない人脈があった。これはアムド地方では、群を抜く強大なコネクションといってよい。しかもそれは一地方にとどまらず、チベット全域にも影響力を及ぼすほどのネットワークとなっていた。クンブム僧院の高僧ともなればラサのチベット政府の要人とも交流があり、先代法王と会う機会もすくなくなかった。それにしても人の縁というのは、思わぬところでつながっているものだ。ただし、こういった人脈が新法王選びの際に影響したかどうかは、まったくわからない、というしかない。

日月山の対照的な風景

中国の青海省に日月山《にちげつさん》という有名な峠が、西寧から青海湖へ向かう途中にある。某日、日月山をおとずれたときは雲一つない快晴で、峠のあちこちに五色のタルチョという祈祷《きとう》旗が万国旗のようにはためいて、美しかった。青、白、赤、緑、黄の五色はそれぞれに意味を持つ。青は天、白は風、赤は火、緑は水、黄は地である。タルチョには、経文が印刷されている。

標高三五二〇メートルの日月山は青海省の観光スポットの一つで、みやげ物を手にした売り子がまとわりつく。小高い丘に日亭、月亭と呼ばれる祠《ほこら》があった。七世紀にチベットへ嫁入りした唐の姫君がこの峠で故国との別れを惜しんだという言い伝えがある。

日月山のてっぺんから見た東の中国側と西のチベット側は、あきらかに風景がちがっていた。青々として変化に富む東に対して、西のほうは荒涼としていた。これでは古代の姫君ならずとも、憂うつになってしまうだろう。そう思いたくなるほど、あまりにも対照的な風景だった。

七世紀の古代チベット王と唐皇帝の公主《こうしゅ》（皇女）の縁談は、チベットと中国の外交関係史の初期のハイライトといってよい。この結婚によって仏教がチベットに伝来する発端となった。また、古代チベット王国の悠久の歴史のなかにダライ・ラマ一四世のルーツがかすかながら見えてくるのも興味をそそられる。

人はそれぞれにルーツを持つ。名は知れずとも連綿とつづいてきた一族のだれかが、歴史の流れとかかわっている可能性はそれぞれにある。すこしでも遠い祖先までたどることができれば、何か興味あるつながりを見つけられるかもしれない。そこが個人レベルにおける歴史探検の面白さで、平凡な家に生まれても細い糸をたぐり寄せてロマンに富んだ物語を紡《つむ》ぐことができるのだ。

唐の姫君、文成公主はこの日月山で何を想ったのか。すでに長安の都からは遠く離れ、まだ前途には長く険しい道のりが待っている。このときの乙女の気持ちは余人には計り知れない

ダライ・ラマ一四世の生家には、さいわいにも遠い祖先の言い伝えが残っていた。それによれば生家のルーツは青海湖のほとりではなく、遥かかなたの中央チベット（ウ・ツァン地方）だという。一四世の祖先がその地を離れるに至った経緯には、古代中国がからんでいた。一四世と中国の関係は、大昔の祖先の頃から因縁めいていたのだ。

ダライ・ラマ一四世の著書『チベット　わが祖国』に、「かれら（一四世の祖先）がどのようにして東チベットに定住するようになったかの物語はかんたんである」という一節がある。「マンソン・マンツェン王の治世にチベット東北部の国境を守るため、チベット軍が配置された。ド・カムのわたしたちの地方に中央チベットのペムポから来た守備隊が駐屯した。わが家の伝承によれば、わたしの先祖はその守備隊と共に来たそうである」（三四頁）という短い文

章だが、このマンソン・マンツェン王の祖父こそチベットの国家統一をなした、かの有名なソンツェン・ガムポ王であった。

ソンツェン・ガムポ王の勢力拡大が、ダライ・ラマ一四世の祖先の移住にもろに関係していたのだ。こういうところが歴史の面白さであるが、いずれにしても史料から見えてくるチベット史は、六世紀から始まる。年表ふうにたどっていけば、以下のように展開する。

ソンツェン・ガムポの時代

五八一（敏達一〇）年、ソンツェン・ガムポは現在のラサの南方、中央チベットのツァンポ江の南に位置するヤルルン渓谷のほとりを本拠地とした王家に生まれた。そして一〇代の前半で即位した。六世紀の後半は日本史でいえば、古墳時代後期、蘇我馬子《そがのうまこ》が権勢を振るっていた頃になる。ヤルルン王家を継いだソンツェン・ガムポは諸族をまとめ、強大な古代チベット王国を築いた英雄であり、具体的な事績を史料で確認できる最初の王であった。また記録上、中国と初めて公式に接触したチベット王でもあった。中国はチベットを吐蕃《とばん》と呼んだ。

ソンツェン・ガムポ王は一六人の俊英を選抜し、語学学習などを目的にインドへ派遣した。そのうちの一人、トンミ・サンボータは今日のチベット文字の原型をつくり、ごくわずかにすぎないが、サンスクリット語の経典をチベット語に訳した。王はまた軍隊の強化に力を入れた。

ソンツェン・ガムポ王は、チベット人の王妃のほかにネパール王に王女との結婚を求めた。ブリクティ王女がチベット王家に降嫁した。そのとき王女は釈迦牟尼《しやかむに》像を持参した（釈迦牟尼というのは、釈迦族出身の聖者という意味でブッダを指す）。のちにこの仏像はラサの中心地に建てられたジョカン僧院（トゥルナン僧院ともいう）に祀られることになる。

六〇九（推古一七）年、隋の二代皇帝、煬帝《ようだい》はみずから軍隊を率いて黄河上流の青海一帯を支配していたモンゴル系遊牧民の国、吐谷渾《とよくこん》を攻略して西域交易ルートを切りひらいた。ソンツェン・ガムポ王もまた吐谷渾に親チベット勢力をつくるべく、側近が画策した。チベットは吐谷渾からさまざまな制度を学んだ。

六一八（推古二六）年、煬帝は殺され、従兄弟の李淵《りえん》が唐をおこし、初代皇帝、すなわち高祖《こうそ》となった（高祖は王朝の始祖に贈られる廟号《びょうごう》。高祖につぐ号は太宗《たいそう》で、つまり二代目になる）。

六二一（推古二九）年、ソンツェン・ガムポ王の跡継ぎとなるクンソン・クンツェンが生まれた。チベットの繁栄とともに成長するプリンスは、のちに父王の指示で唐の皇女（とされる女性）を妻に迎えることになる。この一年前、ソンツェンは冠位一二階制を採り入れ、中央集権化をはかった。冠位は、すなわち官位である。聖徳太子によって冠位一二階制が施行されたのは六〇四（推古一二）年だから、日本におくれることわずか一七年で、共通する部分もあった。

六二六（推古三四）年、唐の高祖は次男の李世民《りせいみん》（太宗）に譲位した。この頃、チベットと唐の目はともに吐谷渾にそそがれていた。この遊牧民国家では親チベット勢力と親唐勢力の激しいせめぎ合いが展開されていた。

六二九（舒明元）年、二六歳の玄奘《げんじょう》は国外旅行を禁止されていたにもかかわらず長安を発ち、インド留学の希望をいだいて西域へ向かった。

六三四（舒明六）年、ソンツェン・ガムポ王は初めて唐の太宗に使いを送り、武力をちらつかせながらチベット王国の跡継ぎ、クンソン・クンツェンと太宗の公主との婚礼を要請した。軍事力で勝る太宗は、にべもなくチベット王の要求を拒否した。唐からすればチベットはずっと格下であり、そこへ皇女を嫁入りさせるのを屈辱と思ったのだ。

ソンツェン・ガムポ王はあきらめず、執拗に要請を繰り返した。ソンツェンはただ単に唐の姫君を求めていただけではなく、唐の文化を受け入れたいという思いもあった。翌年、吐谷渾に親唐政権ができると、太宗はチベットに対してますます高圧的な態度に出て、ソンツェンの申し入れを無視した。

その一方で、吐谷渾の支配者となった諾葛鉢《だくかつはつ》が唐をおとずれ、公主の降嫁を願い出ると、太宗は応じて弘化《こうか》公主を花嫁に出した。唐王朝が異民族の支配者と友好関係を築くために送り出した女性は和蕃《わばん》公主と呼ばれた。ほとんどは替え玉であったが、そのときの力関係や政略次第では、まれに皇帝のじつの娘が選ばれることもあった。

六三八（舒明一〇）年、袖にされたソンツェン・ガムポ王は怒り、その後、大軍をもって唐を攻め、四川の一部を占拠した。唐は反撃に出たが、結局、太宗は皇女の輿《こし》入れを承諾した。力関係が逆転したのだ。勢いに乗ったソンツェンはチベットの諸部族をつぎつぎと支配下におき、統一古代チベット王国を打ち立てたのであった。

宰相ガル・トンツェンが長安へ皇女を迎えに行った。ガルはしばらく抑留されたが、その後は皇帝の信頼を得た。古代チベット王国の絶頂期にソンツェン・ガムポ王は譲位し、息子のクンソン・クンツェンが王位に就いた。

六四〇（舒明一二）年、チベット王家へ嫁入りする唐の公主一行がガル・トンツェンの案内で出発した。姫君の名は、世に名高い文成《ぶんせい》公主である。日月山でハラハラと涙を流したにちがいないヒロインその人だ。翌年、クンソン・クンツェン王はカム地方のツァシューで公主を迎えた。クンソンは妻となった公主にギャザという名前を与え、ツァシューに居城を構えて暮らした。

ソンツェン・ガムポ王は息子のために唐の皇女の嫁入りを求めたのだが、後世に広く伝わる物語はソンツェンが自分の妃《きさき》として皇女を望んだことになっている。舅《しゅうと》と嫁の再婚話はチベットにとっても中国にとっても好ましくなかったので、息子の嫁という部分がカットされた物語になっていったのだろう。

文成公主を題材にした毛利志生子《しうこ》著『風の王国』（集英社）は主人公を皇帝の姪にし、商人の娘として育てられたとしているが、これはライトノベル作家の創作である。いずれにしてもチベット人にとって、単に王様と外国のお姫様の結婚物語にとどまらない。隣接する大国をねじ伏せたという点にチベット民衆は大いにナショナリズムをかきたてられてきた。

ソンツェン・ガムポ王の物語は一四世紀にサキャ派の学僧、ソナム・ギェルツェンが書いた『王統明鏡史』がもとになっている（邦訳『チベット仏教王伝』）。史実とは言い難いが、登場人物の気持ちはたくみに描かれ、チベット人をいまも惹きつけている。こんな一節がある。父親の皇帝から「チベット王に嫁いでおくれ」といわれ、「父上、そんなことを命令なさるのですか」と文成公主は嘆く。だが、拒絶すれば、チベットは大軍を送り込むにちがいない。泣く泣く承知した皇女は、いくつかの条件を出す。「チベットは仏法もない無明《むみょう》の闇の地です。供養の対象もありません。そんなところへ行かなければならないなら、父上がお祀りしている釈迦牟尼像を下さい」と申し入れたというのだ。

ネパール王女がインド仏教を、唐の皇女が中国仏教をチベットにもたらしたと唱える仏教学者もいるが、史料の裏づけがあるわけではない。ちなみに日本の場合、仏教伝来を『日本書紀』では五五二（欽明一三）年、『上宮聖徳法王帝説《じょうぐうしょうとくほうおうていせつ》』は五三八

チベットの秘境といえば、ヤルツァンポ渓谷。古代チベット王国はその発祥の地をヤルツァンポ渓谷とするが、それが渓谷のどこか具体的な地域はまだ特定されていない

（宣化三）年としている。なにをもって仏教伝来とするかといえば、欽明天皇が朝鮮半島の百済《くだら》王から仏像を贈られたときである。現在は五三八年説が有力視されている。実際にはそれ以前に入っていると思われるが、いずれにしてもインドに隣接するチベットより海をへだてた日本のほうが早く仏教を受容していたのはまちがいない。

文成公主と釈迦牟尼像

六四二（皇極元）年、文成公主は結婚二年目に王子を生んだ。この王子がダライ・ラマ一四世のルーツとかかわる、のちのマンソン・マンツェン王である。ただ、唐の皇帝は自分の外孫の誕生に冷ややかであった。なぜ、喜ばなかったか。東京大学教授として長くチベット学をリードしてきた山口瑞鳳《ずいほう》は、文成公主は唐朝と血縁がなかった替え玉の可能性が強く、そのため無関心だったのではないかと見る。

日月山のヒロイン、文成公主がホンモノの姫君であれ、あるいは替え玉であれ、彼女が聡明な教養人であったのはまちがいない。公主は異郷の地で積極的に活動し、遅れた分野に助言し、蛮風を改善し、ソンツェン・ガムポ王の期待に応えてチベット文化の向上に貢献した。顔を赤く塗るチベットの風習をやめさせたのも彼女だった。

また、文成公主は貴族の子弟を唐に留学させ、中国の古典を学ばせた。中国製の鍋や釜を取り寄せ、中国料理を広めた。ポタラ宮殿には公主が使った鍋が保存されている。中国の医学書をもたらすなど、チベット医学の発展にも寄与した。太宗のじつの娘ではなかったにしても、唐皇室の一族につらなる女性の可能性は高い。そうでなければ、これほどまでに唐の協力は得られなかったはずだ。

六四三（皇極二）年、不運にもクンソン・クンツェンは落馬し、帰らぬ人となった。父親のソンツェン

・ガムポがふたたび王位に就いた。残された文成公主と遺児マンソン・マンツェンはカム地方から中央チベットへ移り、長い喪に服した。玄奘が一六年ぶりに長安へ戻ったのは、この翌年のことだった。国禁の旅を不問とされた玄奘は、以後、持ち帰った仏典の翻訳に専念することになる。日本では中大兄皇子《なかのおおえのおうじ》や中臣鎌足《なかとみのかまたり》が蘇我入鹿《そがのいるか》を暗殺する乙巳《いっし》の変が起き、大化の改新が始まる前夜の頃だ。

六四六（大化二）年、ソンツェン・ガムポ王はラサに文成公主のためにラモチェ僧院を建立し、唐から大切に持ってきた釈迦牟尼像を祀った。金銅の像はインドでつくられ、中国大陸へ渡ったものだった。その後、なぜかネパールと唐の姫君がもたらしたジョカン僧院とラモチェ僧院の二つの釈迦牟尼像は入れ替わった。真相はヤブのなかだが、文成公主が持参したジョカン僧院の釈迦牟尼像はチベット民族にとって最高級の至宝となって今日に至っている。

文成公主はまた中国人僧侶をラサに招いて亡夫を供養した。禅という中国系仏教にチベット人が初めてふれたのもこのときであった。それまでのチベットはボン教という土着の宗教があって、呪術的な要素が濃厚であった。人類には生来シャーマニズム的なものへの関心が根強いが、とりわけチベット民族にはそれが濃厚だった。なぜかチベットに禅は定着しなかったが、チベット仏教において重要な瞑想は座禅と共通するところがすくなくない。

やがて舅から求婚されて、文成公主はずいぶん悩んだと思う。クンソン・クンツェンの三年の喪があけると、六〇代半ばの年齢をものともせずにソンツェン・ガムポ王は公主と再婚した。ソンツェンはガル・トンツェンをふたたび唐に派遣した。ガルはガチョウの形をした黄金のつぼに酒をそそいで皇帝に献じたが、これは皇帝に対するソンツェンの婿としての儀礼であった。

六四九（大化五）年、ソンツェン・ガムポ王はこの世を去り、文成公主との結婚生活は三年で終わった。唐皇室の外孫になるマンソン・マンツェンが王位に就いた。ガル・トンツェンは引きつづき宰相として政権の運営にあたり、以後、実権は次第にガル一族へ移ることになる。数々の業績をあげたソンツェンが偉大な王として長く語り継がれ、観音菩薩の化身と崇《あが》められるようになったのも、この名宰相の才腕に負うところが多い。「文成公主とガルは情が通じていた」と推測する外国のチベット学者がいる。話としては面白いが、それを示す史料があるわけではない。

六六九(天智八)年、チベット軍は吐谷渾を攻略した。チベット軍の総帥はグンソン・グンツェンと文成公主の忘れ形見であるマンソン・マンツェンで、武勇にすぐれた二七歳の逞しい青年王になっていた。吐谷渾と同盟関係にあった唐は援軍を送ってチベット軍と戦ったが、マンソンはこれを撃退し、アムド地方を中心とした広大な領域がチベット王国の勢力圏となった。その国境を守る守備隊として中央チベットから派遣された兵士のなかに、ダライ・ラマ一四世の祖先がいたのである。

第3章
✺古代チベット王国の興亡とチベット仏教の変遷

この項は、七世紀の後半から一五世紀にかけてのチベットの歴史を振り返る。古代チベット王国の勢力拡大とともに、唐皇室のチベットに対する待遇に変化が生じている点は興味をそそる。また、チベットが仏教を受け入れる経緯も注目点といえよう。以下、前章同様、年表ふうにつづることにする。

ふたたび唐の姫君、チベット王室へ

六七〇（天智九）年、古代チベット王国のマンソン・マンツェン王は安西四鎮《あんせいしちん》（トルファンなどの西域）を攻め落とした。だが、戦線の拡大は次第に王国の国力を疲弊させた。日本は天智天皇の晩年で、体調を崩した天皇は大友皇子を太政大臣としたが、翌年暮れ、没した。天智の弟、大海人皇子は甥の大友皇子に反旗をひるがえし、これを破った。天武時代の幕あけとなった壬申の乱である。

六七二（天武元）年、マンソン・マンツェン王は生母の文成公主の母国、唐に和議を持ちかけたが、拒否された。以来、チベット軍と唐軍の一進一退の戦いが断続的につづく。その間、両国の板挟みになって心を痛めた公主は、ひたすら釈迦牟尼像に和平のおとずれを祈った。

六八〇（天武九）年、チベット文化の向上に寄与した文成公主が没した。チベットは、聡明な女性を選んでくれた唐の皇帝に感謝すべきであろう。ただ、ソンツェン・ガムポ王のもたらした仏教は国教化されたものの広がりに欠け、公主の死でさらに衰退へと向かった。うつろいやすいのが世の習いで、王家は次第に仏教よりも土着の宗教であるボン教へと傾いた。

その後、チベットが長く対立してきた唐にも異変が生じた。モンゴル系遊牧民の国、契丹《きったん》が唐に反乱をおこした。文成公主の死から一〇年、唐では武則天《ぶそくてん》（則天武后）が五代皇帝になった。中国史上で唯一の女帝である。

七〇四（慶雲元）年、マンソン・マンツェン王の遺児でまだ幼いティデ・ツクツェンがチベットの王位に就いた。その翌年、則天武后は退位し、在位五四日で廃位となった李顕《りけん》が復権して六代皇帝、中宗《ちゅうそう》となった。中宗の時代にチベットとの間でふたたび縁談がすすめられた。

七一〇（和銅三）年、ティデ・ツクツェン王は七歳にして唐の金城《きんじょう》公主を王妃に迎えた。公主は中宗の皇女というふれこみであったが、実際は甥の雍王守礼《ようおうしゅれい》の娘（高祖の曽孫）だった。不憫《ふびん》だったのだろう、中宗は公主と陝西省の始中《しちゅう》県まで同行し、わかれのときは涙をにじませて見送った。政略結婚は実現したが、チベットと唐の関係は依然としてぎくしゃくしていた。紛争の一つに境界線のいざこざがあった。一時期、公主は真剣にチベット脱出を考えた。だが、公主は嫁ぎ先にとどまる決意を固め、忍耐強く母国とチベットの和平に心をくだいた。彼女の願いに唐も次第に耳を傾けるようになった。

七三三（天平五）年、金城公主の努力の甲斐もあってチベットと唐の間で黄河上流の一部地域で境界線が定まった。ティデ・ツクツェン王と公主の間に跡継ぎのティソン・デツェンが生まれ、平和な日々がつづいた。王はチベットの若者を唐に派遣し、仏教を学ばせた。かれらは帰途、成都の禅寺で教えを受け、チベット人として初めて母国に禅をもたらした。

七三九（天平一一）年、金城公主が没した。チベットと唐をかろうじて結んでいた細い糸がぷつんと切れて、両国の関係が悪化した。やがてチベット軍は唐に向かったが、周辺国とのあつれきが強まって、長安まで攻め入ることはなかった。南詔《なんしょう》（中国西南部の雲南地方に勃興したチベット・ビルマ語族の王国）がチベットの動きを見て、唐への勢力拡大を狙っていた。以後、南詔は吐谷渾と同様、数世紀にわたってチベットの政治状況に大きな影響を与えることになる。

日本より序列が上だったチベット

七四七（天平一九）年、インドの密教行者パドマサンバヴァがチベットへ入り、呪術性の強い説法で人気を博した。パドマサンバヴァはチベット密教の祖といわれ、現在もグル・リンポチェ（尊い師）の尊称で慕われている。それから六年後だが、この時代、唐の宮中におけるチベットの席順の高さを示すエピソードが日本の記録に残されている。

七五三（天平勝宝五）年一月一日、日本の遣唐使が唐の九代皇帝、玄宗《げんそう》に新年のあいさつをする際、日本の席はチベットのつぎであった。一二六〇有余年ほど前の古代、チベットは日本より序列が上だったのだ。そしてチベットと向かい合った席に新羅《しらぎ》が座った。「新羅より席順が低いのはおかしい」と日本側は強硬に抗議し、新羅と入れ替わった。かくして日本とチベットは向かい合って上席に座ったという記述が『続日本紀《しょくにほんぎ》』巻一九にある。

これはチベットに初めてふれた日本最古の文献で、そこでは吐蕃《とばん》となっている。このとき遣唐大使は藤原清河《ふじわらのきよかわ》、副使は吉備真備《きびのまきび》だったが、「チベットより上にしてほしい」とまではいわなかった点に注目したい。ちなみに遣唐大使の藤原は帰国の際、暴風雨に遭って長安に舞い戻り、王朝に仕えて生涯を終えた。

その後の吉備真備の人生もドラマチックであった。帰国した吉備は聖武天皇に可愛がられ、とんとん拍子に出世した。だが、藤原仲麻呂が実権を握ると冷や飯を食うことになった。そして、ふたたび遣唐副使として唐へ渡った。帰国するときは鑑真《がんじん》と一緒で、屋久島へ漂着するなど苦労したが、ぶじに日本へ着いた。孝謙天皇と道鏡の時代に重用され、右大臣にまで出世した。鑑真は日本に律宗をもたらし、奈良に唐招提寺を創建した。

国際交流といえば、七五二（天平勝宝四）年に東大寺の大仏開眼があったとき、導師をつとめたのはインド人僧侶であった。交通手段の未発達な時代にもかかわらず、活発な往来に挑んだ八世紀の国際人には脱帽せざるを得ない。

七五四（天平勝宝六）年、ティデ・ツクツェン王は死去し、ティソン・デツェンが王位に就いた。その後、チベットは仏教の受け入れをめぐって賛成、反対両派の確執が深まった。そのなかでティソンは次第に仏教の国教化へ傾いていった。翌年、安禄山が反乱をおこし、唐は混乱に陥った。安史《あんし》の乱で洛陽は陥落し、その隙に南詔はチベットの援護を受けて唐の勢力を一掃した。南詔の保護者となったティソンは唐の大乱を好機ととらえ、七年におよぶ唐の権力抗争を注視しつつ軍事力の強化につとめた。その頃のチベットは、宗教社会の今日とはまったく異質の軍事社会だった。

玄宗は蜀《しょく》に逃れ、粛宗《しゅくそう》が即位する一方で、安禄山は大燕《たいえん》皇帝を名乗った。だが、一年後、安禄山は安慶《あんけい》緒《しょ》に殺された。その安慶緒も安禄山の部下だった史思明《ししめい》に命を奪われ、史思明もまた史朝義《しちょうぎ》にやられるという血なまぐさい展開となった。唐がようやく洛陽を取り戻したのは、ウイグルの援助を得たからであった。

二一世紀のいまも中国の政治指導者は、地政学上からも各民族の動きに敏感にならざるを得ない。中国史そのものが民族間の合従連衡《がっしょうれんこう》の歴史でもあるからだ。このとき唐はチベットと南詔の同盟関係に神経をとがらせていた。中国の支配者にとって一番いやな構図はチベットとウイグルの連携で、それは現在も変らない。二〇一七（平成二九）年二月、来日した亡命ウイグル人の民族運動リーダー、ラビア・カーディルが、チベット亡命政府と連携する考えをあきらかにした。ラビア発言に中国政府が神経をとがらせたのはいうまでもない。

七六三（天平宝字七）年、ティソン・デツェン王は安史の乱で唐が西北辺境の軍を東方に移したのに乗じて長安（現在の西安）を攻め、一四日間占領した。ティソンは生母の金城公主と血のつながる広武王《こうぶおう》李承宏を唐の皇帝に擁立した。短期間とはいえ、チベットが中国を抑え込んだのだ。だが、唐はすぐに立ち直った。史朝義は殺され、安史の乱は終結した。チベット軍は唐から撤退し、後ろ盾を失った李承宏は長安を脱出するが、捕えられて幽閉の身となった。帰国したティソンはこれまでの軍事優先政策をやめて、仏教再興に力を入れた。

古代チベット王国の遠征軍は唐の都、長安（現在の陝西省の省都、西安）まで攻め入り、短期間だが、占領した。右手に見えるのは大雁塔。玄奘がインドから持ち帰った経典などを保管するために建てられた

日本に目を転じれば、孝謙天皇の寵愛を受けた道鏡が権勢を誇り、次第に天皇の地位をうかがうまでになるが、七年後にあっけなく追放の憂き目にあっている。また、長安がチベットに攻め込まれた年の五月に滞日九年の鑑真が七六歳で没した。日本仏教のために尽くした鑑真同様、つぎに述べるインド人僧もまたチベット仏教へ多大の貢献をなした。

七七四（宝亀五）年、民衆から文殊《もんじゅ》菩薩の生まれ変わりとあがめられるようになったティソン・デツェン王はインド唯一の仏教大学で大乗、小乗、密教がそろったナーランダー僧院の学頭シャーンタラクシタをチベットへ招いた。この学頭は空《くう》を教義の中心とする中観《ちゅうがん》派の中心的存在であった。翌年、ティソンはラサから南東五〇キロ近くのサムイェーでチベット最初の僧院建設に着手した。

その後、シャーンタラクシタは小乗の戒律を守るインド人僧侶一二人を招いた。かれらは出家したチベット人六人に具足戒《ぐそくかい》（出家する者がかならず受けなければならない）をさずけ、サムイェーにサンガ（出家修行者の集団）を発足させた。ここにチベット人の僧侶が初めて誕生した。シャーンタラクシタは有能なチベット青年を集め、サンスクリット語を教えた。やがて経典の翻訳事業が始まり、サンスクリット語の原典からチベット語に訳された経典の集大成であるチベット大蔵経《だいぞうきょう》を世にもたらす発端となった。この時期、唐の一二代皇帝になった徳宗《とくそう》はチベット人の捕虜五〇〇人を解放し、チベットへ歩み寄りの姿勢を見せた。

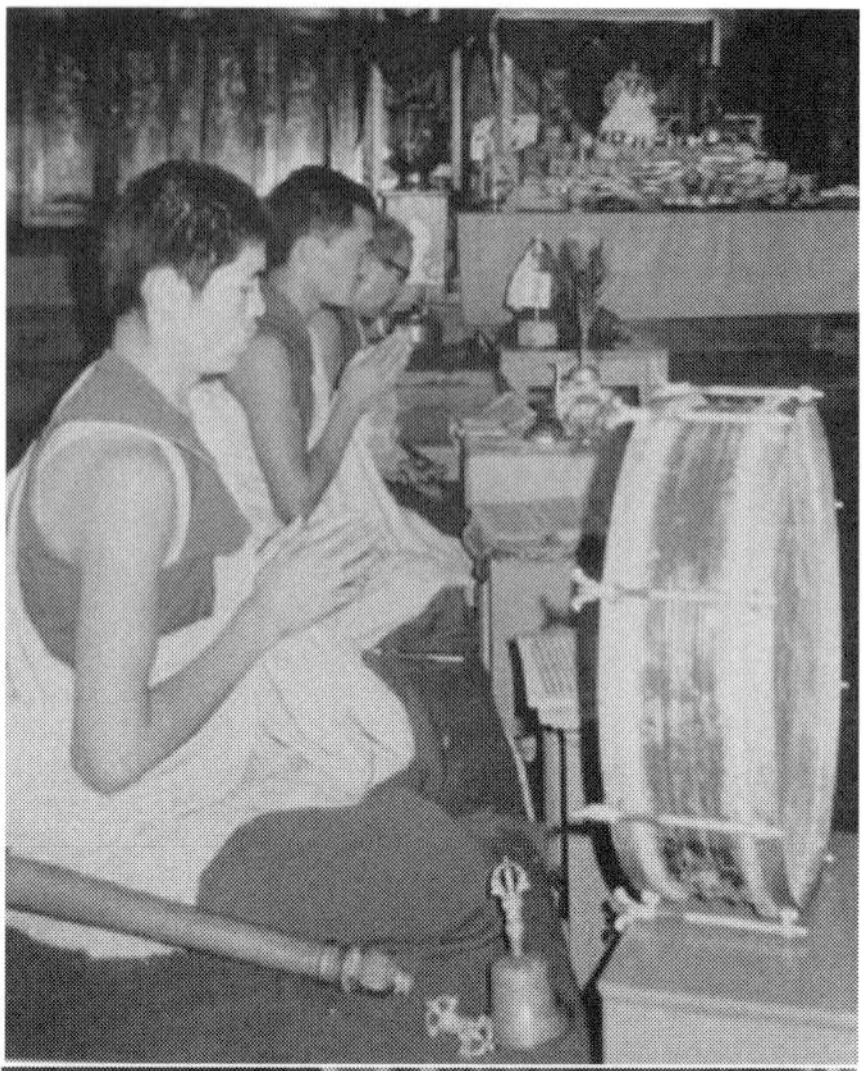

チベット仏教におけるサンガは、カトリックでいえば修道院ということになる。早朝に起床し、ひたすら衆生のために祈り、瞑想し、その間、仕事や雑事をこなし、夜は早々に就寝する。学僧の場合、いうまでもなく多くの時間をついやすのは修行と勉学だ。以前、テレビ番組で少年僧がサッカーを楽しんでいるのを見たが、スポーツのほかにもショッピングや茶店でのコーヒータイムなど、それなりに息抜きの時間は与えられている（写真はいずれもダラムサラで）

七七九（宝亀一〇）年、ティソン・デツェン王はサムイェー僧院で、「永久に仏教を信奉する」と誓った。ここに仏教はチベットの国教としてゆるぎない地歩を固めたと思われた。だが、その後、チベット全土はいくたびも自然災害の猛威に襲われ、「土着神の怒りにちがいない」と民衆は不安にかられた。このエピソードは、ボン教のチベット仏教に対する根強い抵抗を示唆する。ティソンは民衆の人気が高いパドマサンバヴァに調伏《ちょうぶく》を依頼した。パドマサンバヴァの念力は悪鬼を追い払うと評判を呼び、その密教はシャーマニズムに惹かれるチベット人に浸透していた。

インド系僧侶と中国系僧侶の論争

七八三（延暦二）年、ティソン・デツェン王と徳宗は和平を結んだ。その後、唐で朱泚《しゅせい》の乱がおきた。安史の乱で軍功を立てた朱泚が、待遇改善を要求する兵士にかつがれ、長安を攻めた。一時都を占拠し、漢の皇帝を名乗った。徳宗はチベットに援軍を求め、翌年、ティソンは軍を派遣して唐を救った。だが、唐が約束の報酬を支払わないため、チベット軍の怒りを買い、和平はご破算となった。

七八六（延暦五）年、ティソン・デツェン王はシルクロードのオアシス都市、敦煌《とんこう》を征服した。以来、敦煌は約六〇年間、チベットの支配下におかれる。ティソンは敦煌の禅僧、摩訶衍《まかえん》をチベットに招いた。座禅によって悟りが得られると説く摩訶衍の教えは民衆に受け入れられた。生まれて間もない王子を失って悲嘆にくれていた王妃も帰依し、ついには出家し尼僧となった。以後、チベットでは密教を中心とするインド仏教と、禅を中心とする中国仏教の勢力争いが生じることになる。敦煌征服の翌年、大伽藍群のサムイェー僧院が完成し、長く古代チベット仏教の中心地として栄えることになった。

七九一（延暦一〇）年、サムイェー僧院でインド系僧侶と中国系僧侶の間に瞑想法をめぐって第一次仏教論争が華々しくたたかわされた。翌年もサムイェー僧院で、第二次仏教論争がおこなわれた。このときはティソン・デツェン王の面前でシャーンタラクシタの弟子カマラシーラと摩訶衍が丁々発止の討論を展開し、結局、カマラシーラに軍配があがった。敗れた摩訶衍は敦煌に戻り、ティソンはインド仏教をチベット仏教の正統とみなした。

七九七（延暦一六）年、ティソン・デツェン王は死去した。ティソンの時代に古代チベット王国は全盛期を迎え、タクラマカン盆地の多くのオアシス都市まで統治下においた。だが、あとを継いだ息子たちは順風満帆《まんぱん》とはいかなかった。最初に王位についたムネ・ツェンポは父親の妃のなかでもっとも若い妃を寵愛し、母親の怒りを買い、在位一八か月で毒殺された。

つぎに王となったティデ・ソンツェンは経典の用語統一につとめたが、在位一年で没した。その後、ティック・デツェンが王位に就いてようやく王権が安定し、唐との関係にも修復のきざしが見えてきた。ちなみに最澄と空海がともに留学僧として唐へ渡ったのは、ちょうどこの時期、八〇四（延暦二三）年のことだった。

八二一（弘仁一二）年、長安でチベットと唐は和平を話し合った。これを唐蕃会盟《とうばんかいめい》ともいう。翌年、こんどはラサで会談し、チベットと唐は双方の地でともに平和に暮らすと誓い合って平和条約を締結した。平和の誓いはチベット語と中国語で石碑に刻まれ、ラサのジョカン僧院の西庭、長安の宮殿の外、青海の日月山におかれた（ただし、ラサ以外はまだ発見されていない）。

平穏な世を迎えてティック・デツェン王は信仰心を高め、有髪の僧（ティ・レルパチェン）というニックネームを持つほどに仏教へ傾倒した。ティックはサンスクリット語からチベット語への翻訳だけでなく、漢訳経典のチベット語訳の事業も推進した。最初の翻訳経典の目録デンカルマが編さんされたのもティックの功績といえよう。また、ティックは末端の僧侶の生活にも配慮し、「一人の僧侶を七世帯で養うように」と指示するなど、僧院の発展に寄与した。

八四一（承和八）年、ティック・デツェン王が没し、翌年、ダルマ・ウイドゥムテンが王位に就いた。だが、ダルマは一年後、宰相に殺され、古代チベット王国はあっけなく崩壊した。同時に仏教もたちまち衰退していった。通説はダルマを仏教の破壊者とし、僧侶をむりやり還俗させて軍隊に放り込んだと伝える。だが、山口瑞鳳は、「ダルマ王が破仏《はぶつ》（仏教弾圧）をしたという伝承そのものが疑わしい」と見る。これらの経緯については、若手研究者の新鮮な視点での解明に期待したい。

ところで、本書は山口瑞鳳教授の研究にずいぶん助けられている。そこで余談をひとつ。じつは、教授にダライ・ラマ一四世の署名の日本語訳をお願いしたことがある。一四世にインタビューする直前、ダラムサラの商店街で一四世の肖像画が市販されているのを見つけた。ニューデリーのチベットハウスが発行

ダラムサラで求めたダライ・ラマ14世の肖像画。ポタラ宮殿の左上に14世のサインがある

山口瑞鳳教授にダライ・ラマ14世のサインの翻訳をお願いしたところ、ごらんのように丁寧な訳文をいただいた

した官製のもので、肖像画の製作にあたって、画家と思われるコロナという夫妻らの協力があったようだ。大空を背景に立つダライ・ラマ一四世の表情と、右下に配したポタラ宮殿の遠景がさまざまな思いをかきたてる構図となっている。この絵を持参し、一四世にサインをお願いしたところ、快くペンを走らせてくれた。帰国後、あつかましくも山口瑞鳳教授に日本語に訳してほしいとお願いしたところ、快く引き受けていただき、「平安の祈願をこめて　釈迦の僧徒　ダライ・ラマ　テンジン・ギャンツォ　八九年一〇月二九日」と別紙に書いてくれた。一四世の筆跡は草書体のうえ、個人的な癖があって解読に苦労したという。

　古代チベット王国は崩壊し、辺境を守るチベット軍も四散し、広大な領域はつぎつぎと失われていった。仏教の受難はチベットだけではなく、唐の一八代皇帝、武宗《ぶそう》もまた排仏政策を断行した。「仏教はインドの宗教で、中国のものではない」という武宗のことばに仏教関係者や留学僧は眉をひそめた。

　八四五（承和一二）年五月、在唐九年の円仁《えんにん》はひそかに長安城を出て帰国の途についた。慈覚大師《じかくだいし》として知られる円仁は、のちに比叡山延暦寺の三代座主として教学の発展に寄与した。比叡山がいわば仏教の総合大学として有能な人材を育て、そのなかから法然《ほうねん》、親鸞《しんらん》、栄西《えいさい》、道元《どうげん》、日蓮《にちれん》らがそれぞれの教団を創り出していく姿は壮観といえよう。半面、この時期のチベット仏教は土着の神々と混淆《こんこう》する一方で、インド原始仏教の一部分がまちがって解釈され、卑俗化した。怪しげな在家密教がはびこるなか、僧侶たちのサンガは次第に雲散霧消《うんさんむしょう》していった。日本において鎌倉仏教が興隆を見るなかで、チベット仏教は長いトンネルに入った。

ダライ・ラマ以前のチベット

だが、チベット仏教は決してインド仏教のように地上から消え去ることはなかった。仏教の卑俗化はエスカレートし、ブッダの教えはあとかたもなく変容した宗派も多かったが、在家密教行者という形で法灯を守り、しぶとく生き抜いたところもあった。一〇世紀後半になると、サムイェー僧院を中心に厳しい戒律のもとにあったサンガの再興を模索する動きが見られるようになった。

また、イスラム教の勢力拡大で本国を追われたインド人僧侶が、チベットに入って仏教の立て直しに寄与するようになった。九八二（天元五）年にインドで生まれたアティーシャもその一人だった。若い頃にナーランダー僧院で学んだアティーシャは、インド後期仏教の総本山ヴィクラマシーラ僧院の僧院長をつとめた高僧であった。

一〇四二（長久三）年、アティーシャは西チベットの豪族の招きを受けてインドを離れ、チベット各地で仏教の立て直しにつとめた。この豪族は金塊を手放して資金をつくり、アティーシャの布教活動を支えた。二年後、アティーシャはインドへ帰国途中、カイラス山の南で中央チベットの僧侶、ドムトゥンの面会を受けた。二人の出会いはチベット仏教に活力を与える機縁となった。アティーシャは帰国をとりやめ、ドムトゥンの招きで中央チベットへ赴いた。そしてサムイェー僧院やジョカン僧院などで小乗仏教から大乗仏教まで体系的にチベット人僧侶へ教えた。なかでも力を入れたのは、ボン教的な要素を取り除いて純化した密教の普及であった。

一〇五四（天喜二）年、アティーシャはラサ南西のニェタンでドムトゥンに看取られて七二歳で没した。戒律を守るすぐれた弟子を多数養成し、呪術に明け暮れていた宗教の改革に乗り出したアティーシャはチベット仏教中興の祖と呼ばれる。二年後、ドムトゥンはラサの北方に位置するチャンに密教道場、レティン僧院を建立した。以後、レティン僧院から歴代ダライ・ラマの個人教師や摂政をつとめる高僧が育った。すなわちレティン・リンポチェで、この称号を継承した転生者の何人かはチベット史をにぎわすことになる。

また、ドムトゥンは師アティーシャの教えを守るためチベット仏教界最初の宗派、カダム派をつくった。それ以前をニンマ派（古派）という。結束力の強い教団の出現はチベット仏教の勢力拡大のマシーンとなり、宗教と政治のつながりを深めていく契機となった。

一〇七三（延久五）年、中央チベットの豪族、クン家の当主はサキャという地に僧院を建てた（サキャは灰色をおびた白色の土地という意味）。この僧院を本拠地としたサキャ派はモンゴルと良好な関係を築き、いわば虎の威を借りるようにして勢力を伸ばした。一方、カダム派のマルパが分派してカギュー派をつくったのもこの時代である。名高い訳経僧であったマルパの弟子の一人が、仏教詩人として知られるミラレパだ。

一一四七（久安三）年、カルマ派の初代となるトゥスムキェンパが派の名前の由来となるカルマ僧院をカム地方のリウォチェに建てた。そして四二年後の一一八九（文治五）年、ラサ西郊のトゥールンにツゥルプ僧院を創建し、カルマ派の本山とした。同じ年、大草原の風雲児テムジンはクリルタイ（民族の大会議）でモンゴルの初代皇帝に選出され、ジンギス・ハーンと名乗った（ハーンは遊牧民の皇帝や部族長の称号）。それにしてもモンゴル兵は強かった。一つだけその理由をあげれば、馬を走らせながら矢を射る軽装騎兵の威力であろう。以後、モンゴル軍団の猛攻に世界が翻弄されていくのは周知の通りである。これに比べればあまりにも地味ではあるが、仏教史上、重要な出来事がつぎの世紀の初期におきた。

一二〇三（建仁三）年、インドのヴィクラマシーラ僧院がイスラム勢力により破壊され、インド仏教は二度と立ちあがれないほどの打撃を受けた。僧院長のシャーキャシュリーバドラはチベットへ逃れ、懸命に教えを説いた。インド仏教の法灯をチベット人に託すための必死の布教活動であった（ただ、インド仏教は二〇世紀半ば、奇跡的によみがえったのを記憶に留めておきたい。最下層出身のインド人政治家が音頭を取った仏教復興の大衆運動の成果であった。〟んざい、インド仏教の信者は九〇〇万人前後といわれる）。その後、チベットもまたジンギス・ハーンの遺児やその孫が支配するモンゴルに苦しめられることになる。なお、親鸞が二九歳までの二〇年間、修行した比叡山から降りたのはこの二年前のことだった。

一二四〇（仁治元）年、モンゴル二代皇帝オゴタイの二男、ゴダン・ハーンは遠征隊をチベットへ派遣した。ジンギス・ハーンの孫に攻め込まれたチベットは、古代王国時代のような軍事力はもはや夢物語であり、なすすべもなくモンゴルの軍門にくだった。

一二四四（寛元二）年、クン家出身のサキャ派座主サキャ・パンディタと甥のパクパはゴダン・ハーンに招かれ、モンゴルへ赴いた。座主は六〇歳を越えていたが、ハーンの招待をことわれば、攻撃されるおそれもあって受け入れたのであった。パクパはまだ一〇歳であった。結果的には、双方の出会いはチベットとモンゴルがいわゆるお寺と檀家の関係になる機縁となった。このとき座主はハーンの病気を治し、いっそう緊密になった。医術の心得のある高僧は、まさに鬼に金棒であった。

日本では元《げん》の初代皇帝として知られるフビライは、なにをしていたのか。ジンギス・ハーンの四男、トルイの二男だからモンゴル帝国の中枢にいたのはたしかだが、まだこの時点では一族の一人にすぎなかった。

やがてジンギス・ハーンの子や孫たちの間で権力抗争が始まると、チベットの宗派もそれぞれの旗幟《きし》を鮮明にせざるを得なかった。カルマ派の二代、カルマパクシはフビライに招かれ、陣営に留まるよう要請されたが、これをことわった。かれはフビライの兄で四代皇帝モンケのもとへはせ参じ、国師の称号を得たうえ、金印と黒い帽子を贈られた（以来、黒い帽子がカルマ派のシンボルとなる）。モンケはフビライより末弟のアリクブカを信頼し、自分の後継者とした。

一二六〇（文応元）年、フビライはアリクブカを倒してモンゴル帝国五代皇帝に即位した（その後、国の名を元にする）。サキャ派座主になっていたパクパは、フビライの師僧となった。フビライは毎年、一回、残酷な儀式をおこなっていた。モンゴル帝国に中国人がこれ以上ふえないようにと、多数の中国人を湖に放り込んでいた。パクパはそれをやめさせた。

信頼を得たパクパはフビライからチベット全土の統治をまかされ、サキャ派政権がスタートした。ダライ・ラマ時代よりずっと前に初めての宗教政権がチベットに誕生したが、当然、モンゴル色の強い体制となった。パクパを複数の大臣が補佐し、一〇人を超える地方長官がそれぞれの地域を治めた。そして各地のサキャ派僧院が行政や治安を担った。以後、一〇〇年にわたって、パクパの後継者が政治の実権を握った。のちのダライ・ラマ政権の原型がそこに見られる。

一二六二（弘長二）年、浄土真宗の開祖、親鸞が京都で没した。その際、親鸞が観音菩薩の生まれ変わりに見られていたというエピソードが後世に知られるようになる。明治維新以降に日本で高まるチベット熱に火をつけたのは浄土真宗であったが、その宗祖の生まれ変わり説である。初代ダライ・ラマ生誕に先立つこと一二〇〇年前に親鸞の観音化身説が身内の書簡であきらかになるのだ。この一三世紀はカルマ派が初めて転生相続制を始めた時期でもあり、なにか因縁めいている。すこし寄り道をしよう。

親鸞の臨終には妻の恵信尼《えしんに》ではなく、末娘の覚信尼《かくしんに》が立ち会った。恵信尼は京都の中級貴族、三善為則《みよしためのり》の娘であるが、実家からもらった所領のある越後に子どもたちと暮らしていた。親鸞と恵信尼の別居は夫婦の不和が原因ではなく、経済的な理由だったといわれる。

京都で晩年の親鸞の世話をしたのは、夫と死別した末娘であった。その覚信尼が越後にいる母親の恵信尼へ手紙で親鸞の死を伝えた。その返書で恵信尼はかつて自分の見た夢を末娘に初めて伝えた。それは法然を勢至《せいし》菩薩、親鸞を観音菩薩の生まれ変わりとする夢であった。この夢のうち、法然のことだけを恵信尼は親鸞に話した。肝心のことを本人に話さなかったのは、夢というのは人に話すとよくないことがあるといわれていたからだ。親鸞は、「それは正夢だ」といった。恵信尼は生涯を終えるまで、親鸞を観音の化身と信じようとしていたのかもしれない。

一二八〇（弘安三）年、パクパは四六歳のときに毒殺された。フビライは二回、日本へ遠征軍を派遣するが、後半の弘安の役はこの一年後のことだった。二回目の日本攻略も失敗したフビライは一二九五（永仁三）年、七九歳で没した。パクパについでフビライがこの世を去って、サキャ政権の絶頂期にかげりが見え始めた。

ツォンカパとガンデン僧院

一三五七（延文二）年、東チベットのツォンカ（現在の青海省湟中県）で名もない遊牧民の家庭に男の子が生まれた。生地の名をとってツォンカパ・ロサン・タクパと名乗った少年僧は一四歳のとき、中央チベットへ出て各宗派の教えをまんべんなく学んだ。ばらばらだったチベット仏教の体系化に生涯をささげたツォンカパは、いまもダライ・ラマの先達《せんだつ》として輝いている。このゲルク派創立者の生誕の地にクンブム僧院が建立され、のちにダライ・ラマ一四世の一族と深い関係を持つようになったのはすでに述べた通りである。この頃、チベットは政治的に分岐点にあった。カギュー派の分派、パクモドゥ派が急速に勢力を拡大してきたのだ。

一三五八（延文三）年、パクモドゥ派の一族が実権を掌握し、長期にわたってチベットを支配したサキャ政権は崩壊した。サキャ系僧院は本来の宗教活動に専念することになった。パクモドゥ派新政権がまず手がけたのはモンゴル色の一掃であった。それから一〇年後、元朝は滅亡し、朱元璋《しゅげんしょう》が明《みん》を建国した。首都は南京におかれた。チベットと漢民族の王朝、明の関係は薄かった。

ラサのセラ僧院に安置されているツォンカパ像

一三九二（明徳三）年、ツォンカパは初めて一三人の弟子を受け入れた。僧侶としてみずからを律し、独身を守ることの大切さを説いた。密教のみに没頭するのはバランスを欠くとして、だれもがわかる顕教の学習を重視し、最優先とした。顕教を学んだのちに密教に入ることで、宗教人としてのバランスを保とうとした考えはチベット仏教の根幹となった。ゲルク派を立ちあげたツォンカパはその後、レティン僧院で『菩提道次第広論《ぼだいどうしだいこうろん》』を書きあげた。

一四〇九（応永一六）年、ツォンカパは新年にあたって大修理を終えたラサのジョカン僧院の中庭で大祈願祭（モンラム）をひらいた。このとき八〇〇〇人の僧侶が参加したといわれ、チベット全域に広がる年間を通じての最大行事、新年大法会《だいほうえ》のさきがけとなった。

また、この年にはツォンカパによってラサの東方四五キロの地にガンデン僧院が建立された。ガンデンとは兜率天《とそつてん》を意味し、未来仏の弥勒《みろく》がいる天界をさす。ガンデン僧院はゲルク派の総本山となり、歴代ダライ・ラマを支えるチベット最大の勢力へと発展した。ガンデン僧院長（ガンデン・ティパ）はゲルク派座主ともいうべき地位にあり、生まれ変わりによる継承ではなく、ゲルク派の高僧のなかから選ばれ、任期は七年となっていた。後年、チベット亡命政府は文化大革命で破壊されたガンデン僧院とはべつに、インド・カルナタカ州ムンドゥゴットに同じ名のガンデン僧院を建立した。また、現在、ゲルク派の総本山はダラムサラのナムギャル僧院に置かれていることはすでにふれた。

一四一四（応永二一）年、ツォンカパは明の三代皇帝、永楽《えいらく》帝の招きを受けた。首都は南京から北京へ遷都されていた。ツォンカパはことわって、代理を北京へ派遣した。ツォンカパがチベットにとどまったおかげで、歴史の歯車が一つ、かちんと噛み合った。ダライ・ラマ一世となるのはツォンカパの高弟ゲンドゥン・トゥプパであるが、師と高弟の初対面はこの翌年であったからだ。ツォンカパが永楽帝の招待に応じていたら、師弟の縁はなかったであろう。ゲンドゥンがツォンカパから教えを受けたのはわずか四年にすぎないが、二人の関係は濃密であった。

一四一九（応永二六）年一〇月二五日、ツォンカパはガンデン僧院で没した。チベットではいまもこの日、一般家庭でもご馳走をつくり、燈明を灯してツォンカパをしのんでいる。ちなみにガンデン僧院を筆頭にデプン僧院、セラ僧院の三大僧院がこの年までにあいついで創建されている。また、ツォンカパは二〇世紀になってもあらたな伝説を残した。文化大革命の際、紅衛兵がツォンカパの墓をあばいたところ、ミイラの毛髪や爪が伸びていたというのだ。

ツォンカパが健在の頃、生まれ変わりのエリート僧が存在したのはカギュー派から分派したカルマ派だけで、ゲルク派にはまだなかった。ツォンカパが存命していたら、果たして転生相続を認めたかどうか。同意か、それとも反対か。どちらの可能性が高いかというのは、ツォンカパ研究において一つのテーマとなりそうだ。

第４章 ✺ 世にも不思議な生まれ変わりという相続システム

活仏という言い方はまちがい

チベット語でトゥルクという生まれ変わりの僧侶は、日本では転生ラマとか化身ラマ、あるいは中国語にならって活仏《かつぶつ》といわれる。本書は生まれ変わりのほかに転生者、転生児、転生僧という言い方を文脈にそって使いわけるつもりだが、ダライ・ラマ一四世は活仏という表現に対して、「それはまちがいです」と言下に否定した。活仏とか、生き仏といった表現に一四世は大いなるズレを感じているのだ。「転生者は、決して特別な存在ではない」というのが、一四世の基本スタンスである。

リンポチェの尊称を持つ人はすべて転生僧と思われがちだが、それはちがう。一時期、リンポチェが活仏と訳されたこともあった。たしかに転生僧のなかにはリンポチェのつく例もすくなくないが、トゥルクとは明確に異なるのだ。

チベットで転生僧と称される人々は日本で考えられているよりはるかに多く存在し、戦前は二〇〇〇人以上もいたといわれる。ただ、そのなかで社会的、宗教的に影響力の大きい高位の転生僧はごく限られている。すでに述べたが、転生の対象は地域、民族、国籍を問わない。実際に金髪の両親の息子が、チベット人転生僧の生まれ変わりに認定された例もある。ただし、民族や国籍を問わないというのは、非常にデリケートなところだ。なぜなら中国政府の干渉が確実視される次期ダライ・ラマ選びに直接かかわってくる微妙な点にほかならず、それはダライ・ラマ一四世も十分に認識しているにちがいない。

転生制の建前は、「徳のある僧侶であれば、大衆を助けるために死んだあともこの世に戻って活動する。それは当然のこと」という考え方である。大乗仏教らしい思考法ともいえる。じつは、転生相続システムには実利的なメリットがあった。特定の僧侶の権威が高められ、スター化し、それが信者の増大につながった。当然、お布施もふえて、僧院経営は安定することになる。いってみれば、希少価値の高い転生僧は僧院の広告塔のような役割を担っていたのだ。

また、転生者はみずからの生まれ変わりのときと場所を自由に選択できると考えられている。そして臨終の際、自分だけが知る転生の場所をそれとなく暗示するといわれている。転生者さがしは、こういったさまざまなヒントを頼りにすすめられることになる。

生まれ変わりという相続法が、チベット法王とローマ法王の決定的な相違点であった。ローマ法王は枢機卿のなかから選挙で選ばれ、生前退位も可能である。だが、終身制のダライ・ラマの場合、その死後、生まれ変わりの男の子を探索し、ホンモノと認定された男児を後継者として育てる。ゲルク派創立者のツォンカパも知らなかった、まさに世にも不思議な継承システムといえよう。

チベット法王という絶大な権力と財力のともなう地位につくのだから、本来、ダライ・ラマを継ぐ家が固定化されてもおかしくない。チベットには約二〇〇家族の貴族がいたといわれるが、そこが人材の供給源とならなかったのは、世襲をきっぱりと拒否した転生相続制のゆえであろう。臨終を迎えた法王は亡《なき》がらとなっても、霊は既婚女性の内に宿り、ふたたび男の子に生まれてこの世によみがえる。いつ、どこで、どの女性に宿るか、事前にはだれにもわからない。わかっているのは、イエス・キリストを産んだのは処女マリアだが、ダライ・ラマを産むのは未婚女性ではなく人妻という点くらいである。

チベット人の生きる術

チベットに干渉した清の皇帝は、「特定の家に転生者が集中しないように」という理由でくじ引きによる選考法を押しつけた。実際に、一時期、一部の転生僧にそういう傾向があったのはたしかだ。システム的には日本の藤原家、足利家、北条家、徳川家に担当する家柄の出現の余地がほとんどないようになっていたが、抜け道はいくらでもあった。後継者選びに不明朗な点が見られたり、ときには恣意的な選考があったのは否めない。

ダライ・ラマや大僧院の僧院長クラスの転生児選びで第三者から見て、もっとも気になるのは、資質のない子が選ばれるおそれはないのか、という点だ。このシステムでは、選んだ子がのちに暗愚な人間とわかっても、あとの祭りである。才能のない子が生まれ変わりとして法王に選ばれる危険性はないのか。そういう疑問を単刀直入にダライ・ラマ一四世に質したところ、「一般的な転生では、たまにそういうことがあります。しかし、ことダライ・ラマの転生に関していえば、一世から一三世までのすべてのダライ・ラマはたいへんすぐれていました。多分、わたしが一番駄目でしょう」と笑って受け流した。

いずれにしてもチベット民族は中世以来、このような神話的な手続きで選んだ聖俗両界の頂点に立つダライ・ラマを中心に据え、宗教と文化を育《はぐく》んできた。これは中国人やモンゴル人、満州人、ウイグル人らと向き合ってきたチベット人の生きる術という側面もあった。周辺国とくらべ、経済力や軍事力に劣るチベットの僧院勢力は、モンゴル人や満州人の支配者の宗教的導師という立場で平和を維持していた。檀家と施主の関係構築は、軍事社会から宗教社会へと転じたチベットのいわば経済政策にして安全保障策でもあった。

転生相続制の利点と欠点

転生者と認定された幼児は、まわりの期待に応えて特別な人に成長していくのか。これは教育学のうえでも興味あるテーマだが、たぶん予想を裏切らないほうが多いと思う。「人間は三歳までに決まる」という説があるように、素人目にも賢そうな子はなんとなくわかる。転生児は三歳以上の子から選ばれることが多いのだ。個々の幼児にそれほど差はなく、並みの素地さえあれば、あとは環境や教育次第ということであろう。はっきりいえるのは、血筋は決して万能ではないということだ。

歌舞伎の世界は血筋が第一と思われがちだが、実際は実力の世界である。親子といえどもライバルだ。六代目尾上《おのえ》菊五郎は長男の九朗右衛門《くろうえもん》をはずして芸養子の梅幸《ばいこう》に音羽屋一門のあとを託した。その後、六代目菊五郎の芸風は、ちゃんと梅幸の長男である当代の七代目菊五郎に受け継がれている。船場の商家にしても有能な丁稚《でっち》を婿養子にして暖簾《のれん》を守ってきた。

転生による相続の利点をあげてみると、後継者選びに伴うトラブルが比較的すくない。派閥抗争やお家騒動がある程度避けられる。複数の目で選択したうえ、神託師のお告げなどを選考の際に持ち出して総意を得やすい。まったく白紙状態の幼児を組織として教育できる、といった点だ。半面、欠点も多い。ときの実力者の思惑、関係者のコネ、外国の圧力が入り込む余地があり、かつてはワイロをもらって転生児選びに口を出す、あくどい神託師がいたのはたしかである。また、甘やかして育てたときの反動も覚悟しなければならない。

大僧院の生まれ変わりともなれば、幼児にして莫大な財産を継ぐことになる。親のほうも多額の運動費

ダラムサラで撮ったこの写真は、お供を従えた転生僧が車から降りたところ。早くから多くの信者が転生僧のあらわれるのを待っていた

を使っても、元手をすぐに取り戻せるという計算が働く。もっとも、おそらくワイロを使って転生児となった子も、それなりの風格をおびた転生僧に成長したはずだ。まわりからかしずかれ、家庭教師が付ききっきりで教育すれば、よほどのことがないかぎり、それなりの風格をおびた人間に育つのだ。

「人は五歳にして、すでにその人だ」とはスイスの教育学者ポール・ヘーベルリンの至言だが、子どもは小学校に入るまでにさまざまなことを学んでいる。親や兄姉の行動、会話から社会的な知識を学習していく。転生児の場合は、幼少のときから特別の環境のなかで英才教育を受け、さらに僧侶として修行をつづける。人格形成の厚みがちがうのだ。半面、禁欲生活に耐えられず、挫折する転生僧がいるのも事実である。それはダライ・ラマの転生児でも例外ではなく、恵まれた環境を与えられても、いつしかそれに抗《あらが》ってしまう。そこが人間の業《ごう》の深さなのだろう。いずれ実例にふれるつもりだ。

カルマの法則

ダライ・ラマ一四世によれば、人々が人生において経験する喜びや幸せといったプラスの面と悲しみや怒りといったマイナスの面の比率は、その人の前世における善行と悪行によって定められているという。これがチベット仏教でいうカルマの法則であり、そこにはあきらかにカルヴィニズムの予定説とのちがいがある。

　因果応報は人類の共通した思想であるが、チベット仏教においてはとても重要なキーワードだ。原因から結果が生まれ、その結果がつぎの原因となる。現世のおこないいかんによって来世の姿はいかようにも変化すると説く。貴族の家に生まれた姫君が、来世は蛇に生まれ変わるかもしれない。農夫の毛深い腕の血を吸っている蚊の来世は、バレリーナかもしれない。

　カルマの法則を信じれば、自分の行動によって状況を打開できることになる。チベット人の能動的な信仰心は、まさしくこれに由来する。「運命は神によって決められている」とする予定説とはまったくちがうのだ。

　インド哲学によれば、人体は地、水、火、風の四つよりできている。この影響を受けてチベットの葬礼は、地に帰る土葬から水葬、火葬、そして風に帰る鳥葬《ちょうそう》の四つの方法がある。古来、日本では圧倒的に土葬が多く、鳥葬は皆無だ。だが、チベットでは鳥葬や水葬が一般的だった。チベットの風習のなかで日本人に一番わかりづらいのは鳥葬であろう。いったい、鳥に遺体をさらす弔《とむら》いには、どういう意味があるのか。

　ダライ・ラマ一四世によれば、「チベットの鳥葬というのは、お布施の一種といえます。最期に自分の身体を生きものに与える。そうすることで生きものの食べものになって役立っている。遺体をただ焼いて

ラサのセラ僧院のタルチョ（仏塔）をまわる巡礼者たち。右手にマニ車を持ち、時計の針と同じように右まわりが鉄則だ。人々はカルマの法則を信じ、ひたすら自分の信仰心を行動で示すのだ

しまっては、何の役にも立たないでしょう」ということだった。「通常、高僧は火葬にします。しかし、高僧のなかには亡くなる前に、火葬にしないで鳥葬にして下さい、と遺言する人もいます」と一四世は述べた。

樹木のすくないチベットで火葬は高くつき、富裕層しかおこなわなかった。庶民でも手に入るヤクの糞の火力では、とても火葬はできなかった。転生僧の火葬がおこなわれるとき、参列者は立ちのぼった煙の方角に目を凝らした。生まれ変わりを探索する際の手がかりとされたからだ。

チベットをバスで走っているとき、ガイドが小高い山のてっぺんを指差し、「あそこが鳥葬の場所です」と教えてくれた。鳥葬は人家から離れた場所で営まれているが、遺体が魚に供される水葬は人通りの多い河岸でもおこなわれている。河岸に飾りのついた竹竿が立っていたのでガイドに聞くと、やはり水葬のおこなわれたところだった。天然痘の死者は、感染のおそれがあるので鳥葬も水葬も避けて土葬にされた。それ以外では、土葬は嫌われている。鳥葬や水葬は、チベット人の死生観ともかかわりがあるのだろうか。

「日本でも死生観について関心がもたれていますが、ダラムサラに来て感じたことがあります。それはチベット仏教僧には死への恐怖はあまりないのではないかということです」とダライ・ラマ一四世に聞いた。一四世はこう語った。

「それぞれの修行によってちがいます。通常、仏教徒あるいはヒンズー教徒のいくつかの宗派の伝統では、再生の論理という点を除いては、死というのは服を着替えるようなものです。古くなってボロボロになった服を新しい服に替えるのと同様に、人間としての存在それ自体は常にあり、この身体が老いてボロボロになったときに、新しい身体に替わるのです。

その観点からいえば、死は永遠なる終わりではないということになります。しかし、そのときに人間と

葬礼の飾りつけが残っていて、水葬がおこなわれた跡とひと目でわかる

して生まれるか、あるいはそれ以下の形で生まれるか、ということでもあります。低位の生命体、たとえば昆虫とか動物として生まれるのか、あるいは高位の生命体、たとえば善人や天人に生まれるかは、それぞれの精神的修行によるわけです。もし、その人が殺生、窃盗、邪淫《じゃいん》など否定的な行為に多くかかわれば、その人は低位の生命体に生まれることになるでしょう。困っている人を助けたりして、徳を積み、善行を重ねる人は高位の生命体に生まれます」

　では、生まれ変わるというのもまたカルマなのか。ダライ・ラマ一四世は、「一般的にいえば再生というのはカルマです。しかし、転生は単なるカルマだけではありません。それは修行を積み重ねることによって、自分自身で、いつ、どこに転生するかを決められるのです。徳と悟りによって、生まれ変わるのをやめるときに、その人は涅槃《ねはん》の境地を成就することになります。化身というのは、他の生きものが涅槃の境地に向かっていくのを助けるために転生してくるのです」と述べた。

　まさに大乗仏教の思想であるが、転生はサンスクリット語でサンサーラという。輪廻にしろ、サンサーラにしろ、響きのよいことばだが、これがじつはなかなかのクセモノだ。大辞泉によれば、「生ある者が迷妄に満ちた生死を絶え間なく繰り返すこと」が輪廻だという。回転ずしを運ぶベルトのようなところに乗せられ、さまざまに変身しながら一〇〇年も二〇〇年もグルグル回っているだけの境遇は、ちょっと想像するだけでゾッとする。これでは苦《く》の輪《わ》である。実際、サンサーラは苦の輪と訳されることもある。

　徳や善行を積んで苦の輪から解放され、人はようやく涅槃の境地に達するなら、これほどの幸せはあるまい。その涅槃を大辞泉は、「一切の悩みや束縛から脱した円満、安楽の境地」としている。涅槃の境地の上に悟りの段階があり、これがファイナル・ゴールともいえる仏陀の境地となる。チベット仏教の場合、仏陀の境地に達した転生僧は、ダライ・ラマ一四世が述べたように人々を涅槃の境地へ導く先導者となるのだ。

キリスト教と輪廻転生

輪廻とか生まれ変わりといえば、東洋思想に固有のものと考えられがちだが、そういうことはない。筆者はかつて中村元《はじめ》東大名誉教授にインタビューした際、宗教の普遍性を教えられた。以下、老哲学者のことばをかみしめていただきたい。

――唐突な質問ですが、イエス・キリストは実在したとお考えですか。

「わたしは実在した人だと思います。というのは、『新約聖書』が残っておりましょう。それ以上、証拠があるかどうか知りませんけれど。ただ、なにもイエス・キリスト個人を狭くかぎってほかのものをしりぞけるというのは必要ないと思います。

キリスト教でもアレクサンドリアの教父たちは、真理を実現した人、ロゴスのあらわれの人、これはイエス・キリスト以外にもいたというのです。ギリシャにもいっぱいいたし、イスラエルにもいた。インドにもいた。インドではブッダだったというのです。ブッダをブッタと書いていますね、ギリシャ文字で。みんな真理を実現した人、あるいは真理を体得しようと努めた人です。そういう解釈になると、キリスト教がよその宗教を排斥するということはないわけです。

ところが、そういうアレクサンドリアの教父たちの思想は、のちにカトリック教によって異端として弾圧されました。キリスト教の教団が異端と認めた思想のなかに、東洋的な思想がいっぱいあるのです」

――たとえば、どんな人ですか。

「アレクサンドリアの教父ですね、クレメンスとかオリゲネスとか。ああいう人たちは輪廻を認めていたのですね」

――生まれ変わりを認めたのですか。

「認めたのです。中世にはカタリの徒（極度に禁欲的なキリスト教の一派）というのが、フランスを中心にして起こった。かれらは鳥獣の生命を守るべきだと説いたのです。当然、肉食しないことになりますね。これは異端として火あぶりの刑に処せられたのですよ。しかし、そういう思想がヨーロッパにだってあったのです」

――輪廻転生というのは、インド思想圏だけじゃないのですか。

「ええ、ヨーロッパのケルト民族やアレクサンドリアの教父たちのなかにそういうことを認めた人がいたのですね」

――後世のキリスト者がそれに蓋をかぶせていくのですね。

「独自の神学をつくっていく。その神学から外れたものは異端として、火あぶりの刑に処する。同じキリスト教でも、新教のほうのクエーカーは、震えることばかり人は注意していますけれど、内心の心の光を認めようというわけでしょう。そうなると禅と同じことになるわけですね」

――クエーカーは禅と通ずるのですか。

「そうです。クエーカーの集まりに行きますとね、瞑想から覚めた信者が公に、鈴木大拙がこういっている、などといっていますよ。そうすると宗教の区別はなくなるわけです」

――生き方と宗教ですが。

「それぞれの方が自分の真の生き方を求める。そのために、それぞれの宗教が成立すると思います」

――いったい、宗教というのは……。

「ある宗教学辞典に、宗教の定義は、宗教学者の数だけある、と書いてあります（笑い）。絶対なるものをなんとかとらえようとして、ことばで言いあらわすわけでしょう。だから人によってちがってくる。ということは、宗教は人間の数だけあるということにもなると思います」

――各人が自己流で宗教を定義してもかまいませんか。

「ええ。教義で人を縛る必要はないのです。めいめいの人が、人間の真理とはこういうものだなと思って、それで実行すればいいわけです。ただ、そこへ行くためには、昔からの賢者の教えに耳を傾ける必要はありましょう。それで自分の納得のいく生き方をされたらいいわけです」

――先生ご自身、死生観についてどうお考えですか。

「こうして生きて、そしてある時期に消えていく。去っていくのは、どういうところか。それはわからないわけですね。所詮、人間の思慮、計らいを超えたことです。自分の与えられた運命を生きる。一番いいと思う道をすすむということになると思います。

絶対のものはどこにあるかということですが、こんな不合理な世のなかをつくった特殊な創造者、世界創造者は認められないと思うのです。けれども人間が獣と同じようなものであり、どこまでも個我を主張するものでありながら、しかもそれを超えたおこないをするということがあるわけでしょう。

人のために思うとか、人をいたわるとか。これは不思議な力ですね。そこにその絶対な働きがあらわれていると思うのです。仏心とは大慈悲、是なりと申します。求めなくとも、そこにハッと尊いものが出ている。それを大事にして、尊しとして生きていく、というようにわたしは考えております」

――インドでは、生きることをネガティブにとらえているのですね。

「インド思想は概してそうですね。この世は思うままにならない、苦しいところである。だから生まれ変わるのは苦しみである。そこから脱するということを多くのインド人は考えたわけです。

けれども、脱することができるかどうか。われわれは与えられた運命にしたがって生きているわけでしょう。与えられたもののなかで一番いいと思うもの、ありがたいと思うものをいただいて、それで生きていく。そこに寄る辺があると思います。人生には、楽しいこと、ありがたいこと、いろいろあります。それはまた見い出されるべきものだろうと思います。見い出すことによって、喜びがあると思います」

ラサのジョカン僧院で五体投地を繰り返す人々。ゆるぎない信仰を持つ人々のひたむきな姿勢には心をうたれる

老哲学者のことばに耳を傾けてあらためて思うのは、宗教のかぎりない奥の深さだ。キリスト教だとか、イスラム教だとか、仏教だとか、ヒンズー教だとか、神道だとか、さまざまな区分がされてはいても、結局、宗教は人間の生き方そのものである。「人間は与えられた運命にしたがって生きている」という老哲学者のことばは、宗教の普遍性を言い当てている。歴代ダライ・ラマがまさにそうで、その生き方はふつうの人間とちがっていないのだ。次章はいよいよ初代ダライ・ラマの出番である。

第5章

✺ダライ・ラマ一世、二世、三世、四世の説話と史実

これからダライ・ラマの歴史に踏み入るが、説話と史実の境界がはっきりしないところがすくなくない。チベット史にかぎらないが、歴史の実証性ばかりを追い求めると、歴史そのものが味気なくなり、ときには成り立たなくなってしまう。歴史の解釈においては、まずもって時代精神を把握することが大切で、その際、説話は一つの手がかりになる。ダライ・ラマ時代の到来といっても、まだ政治とは無関係であった。一四世紀から一七世紀の前半にかけてはパクモドゥ派政権、その後はリンプン一族、そしてツァン一族がチベットの覇者となった。シガツェを中心に勢力を拡大したツァン一族は三代にわたってチベットを支配した。ゲルク派の出番はまだまだ先の話であった。

ダライ・ラマ一世とカラス伝説とタシルンポ僧院

一三九一（明徳二）年、初代ダライ・ラマとなるゲンドゥン・トゥプパは南西チベットのツァン地方で牧畜を営む家に生まれた。その死後に追贈されたので、ゲンドゥン自身はダライ・ラマという称号がモンゴルのハーンからゲルク派の高僧に贈られ、自分がその初代に選ばれたのを知らない。一四世紀末はカギ

シガツェのタシルンポ僧院といえばパンチェン・ラマの本拠地として知られるが、創建したのはダライ・ラマ1世であった。20世紀、インドにタシルンポ僧院が再建されたが、写真はシガツェのほうである

ユー派のパクモドゥ政権の時代であり、ゲンドゥンの実像はまだ後世のチベット法王たるダライ・ラマのイメージからはほど遠い。ただ、歴代ダライ・ラマに共通する伝説のいくつかはこの時代に由来し、それが初代らしさを感じさせている。

　その一つがカラス伝説だ。ダライ・ラマ一世の場合は、命を守った霊鳥として登場する。伝承によれば、初代が生まれた夜、この家は盗賊に襲われた。子沢山だった両親は、子どものうちの何人かをあちこちに隠して逃げた。生まれたばかりの赤ん坊も岩山の隙間に押し込められた。翌日、両親がおそるおそる岩山の一角をのぞいたところ、大きなカラスが赤ん坊を守っていたという話である。治安の悪かった時代を示唆している。

　ゲンドゥン・トゥプパはカダム派の中央チベットにおける拠点、ナルタン僧院で学んだあと、ゲルク派を創設したツォンカパと出会った。二五歳の修行僧と五九歳の師僧の運命的な出会いであった。ツォンカパは多数の弟子を持ったが、晩年、師の教えを継ぐのは五人の弟子といわれ、そのなかで一番若いゲンドゥンにツォンカパの精神的後継者としての使命が託された。

　シガツェの名刹、タシルンポ僧院の建設に着手したのはダ

巨大なる仏塔、ギャンツェ・クンブムはチベット仏教の美術の宝庫だ

ライ・ラマ一世であった。ゲルク派のナンバーツーである歴代パンチェン・ラマが座主として君臨する僧院が後世、ライバル関係として見られがちなダライ・ラマの初代によって建てられたというのは興味深い。

一四七四（文明六）年、ダライ・ラマ一世は八〇代半ばで死去した。「自分の後継者はゲンドゥン・ギャムツォと名乗るように」というのが遺言だった。チベット語でギャムツォは大海を意味する。モンゴル語でダライという大海からイメージされるのは深遠な宗教的、哲学的な深みを帯びた人間性であり、ほとんどの歴代ダライ・ラマの法名にはギャムツォが使われている。

いずれもギャンツェ・クンブムの女尊で、日本の仏像とちがってなかなか艶めかしい

ちなみに一五世紀は僧院建立の最盛期であった。ラサの三大僧院といえば、ガンデン僧院、デプン僧院、セラ僧院だが、いずれもこの時代に建立された。また、中央チベットのギャンツェにあるパンコル・チューデ僧院もこの時代の建造物である。中国共産党政権下のチベットでは僧院の見学場所は制限されている。その点、中国ふうには白居寺《はくきょ》と呼ばれるパンコル・チューデ僧院は、特定の宗派に属しておらず、外国人も比較的自由に多くの仏像や壁画を鑑賞できる。

パンコル・チューデ僧院といえば、大きな仏塔が有名だ。仏塔はサンスクリット語でストゥーバといい、日本では卒塔婆《そとうば》と訳された。ギャンツェ・クンブムと呼ばれるこの僧院の八角形の大仏塔は八階建てといとてつもない高さだ。ここに七七の部屋があって仏像や仏画などがまつられ、まさにチベット仏教の美術の宝庫といってよい。

ここで女尊の艶めかしさをあらためて感じたのだが、そのなかから四点の写真を選んでみた。男尊と女尊が抱き合っているものとか、まがまがしい形相のものにもそれぞれに深い意味といわれがある。ただ、静謐《せいひつ》な諸仏に親しみ慣れている日本人には、色気たっぷりの女尊像もどこか違和感をいだかせる。もっとも暗い室内でじっと眺めていると、次第に心が落ち着いてくるから不思議である。

ダライ・ラマ二世とラモイ・ラツォ湖

一四七五(文明七)年、カルマ・カギュー派の強い地域であった中央チベットのトゥールン渓谷の近くで、ニンマ派の密教行者の家に男の子が生まれた。サンギェー・ペルと名づけられた子は、のちにダライ・ラマ二世の追贈を受けるが、幼いときから僧院や僧侶に強い関心を持ったと伝わる。これも歴代ダライ・ラマに共通する伝説である。

サンギェー・ペルは三歳のとき、「タシルンポ僧院へ行きたい」とせがんだという。ダライ・ラマ一四世も、タクツェル村の生家へ転生児さがしの調査団があらわれたとき、「セラ僧院のお坊さんだ」といって大人を驚かせたエピソードが伝わっている。

幼い頃からサンギェー・ペルは、見たはずもない過去を語ることがあった。「あの子はゲンドゥン・トゥプパ(ダライ・ラマ一世)の生まれ変わりではないか」といううわさが広まり、それを信じた人々が神童から祝福をさずかろうと押しかけた。評判を聞いてタシルンポ僧院がこの子を迎えることになった。これはダライ・ラマ転生相続制の誕生を予感させるエピソードともいえよう。

一四八六（文明一八）年、一一歳のサンギェー・ペルはタシルンポ僧院に先代ゲンドゥン・トゥプパの生まれ変わりのように迎えられ、先代の遺言にしたがってゲンドゥン・ギャムツォの法名をさずけられた。こうして少年は未来の僧院長候補として破格の待遇を受ける一方、長く伸ばした髪を剃られ、エリート僧としての血のにじむような修行に専念することになった。

ゲンドゥン・ギャムツォ、すなわちダライ・ラマ二世は初代に見習って、タシルンポ僧院に籠らず、地方へ足を伸ばして精力的に説法に取り組んだ。留守の間、僧院ではひそかに二世を追放する陰謀が画策された。日増しに高まるかれの名声に僧院長の側近らが嫉妬心を燃やしたのだ。イジメにあう二世のもとにラサのデプン僧院から、「こちらへ学びに来ないか」と招きがあった。大僧院で本格的に仏法をきわめたいと思っていた二世は、迷うことなく応じた。

一四九四（明応三）年、ダライ・ラマ二世はシガツェのタシルンポ僧院を離れ、ラサに近いデプン僧院へ向かった。これはダライ・ラマの本拠地がラサになる、その第一歩であった。二世は記憶力が抜群によく、ふつう二〇年ほど要する勉学を三年で終え、以前のように巡礼に明け暮れる日々を過ごした。あるとき二世はラサの南東一五〇キロの山間にある湖に目を奪われた。これが当代のダライ・ラマの探索にあたっても登場するかの名高いラモイ・ラツォ湖で、すっかり気に入ったゲンドゥンは湖畔にチュンコル・ギェル僧院を建立した。

その後、ダライ・ラマ二世はタシルンポ僧院長からこれまでのいきさつを水に流して、シガツェへ戻ってほしいという書簡を受け取った。要請を受け入れた二世に対してタシルンポ僧院はかつて初代が住まいとしていたところを居室に用意して厚遇した。

チベットにはラモイ・ラツォ湖のほかに聖なる湖と呼ばれるものがいくつかある。写真はその1つ、ラサ郊外で撮ったヤムドク湖だ

一五一七（永正一四）年、ダライ・ラマ二世はデプン僧院の僧院長になってほしいと請われて、それも受け入れた。若いときに二世自身が修学したデプン僧院は、日本でいえば比叡山延暦寺のような存在となってチベット全域はもちろん、中央アジアからも留学僧が学んでいた。

一五二五（大永五）年、ダライ・ラマ二世はセラ僧院から僧院長になってほしいと請われて、受け入れた。こうして二世はデプン僧院とセラ僧院の二つの僧院長を兼ねたほか、チュンコル・ギェル僧院とタシルンポ僧院の長老として重きをなした。

一五四一（天文一〇）年、ダライ・ラマ二世はデプン僧院で死去した。内外の多数の人々がその死を悲しんだ。二世の教えを受けた弟子の数は歴代のなかで多いほうで、しかも広範囲におよんでいた。火葬であった。二世の住まい、ガンデン・ポタンはのちにチベット統治機構の代名詞となり、ダライ・ラマ制の象徴的な建物となった。現在、ダラムサラの中枢がガンデン・ポタンと呼ばれるのも、ここに起因している。ガンデン・ポタンという名は、いずれ国際報道で飛び交うことになろう。というのは、二一世紀のガンデン・ポタンが一四世の生まれ変わりの調査や認定で重要な役割を担うからだ。

ダライ・ラマ三世とアルタン・ハーンの歴史的会見

一五四三（天文一二）年、トゥールン渓谷のカンサル・コンでニンマ派の家に男の子が生まれた。のちにダライ・ラマ三世となる子は、幼いときから密教儀礼に強い関心をいだいた。この子にいち早く注目したのは、数十年にわたってダライ・ラマ二世のそばに仕えていたチュンコル・ギェル僧院の高僧だった。二世の転生児はカンサル・コンで生まれるにちがいないと信じていた高僧は、幼児に直接会ってホンモノだと直感したといわれる。

一五四六（天文一五）年、この子はデプン僧院に迎え入れられ、ソナム・ギャムツォという法名を与えられた。のちのダライ・ラマ三世である。チュンコル・ギェル僧院の高僧は、三世をラモイ・ラツォ湖畔へ案内した。以来、三世は終生この地を何度となくおとずれ、瞑想の場とした。三世の本格的な修行はデプン僧院で始まり、一〇歳になると、早くも僧院長の座につくことになった。三世の住まいは先代のいたガンデン・ポタンだった。

ダライ・ラマ三世は初代、および二代に見習って積極的に旅へ出た。数限りない説法をこなし、残り時間の多くは瞑想についやされた。いつも早朝には目を覚ましたが、これは当代の一四世も同じだ。ただ、当代は早寝早起きだが、三世の場合は、夜も遅くまで瞑想し、眠らない人といわれた。身を粉にして布教に取り組む三世の評判はモンゴルまで聞こえていた。

一五七一（元亀二）年、モンゴル・トメト部族を率いるアルタン・ハーンの使者がデプン僧院をおとずれた。ジンギス・ハーンの直系に連なるアルタンは、モンゴル草原で最大の

モンゴル語でココ・ノールという青海湖の東岸でアルタン・ハーンとダライ・ラマ3世は会見した。ここでモンゴルのハーンからダライ・ラマの称号がデプン僧院長のソナム・ギャムツォに贈られた

勢力を誇っていた。ダライ・ラマ三世をモンゴルへ招きたいというアルタンの申し入れにゲルク派内の大半が、身の危険を心配して反対した。だが、三世はモンゴル布教の好機と判断し、招待を受け入れた。三世はまず弟子を代理で派遣し、後日、かならず自分も訪問すると約束した。

一五七七（天正五）年、ダライ・ラマ三世は約束を果たすべくモンゴルへ向けて出発した。三世がまず立ち寄ったのはレティン僧院であった。ここで一行の多くがラサへ返された。三世は少数のお供とともに旅をつづけた。一方、チベット仏教に深く帰依していたアルタン・ハーンは、三世一行を迎える数千人におよぶ歓迎団を途中の三か所に待機させていた。かれらはそれぞれの地で一行をもてなし、馬や食料を提供し、つぎの歓迎団が待つところへ送り出した。

一五七八（天正六）年、アルタン・ハーンは支配地のアムド地方に広がる青海湖の東岸でソナム・ギャムツォ、すなわちダライ・ラマ三世を出迎えた。白い服を着たハーンは白馬にまたがり、一族郎党およそ一万人を引き連れていた。滞在中、高熱で寝込んだアルタンを三世が見舞い、マントラを唱えて熱を下げハーンに感謝されたというエピソードがある。

これまでダライ・ラマ一世とか二世、三世と書いてきたが、実際にはまだこれらの称号は存在しなかった。アルタン・ハーンはソナム・ギャムツォにダライ・ラマの称号を贈り、このときをもってモンゴルはチベット仏教の保護者となった。すでに述べたようにダライはモンゴル語で大海を、ラマはチベット語で上人を意味した。ともに大海という意味のギャムツォからダライへの言い換えはいわばチベットとモンゴルの融和であり、僧侶（チベット）と施主（モンゴル）の関係の始まりの象徴となった。モンゴルでチベット仏教が息を吹き返すきっかけともなった、歴史的な会見といってよかろう。

一五八二（天正一〇）年、アルタン・ハーンはこの世を去った。その後もゲルク派はモンゴルの武力を背景に勢力を拡大していくが、その間、ソナム・ギャンツォはアルタンから贈られたダライ・ラマの称号をゲルク派の亡くなった高僧二人に追贈した。ゲンドゥン・トゥプパはダライ・ラマ一世に、ゲンドゥン・ギャムツォがダライ・ラマ二世に、そしてソナム自身はダライ・ラマ三世となった。

一五八三（天正一一）年、ダライ・ラマ三世はアムド地方にあるツォンカパの生誕地をおとずれた。その地に三世によって創建されたのが、クンブム僧院である。繰り返せばダライ・ラマ一四世の大伯父（タクツェル・リンポチェ）が僧院長をつとめた名刹であり、一四世の実兄もまたタクツェル・リンポチェの生まれ変わりとして認定されたうえ、一四世自身もラサへ行く直前の一時期を過ごした因縁深い大僧院だ。また、三世はカム地方でリタン僧院を建てた。この僧院はのちに七世の出現に大きな役割を果たすことになる。それはいずれ詳述するとして、その後、三世はふたたびモンゴルへ入って布教活動をつづけた。

この頃、中国東北部で大きな動きがあった。満州人の愛新覚羅《あいしんかくら》家出身のヌルハチが挙兵したのだ。一方、日本に目を転じれば、織田信長の全盛期で、イエズス会のオルガンティーノが安土《あづち》に教会を建設している。また、浄土真宗の門徒らによる激しい一向一揆の嵐が次第に平定され、信長に一〇年以上も戦いを挑んできた石山本願寺の顕如《けんにょ》がようやく和議に応じたのもこの時代だ。

一五八八（天正一六）年一月、ダライ・ラマ三世は明の一四代皇帝、万暦帝《ばんれき》から北京へ招きたいという書簡を受け取った。伝えられるところでは、金箔で書かれた皇帝の手紙は八人の担ぎ手によって仰々しくかごで運ばれてきたという。「招待をお受けします」と三世は返書をしたためたが、体調を崩し、三月に滞在先のモンゴルで死去した。火葬であった。

ダライ・ラマ四世はモンゴルの貴族出身

一五八九（天正一七）年、モンゴル草原の一角でテント生活をしていたアルタン・ハーンの孫息子（アルタンの長子の五男）に男の子が生まれた。妊娠中、若妻はいくつもの不思議な出来事を体験し、生まれるときも高位の転生児を示唆する現象があったと伝わる。妊婦の異常体験は、法王生誕にまつわる挿話としてパターン化され、世間に広まっていくことになる。

一方、ラサではデプン僧院の僧院長格の高僧がダライ・ラマ三世の生まれ変わりをさがす責任者となった。高僧は三世のモンゴル布教に同行した側近の一人で、ハーン一族の男の子に関する評判がやがてその耳にも届いた。高僧が神託師におうかがいを立てたところ、「すでにモンゴルに生まれている」というご託宣だった。

神託師がモンゴル側に買収され、そう告げた可能性もあるが、いずれにしてもダライ・ラマ三世の転生児がモンゴル人貴族の子というのは、チベット人にとって予想もしなかったことで、チベット全土に動揺が広がった。とくにうろたえたのはパクモドゥ政権だった。

折しもラサ近郊でべつの転生児候補が見つかったという情報があり、チベット支配層に安堵感が広まった。政治的な面や民族の総意からも次期ダライ・ラマは、チベット人であるほうが望ましいのはいうまでもなかった。報告を受けたデプン僧院の高僧はみずから現地へ赴き、その子に面接した。だが、意外にも高僧は子どもをダライ・ラマ三世の生まれ変わりと認めなかった。自分が教えを受けた師とはあきらかにちがっていたというのが理由だった。高僧はあらためてモンゴルで話題になっている子へ目を向けた。そういう流れに至った背景に、モンゴルの圧力と誘導があったかどうかはわからない。

デプン僧院の高僧はモンゴルへ門弟を派遣し、アルタン・ハーンの曽孫にかんする情報を集めさせた。その後、高僧自身がモンゴルへ行き、直接自分でテストし、その子が転生児であると認めた。高僧から知らせを受けたガンデン僧院長はモンゴルへ同意の書簡を送り、そのモンゴル貴公子に法名ユンテン・ギャムツォを与えた。ユンテンの教育を担当したのはチベット人僧侶であったが、これまでとちがって呪術的な要素の強い指導がとられた。パクモドゥ政権はユンテンがチベット入りするのを求めたが、ハーン一族は応じなかった。

一五九九（慶長四）年、ようやくユンテン・ギャムツォはモンゴルを離れ、チベットへ向かった。ユンテン、すなわちダライ・ラマ四世は一一歳になっていた。受戒もせず、長髪のままであった。ユンテンは先代たちが住まいとしていたデプン僧院へ寄らず、真っすぐラサのジョカン僧院へ行った。そこで剃髪《ていはつ》したユンテンの個人教師に選ばれたのは、タシルンポ僧院から来たロサン・チューキ・ギェンツェンという若い僧侶であった。

「わが王子様の指導教師は、ラサにある大僧院の高僧を」とダライ・ラマ四世に仕えるモンゴル人の側近は不満をもらした。だが、選考にあたったガンデン僧院の長老は考えを変えなかった。その後、ロサン・チューキ・ギェンツェンにパンチェン・ラマの称号が贈られた。のちにロサンは先達の三人にパンチェン・ラマの称号を追贈した（タシルンポ僧院や中国などはパンチェン・ラマ一世から三世までの追贈を含めて、ロサンを四世として数える。だが、いずれの追贈も認めず、ロサンを初代として数える宗派や文献も多い。本書はダライ・ラマの追贈とのバランスをとって前者を採った）。

ダライ・ラマ四世はモンゴル人であるため攻撃されることもあったが、モンゴル軍のチベットへの介入を阻止するなどチベットのために心をくだいた。この時代、チベットは激しい宗派の抗争がつづいた。終始優勢を誇ったのは、ツアン一帯に勢力を張るカルマ派であった。チベットの場合、宗教集団は政治集団でもあった。各宗派が血で血を洗う権力抗争に明け暮れていた時代に、四世は幼い頃から仕込まれていたシャーマン的なもので大衆を引きつけ、パドマサンバヴァの化身とあがめられるまでチベットに同化した。だが、チベットの風土が合わなかったのか健康にすぐれず、先代らのようにエネルギッシュな布教活動はできなかった。

一六〇〇（慶長五）年、日本では関ケ原の戦いがあった年だが、イギリスで主にスパイスの貿易を目的として東インド会社が設立された。イギリスとチベットの因縁の関係が始まる端緒はここにある。その一六年後、中国東北部の大半を征服したヌルハチは後金国《こうきん》をつくってみずから帝位についた。のちの清王朝の太祖である。以後、清とチベットは複雑に交差していくことになる。

一六一七（元和三）年、ダライ・ラマ四世は二〇代の後半で死去した。火葬であった。デプン僧院内に建立された四世をまつる仏塔の落慶《らっけい》法要は、師のパンチェン・ラマが取り仕切った。かつてパンチェン・ラマが四世の個人教師に選ばれたとき、「なぜ若造が」と憤慨したモンゴル人の側近らも、その後のパンチェン・ラマの学識と指導ぶりに大いに感銘を受け、心から敬愛するようになっていた。四世の父親は分骨をモンゴルへ持ち帰った。

第6章 ✺ダライ・ラマ五世、六世、七世、八世の劇的人生

一七世紀から一九世紀にかけて君臨したダライ・ラマ五世、六世、七世、八世はそれぞれに個性的であり、かつドラマチックな生涯を過ごした。現代人が一般的にいだいているダライ・ラマのイメージにぴったりの法王から、それとはまったく逆の風変わりな法王まで、この章に登場する四法王の素顔は多彩である。とりわけ詩人にしてプレイボーイの青年法王の行状は人間味たっぷりだが、その人生行路には涙をさそうものがある。

初のチベット法王となったダライ・ラマ五世

一六一七（元和三）年、ダライ・ラマ四世が死去した年だが、中央チベットのヤルルン渓谷にあるチョンギェーの有力な家に男の子が生まれた。両親はニンマ派だった。この子こそ、のちに大法王といわれたダライ・ラマ五世である。五世が発見されるまでは、ひと波乱があった。その頃、宗派の争いは激化する一方で、カルマ派によるゲルク派つぶしが際立っていた。それはゲルク派が勢力を誇るウー地方の大僧院と、カルマ派の信者が多いツァン地方の支配層の権力抗争でもあった。

カルマ派の陣営を率いるツァン一族の総帥、カルマ・テンスン・ワンポの軍隊はデプン僧院やセラ僧院などを攻撃し、荒らしまわった。貴重品を略奪したうえ、ゲルク派僧侶に対してカルマ派へ移るよう強制した。

各地のゲルク派僧院には、モンゴル人僧侶が多数留学していた。モンゴルはゲルク派のために援軍を送った。このためチベットはゲルク派とカルマ派がにらみ合って一触即発の危機をはらんでいた。このとき和平に奔走したのは、モンゴル出身の法王であったダライ・ラマ四世の個人教師をつとめたパンチェン・ラマ四世だった。パンチェン・ラマの粘り強い説得の結果、ツァンの支配者は略奪品を返還し、モンゴル軍もチベットから立ち去った。

平和な世となってゲルク派はダライ・ラマ四世の転生児さがしに本腰を入れ、調査団が組織された。その結果、三人の候補まで絞り込むことができた。それを一人に絞る役割は、和平に尽力し、ゲルク派内で存在感をいっそう増したパンチェン・ラマ四世と、リンメーという高僧の二人に託された。このときの選考でパンチェン・ラマらが採用したのは、意外にもくじ引きだった。

くじ引きの場として選ばれたのは、歴代ダライ・ラマが瞑想の場としたレティン僧院だった。三枚の紙に候補者三人の名前が書かれ、ツァンパを練ってつくったダンゴに入れられた。チベット人にとってハダカ大麦はコメのようなもので、それを炒《い》って粉にしたツァンパが主食となる。ツァンパは小さなダンゴにまるめて口に入れるが、それがくじ引きでも使われた。三つのダンゴをおわんに入れ、立ち合いの二人は祈った。そして二人は順番にダンゴが一つ、飛び出すまでおわんを揺り動かした。おわんから飛び出たダンゴの紙には、どちらも同じ名前が書かれてあった。

その後、デプン僧院の高僧が、くじに当たった子にいくつかのテストをおこなった。ダライ・ラマ四世の遺品をニセモノと混ぜて出してホンモノを選ぶかどうか試すなど、のちに転生児テストの定番となった方法がこのときにとられた。こうして合格した子に法名ロサン・ギャムツォが与えられ、五世として即位した。

一六二二（元和八）年、まだ幼少のダライ・ラマ五世はデプン僧院のガンデン・ポタンを住まいにした。侍従長が帝王学を教え、宗教教育は専任の個人教師のほかにパンチェン・ラマ四世と高僧リンメーが担当した。その後、五世の希望で学習内容はゲルク派の領域にとどまらず、両親が属していたニンマ派の密教にも多くの時間が割かれた。五世は向学心が強く、好奇心に富んでいた。

ダライ・ラマ五世はインドの古典にも親しんだうえ、医学や薬学にも大いに関心を寄せた。研究熱心のうえ実践派で、やがて医師として自立できるくらいの医術も会得した。当代の一四世も理工系のところが五世と共通し、若い頃は機械を分解したり、組み立てるのを好んだ。高齢となっても一四世の科学に対する関心は衰えず、その造詣の深さはよく知られている。

ジョカン僧院でひらかれるモンラムは、パンチェン・ラマ四世が主宰した。五世は少年ながら夜明け前から夜まで延々とつづく長いセレモニーに座りつづけた。数万人の僧侶や信者がラサに集まったが、なかでもモンゴル人の姿が目立った。五世がモンゴル人の先代の生まれ変わりであったのも影響していた。だが、ゲルク派とモンゴルの友好関係に反発する勢力が虎視眈々と狙いを定めていた。ときどきの政治状況を見極め、しかるべき判断を下していたのは、ダライ・ラマ五世の侍従長ソナム・チュンペルだった。

またしても不穏な空気がチベットを覆い、ふたたびツァン地方の支配者がゲルク派攻撃に動き出した。バックに反モンゴル派のあと押しがあった。危機的状況を回避するため、その先頭に立ったのはソナム・チュンペルだった。内乱寸前のチベットで成人したダライ・ラマ五世に、やがて強力な援護者があらわれた。アムド（青海）地方を本拠地とするモンゴルの有力部族長、グシ・ハーンである。ハーン率いる騎馬軍団が反ゲルク派勢力を蹴散らし、チベットに平穏をもたらした。ソナムの政治力の勝利でもあった。ハ

清王朝の初代皇帝、ヌルハチの陵墓。この建物は隆恩殿といい、広大な陵墓のほんの一部にすぎない（中国遼寧省の省都、瀋陽市の中心部から約15キロのところにある）

ーンには、チベットに残ってこの地に君臨するつもりはなかった。政治権力を五世に譲り、ソナムを五世の補佐役とした。

一六二六（寛永三）年、清の初代皇帝、ヌルハチが後継者を決めないまま没した。二代皇帝になったのは八番目の息子、ホンタイジであった。北京には明が青息吐息ながらあと一八年近く存続するが、中国大陸の運命はあきらかに満州人の手の内にあった。またモンゴル人やチベット人にもそれなりの勢いが感じられ、人口数で圧倒的に優勢でありながら支配層における中国人（漢族）の影は異様なほどに薄かった。

一六四二（寛永一九）年、シガツェのタシルンポ僧院でダライ・ラマ五世の即位式がおこなわれた。僧院の周辺をモンゴル騎馬軍団が取り巻いた。グシ・ハーンとソナム・チュンペルはずっと年下の五世より一段低いところに座った。モンゴルの軍事力をバックに宗教と政治の最高指導者が誕生し、ここにゲルク派によるチベット法王制がスタートした。このようにして五世は二〇代半ばにして、チベットの大半を支配する政治権力を得たのであった。ダライ・ラマ政権体制は以後、紆余曲折を経ながらも二〇一一（平成二三）年八月八日までつづくことになる。

ダライ・ラマ五世率いるチベット政府はラサのデプン僧院にある法王邸、ガンデン・ポタンにおかれた。法王を補佐する宰相にはソナム・チュンペルが就任した。グシ・ハーンは青海に戻り、遠方からチベットに睨みを利かせた。清ではホンタイジが急死し、まだ幼い九番目の息子が三代皇帝についた。順治《じゅんち》帝（世祖）である。統治権を与えられたダライ・ラマ五世が、まず内乱でダメージを受けた自然の回復につとめたのは注目してよい。

環境問題を重視したダライ・ラマ五世の最初の指示は、野生動物の保護であった。内乱で戦った兵士らが食糧として野生動物を手当たり次第に捕獲し、減少の一途をたどっていたのに歯止めをかけた。こういった自然環境への配慮は歴代ダライ・ラマへ引き継がれていく。五世は、数々の業績をあげたパンチェン・ラマ四世にタシルンポ僧院と領地を与えた。パンチェン・ラマという称号をさずけられたのも、正確にはこの時点である（繰り返すが、のちに故人の高僧三人にパンチェン・ラマの称号が追贈されたので、当人を四代としている）。以後、パンチェン・ラマの生まれ変わりがタシルンポ僧院を継いでいくことになる。

ポタラ宮殿の法王の居室

一六四五（正保二）年、ダライ・ラマ五世はそれまで住んでいたデプン僧院のガンデン・ポタンを出てラサに移り、マルポリ山の斜面にポタラ宮殿建設に着手した。敷地面積四〇万平方メートル。マルポリとは紅い丘という意味だ。外壁が白く塗られた部分は白宮と呼ばれ、かつてソンツェン・ガムポ王がこの地に瞑想の館を建てたという言い伝えがある。

当時の難工事をしのばせる言い伝えがある。ダライ・ラマ五世はニンマ派のとりわけ念力の強い僧侶たちに集まってもらい、かれらが発する念力の塊によって巨石を浮かせて運んだというのだ。ポタラ宮殿は一三階建てで、建築面積は一三万平方メートルになる。ポタラ宮殿の建設は、まさしく法王の権力と権威を確立するための大デモンストレーションであった。

外壁が紅色の部分は紅宮といわれ、その高さは一一五メートルに達する。ダライ・ラマ五世の死後に完成した。ここでは歴代ダライ・ラマの金色の霊塔が一番の見どころとなっている。なかでもひときわ目立

マルポリの丘にそびえる世界遺産のポタラ宮殿は、チベットを代表する大建造物だ

ポタラ宮殿の見学コースは上階から始まるので、まずこの石段を昇らなければならない

右手にマニ車、左手に数珠を持つチベットの女性とポタラ宮殿前ですれちがった

つのは、高さが一五メートル近い五世の霊塔だ。まばゆいばかりの宝飾で飾られ、この法王に対するチベット人の熱い思いが伝わってくる。「世界で最も壮麗な建造物の一つといわれるポタラ宮殿についてお聞かせ下さい」と質問したとき、ダライ・ラマ一四世はつぎのように答えた。

「ポタラ宮殿にはさまざまな施設がありました。僧院、僧坊、法王府政庁、それに地下には牢獄もありました。わたしの居室は上層のほうにありました。ほこりだらけの室内はバターランプと線香で黒々とし、ネズミがたくさんはいずり回っていました。心地よい空間とはとてもいえない場所でした」

のちにポタラ宮殿でダライ・ラマ一四世の居室を見て、さもありなんと思った。一四世は宮殿の最上階に四部屋を持っていた。居室の壁は五世の生涯を描いた絵で覆われていた。一四世はポタラ宮殿よりノルブリンカ離宮のほうを好んだ。「ノルブリンカ離宮には、遊び場がたくさんありました」と一四世はいった。広大なノルブリンカ離宮の中心にあるタクトゥミギュル宮（不変という意味とか）が一四世の住まいで、一九五四（昭和二九）年に建設された。シャンデリアのあるモダンな建物だった。

一三年間伏せられたダライ・ラマ五世の死

一六五〇（慶安三）年、清の使者がラサをおとずれ、ダライ・ラマ五世に北京訪問を要請した。明は六年前に滅亡し、清は首都を北京に定めていた。招待に応じるべきか、ことわるか。五世はなかなか決断できなかった。北京では天然痘にかかって命を落とす人が多いうえ、五世はもともと遠方への旅行は乗り気でなかった。一般的には高地のチベットへ行く人は環境の変化に不安を覚えるのがふつうだが、チベット人のほうも不慣れな土地へのおそれは強かった。

ダライ・ラマ五世は明との人脈を大切にしていたので、旧支配層への同情もあった。さりとて強大な軍事力を持つ清の意向を無視するわけにもいかず、判断を迫られた五世がおとずれたのはラモイ・ラツォ湖だった。五世は湖水から得たイメージを「行くべし」と読み解き、北京行きを決断した。

一六五二（承応元）年三月、ダライ・ラマ五世はラサを発って北京へ向かった。アルタン・ハーンがモンゴルへ向かうダライ・ラマ三世の主な通過地点に歓迎団を派遣したように、順治帝も念入りな準備で一行を出迎えるようそれぞれの地方責任者に指示した。一方、順治帝は北京北郊に五世のための宿舎、黄寺の建築を命じ、工事が急ピッチですすめられていた。

ダライ・ラマ五世一行が北京まであと三日という地点に達したところで、順治帝は非公式ながらみずから出迎えた。順治帝のほうが二〇歳ほど年下であった。翌年一月、清皇帝とチベット法王の公式会見がおこなわれ、清王朝はチベット仏教を最優先するとし、チベットと清の間にも、モンゴルほどではないにしても、僧侶と施主の関係が築かれた。

一六五七（明暦三）年、ダライ・ラマ五世を補佐してきた宰相ソナム・チュンペルが没した。チベットを事実上動かしていたのはソナムであった。「宰相は長い瞑想に入った」という理由のもとに、五世はソナムの死を一年ほど隠しつづけた。これは生前、ソナムのほうから五世へ提案されていた。実質的な政治指導者であったソナムの死によって内外からつけ込まれたり、権力抗争が生じるのを防ぐ方策であった。

こうして政治リーダーとして研さんをつむ余裕が与えられたダライ・ラマ五世は、群雄割拠のチベット全土をまとめるために奔走した。その際、グシ・ハーンの強力なサポートがあったのはいうまでもない。その一方で五世は若い頃に得意とした医術や医薬の分野にあらためて取り組み、より充実した医療施設をつくった。またソナム・チュンペルが構築した中央集権体制を活用し、税制や国政調査のようなことも真剣に検討し、一部は実施された。ソナムの死から二年後、五世はポタラ宮殿を住まいとした。

一六六一（寛文元）年二月、二四歳の順治帝が天然痘で没し、世祖の三男が八歳で清の四代皇帝となった。康熙《こうき》帝である。イエズス会宣教師のヨハン・グリューベル（オーストリー人）とアルベール・ドルヴィル（ベルギー人）が北京、西安、西寧を経てラサに入ったのもこの年だ。かれらは二か月ほど滞在し、一一月末にラサを離れた。翌年、パンチェン・ラマ四世が没した。また、パンチェン・ラマに師事していたモンゴル・ジュンガル部族長の息子で一八歳のガルダンはラサへ赴き、ダライ・ラマ五世の指導を受けた。ガルダンが一族の権力抗争を勝ち抜き、ジュンガル部族のハーンとなったのはその一〇年後であった。

一六七三（延宝元）年、雲南の軍閥、呉三桂《ごさんけい》が反乱を起こした。このとき、ダライ・ラマ五世は康熙帝と呉からそれぞれ支援を求められた。マキャベリ的な対応になじんでいない五世は双方に気をつかった返事をし、しかもそれを文書で確約した。乱平定後、呉と交わした五世の密書が清に渡り、康熙帝と五世の関係は悪化した。五世はいっそうモンゴル勢を頼りにし、翌年、ガルダンにボショクト・ハーン（天命を受けた王）の称号をさずけた。カルダンはジュンガル帝国建設の野望に燃えた。

一六七九（延宝七）年、ダライ・ラマ五世は二〇代半ばのサンギェー・ギャムツォを宰相に選び、権限の大半をゆだねた。五世は政治権力にひそむ魔性を知り、あえてそれから遠ざかる道を選んだのだ。宗教生活に専念した五世は、仏教の理論研究にいっそう励み、多数の著作を残した。また、歴代の伝統にしたがってリタンなど各地で説法をおこなった。そして残りの時間の多くを瞑想についやした。やがて病におかされ、余命いくばくもないのをさとった五世は、「わたしの死を秘密にしなさい」と、かつてソナム・チュンペルからいわれたのと同様のことを宰相に命じた。内外の情勢は平穏とはいえず、ポタラ宮殿の工事もまだ途中であった。経験不足の宰相のために宮殿完成までは、自分の権威が必要だと判断したのだ。

一六八二（天和二）年、ダライ・ラマ五世は死去した。「法王は長い瞑想に入られた」とサンギェー・ギャムツォは偽りの公告を発し、遺言どおりにその死は伏せられた。瞑想期間の面会は許されないのが慣例だったので、姿を見せない法王にいぶかる声もそれほど聞かれなかった。サンギェーは五世の私室に毎日、食事を運ばせ、ときには儀礼用の小太鼓などが室内から聞こえるようにした。これは三一五年後、カルマパ一七世が中国から脱出する際に参考とされた。

年に数回、ダライ・ラマ五世はジョカン僧院のモンラムなどの重要な宗教行事には出席しなければならなかった。サンギェー・ギャムツォは影武者を使ったうえ、瞑想期間を理由に玉座のまわりに薄いカーテンを張り巡らすなど、見破られないように工夫した。高僧の瞑想期間は一〇年を超える例もあり、長すぎる瞑想自体は今日思うほどに不審をいだかせることはなかった。

結局、サンギェー・ギャムツォは一三年という信じがたいほど長期にわたってダライ・ラマ五世の死を隠しつづけた。その間、完全に実権を手にしたサンギェーはモンゴルのジュンガル部族との関係を強化し、清の康熙帝とは一線を画した。康熙帝もまたサンギェーの非友好的な態度に不信感をつのらせていた。サンギェー時代の初期の大仕事は五世の転生児さがしであった。表向き五世は健在であるから、大っぴらな探索ができないので、五世の死の直前に没したツァン地方のシャル僧院長（シャル・ケンポ）の転生児を見つけるという名目で、次期法王選考がひそかにすすめられた。

サンギェー・ギャムツォがまさにチベット最高の国家機密であるダライ・ラマ五世の死を、その直後に報告したのはごく限られた高僧だけであった。その一人は、ネーチュン僧院のネーチュン神託師だった。転生児さがしにおいてもサンギェーは真っ先にネーチュン神託師にお伺いを立てた。「南チベットのムンユル（ブータンの南東）を探索せよ」というのがご託宣であった。ネーチュンとはべつのところで、「ニンマ派の行者の家に生まれ変わるであろう」という予言もあった。

サンギェー・ギャムツォはムンユル一帯におふれを出し、それらしい子がいたら教えてほしいと情報提供を求めた。むろん、シャル僧院長の生まれ変わりという偽りのおふれだが、予想以上に多くの推せんが寄せられた。法王の転生児というのはあまりにも雲の上の話だが、地元の僧院長の生まれ変わりなら願ってもない地位であり、欲にかられて飛びついた親が続出したのだ。

名前のあがったリストを持って、シャル・ケンポ転生児さがしにカムフラージュされた調査団が現地で調べたが、ほとんどがわが子の出世を願った自薦組で、つくり話だらけだった。言い伝えでは、空振りに終わった調査団を本命の子の家へ導いたのは二羽のカラスということになっている。またしてもカラスの登場であるが、ダライ・ラマ六世が認定されるまでは紆余曲折をたどり、ホンモノかどうかのテスト も歴代のなかでもっとも厳しくおこなわれた。

多くの時間をかけたにもかかわらず、結果論からいえば、選ばれた子はサンギェー・ギャムツォの期待をものの見事に裏切ることになる。あるいは、うがった見方をすれば、サンギェーは自分の地位を保持するために帝王学を意図的に怠ったのか。いずれにしても番狂わせというしかないような異色の人物が次期法王として登板するのだ。

遊興にふけって廃位となったダライ・ラマ六世の恋歌

一六八三（天和三）年、チベット東南部のムンユルでニンマ派の行者の家に男の子が生まれた。一帯はオウムやウグイスなどが多くいて、鳥の天国といわれるところだった。サンギェー・ギャムツォが派遣した調査団が本命となる子、ガワン・ノルブを見つけ出したとき、その子は三歳になっていた。シャル僧院長の生まれ変わりとして世間に紹介されたガワンは家族とともにムンユルからツォナ・ゾンへ移動し、地元の僧院に寄留した。

一時滞在のはずだったが、ガワン・ノルブはこの地に一二年間もとどまった。サンギェー・ギャムツォの意向であったのはあきらかだ。その間、サンギェーは政権をほしいままにしていた。好意的に解釈すれば、ポタラ宮殿の完成まではダライ・ラマ五世の死を隠したままの綱渡り的な疑似体制を変えたくなかったのだろう。むろん、打算もあったはずだが、サンギェーは個人教師をガワンのもとへ派遣し、それなりに厳しい修行をさせていた。

一六九五（元禄八）年、ポタラ宮殿の紅宮が完成した。壁面が赤褐色の部分で、その紅宮には宗教施設や霊廟がある。五〇年におよぶ大工事であった。サンギェー・ギャムツォはひそかに黄金の霊塔をつくらせ、ミイラにしていたダライ・ラマ五世の遺体を納めた（法王や座主クラスの場合、結跏趺坐《けっかふざ》の姿でミイラ化され、金箔をはられることが多かった）。翌年、サンギェーはガワン・ノルブに、「あなたは五世の生まれ変わりだ」と初めて告げ、それを世間に公表した。ガワンにはツァンヤン・ギャムツォの法名が与えられた。

一六九七（元禄一〇）年、ポタラ宮殿でダライ・ラマ六世の即位式がおこなわれた。参列者のなかにモンゴル・ホショト部族のラサン・ハーンがいた。ラサンはジュンガル部族に代わってチベットへの影響力を強めていた。一〇代半ばの若々しい法王は厳しい修行に明け暮れた。だが、そのうちに六世の学習態度が投げやりになってきた。勉学に身が入らなくなったうえ、いつまでも僧侶となるための正式な手順を踏もうとしなかった。だれの意見も受け入れず、長髪のまま気ままな生活を過ごすようになった。

ダライ・ラマ六世はやがて二〇代になると、頻繁にポタラ宮殿を抜け出し、ラサ市内へ出没するようになった。俗人姿の六世は、昼は男友だちと乗馬を楽しみ、夜は酒場へ繰り出して美女とたわむれ、放埓《ほうらつ》な生活にうつつを抜かすようになった。夜になっても宮殿に戻らず、野外にテントを張って若い女性と寝泊りすることもあった。英傑といわれたダライ・ラマ五世の生まれ変わりが、何人もの愛人を持つ放蕩者になってしまった。

半面、ダライ・ラマ六世は繊細な心を持つ詩人だった。筆者がポタラ宮殿の歴代ダライ・ラマの霊塔を見学したとき、「わたしが一番好きなのはダライ・ラマ六世です」と説明役の中国人女性はつぶやいたものだ。六世はたくさんの詩を残したが、そのほとんどは恋愛詩だった。なかには失恋のやるせなさを詠ったものもあり、遊興にふけって廃位となった六世の恋歌や抒情詩はいまも若者に読まれている。そのうえ伝説化された六世の悲劇的な人生が、現代人を引きつけているようだ。

ダライ・ラマ六世の行状に各僧院の長老は眉をひそめたが、民衆は六世に好意的であった。六世の情事を宗教的な解釈で肯定する人たちもすくなからずいた。空海はつとめて密教から性的要素を取り除いたが、チベット密教はインド密教のセクシャルな面をそのまま受容したばかりでなく、性に救いの本質さえ求めようとした。だから六世の行動は、色眼鏡だけで見られていたわけではなかった。

とはいえ、ダライ・ラマ六世の放蕩が外国勢に付け込まれる隙を与えたのは否めない。サンギェー・ギャムツォを嫌う清の康熙帝は、ラサに居座るモンゴルのラサン・ハーンに対して六世とサンギェーの失脚を画策するようそそのかした。ダライ・ラマ五世を尊敬していたラサンも、六世の常軌を逸した行状を許せなかったし、サンギェーとも不仲であった。

一七〇五（宝永二）年、ラサン・ハーンはサンギェー・ギャムツォを拘束し、処刑した。ラサンはサンギェーを殺す気はなかったといわれる。ただ、ラサンの妃の一人が極刑を望んだ。彼女はかつてサンギェーの愛人だったが、冷たくされたのを恨んでいた。翌年、ラサンはダライ・ラマ六世の身柄を拘束し、「かれはダライ・ラマ五世の生まれ変わりではない」と廃位を宣言した。ニセモノの烙印を押された六世は、ポタラ宮殿からラサ近郊のモンゴル軍陣地へ移された。康熙帝は六世を北京へ連行するようラサンに要求した。

ここでモンゴル騎馬軍団にとって想定外のことが起きた。デプン僧院の僧侶たちはネーチュン神託師に、「ダライ・ラマ六世は本当にニセモノなのか」とお伺いを立てたのだ。「ホンモノにまちがいない」というお告げに僧侶たち数百人がモンゴル軍陣地に侵入し、ダライ・ラマ六世を連れ戻した。ただ、僧院を取り囲んだ怒り心頭のモンゴル軍団に勝てるはずはなく、流血の惨事を避けるため六世はみずから北京へ行くのに同意した。北京へ行く途中で六世は病死した。

一方、ラサン・ハーンはあらたにガワン・イェシェー・ギャムツォという名の僧侶をダライ・ラマ「六世」とした。だが、追放された詩人法王を慕う民衆は新法王をなかなか認めようとしなかった。やがて追放された法王の生存説が伝説化されて、チベット全域に広まった。チベット人の多くは次第にかつて支配されたモンゴル・ジュンガル部族を懐かしむようになった。

モンゴル・ホショト部族の時代はその後もつづくが、その間、ラサン・ハーンにとってプライドを傷つけられるうわさが広まった。東チベットで詩人法王の生まれ変わりが見つかったというのだ。ラサンにすれば、「ちゃんとわれわれの選んだチベットの法王がポタラ宮殿にいるというのに、それはないだろう」ということになるが、民衆のささやきは広まるばかりであった。

チベット通の間で人気が高いダライ・ラマ七世

一七〇八（宝永五）年、カム地方の南にあるリタンの近くで男の子が生まれた。名望家の息子はのちに法名ケルサン・ギャムツォをさずかり、ダライ・ラマ七世となるが、環境や選ばれ方でこれまでと異なる点があった。一つは生家がニンマ派ではなく、生粋のゲルク派であったこと。もう一つはラサから派遣された調査団によって発見されるという従来のパターンと異なっていた点だ。ポタラ宮殿には、それがカイライであれ、ニセモノであれ、ときの権力者のラサン・ハーンに擁立されたダライ・ラマ「六世」がいたのだから、転生児さがしなどおこなわれるはずもなかった。

では、どうしてケルサン・ギャムツォがダライ・ラマ「六世」の在位中に七世となったかだが、きっかけは母親がケルサンを連れて地元のリタン僧院へお参りしたときだった。僧侶の一人が突然、日常的な意識状態ではない、いわゆるトランス状態となって母親に意外なことを告げた。この子は追放された詩人法王の生まれ変わりというのだ。

ダライ・ラマ六世が旅先で書いた詩のなかに、「白い鶴よ。あなたの翼を貸して下さい。リタンをまわって帰りますので」という一節があった。リタンは現在の四川省甘孜《カンゼ》チベット自治州理塘《りとう》にあたる。そのリタン僧院での出来事だけに驚きが広がった。また、かつて五世がこの地で法会を催したとき、ケルサンの祖父が後援者の一人となっていた。そのことを知った僧院側は、僧侶にのりうつったのはネーチュン神と判断し、ケルサンをあずかりたいと両親に申し入れた。両親はラサン・ハーンの迫害をおそれて、ネーチュンのお告げを外部へ口外しないのを条件に同意した。

だが、うわさは徐々に広まって、清の康熙帝の耳に届いた。康熙帝とラサン・ハーンの関係はわるくなかったが、康熙帝はラサンを無視した行動に出た。自分が支援するからケルサン・ギャムツォをクンブム僧院で教育してはどうかと、使者をおくって打診したのだ。両親はこれを受け入れた。それがクンブム僧院に知らされると、僧院の神託師もトランス状態になってケルサンをダライ・ラマ六世の転生児として迎えよという意味のことを示唆したという。ここにはクンブム僧院側の政治判断があったと見てよい。西寧のクンブム僧院は、ラサよりも近い北京のほうの思惑が気になっていたのだ。

一七一六（享保元）年、清のバックアップのもとにケルサン・ギャムツォはクンブム僧院でダライ・ラマ七世として即位した。康熙帝は数百万ドル相当の銀貨を僧院に奉納した。かくして二人のダライ・ラマ、すなわちポタラ宮殿の「六世」と、クンブム僧院の七世が同時に存在するという前代未聞の事態となった。ラサン・ハーンは一連の動きを苦々しい思いで見つめていたが、もはやラサンに康熙帝と対決するだけの力はなかった。ゲルク派の長老らは七世をいつまでもクンブム僧院にとどめておくのは清の思い通りになると心配し、一刻も早く七世をラサで教育する必要があると焦った。そのためにも早くラサンの支配から脱したいと考え、ゲルク派の長老らはモンゴル・ジュンガル部族長のツェワン・ラプテンへ接近した。

モンゴル・ジュンガル軍の猛攻にラサン・ハーンは命を落とし、カイライ法王はポタラ宮殿から連れ出され、ラサ郊外に幽閉された。ここまではゲルク派の思い通りであったが、その後、ラサでジュンガル軍の略奪が始まった。当時、現地に滞在していたイエズス会宣教師のイポリット・デジデリ（イタリア人）が、かれらのすさまじい狼藉ぶりを記録にとどめている。結局、チベットは康熙帝に頼らざるを得なかった。軍事力と資金力に勝る清の遠征軍がジュンガル軍を蹴散らした。クンブム僧院を出たダライ・ラマ七世一行は清の軍隊に守られながらラサに到着した。

一七二〇（享保五）年、ダライ・ラマ七世はポタラ宮殿の玉座についた。一〇代後半の若々しい法王であった。ガンデン・ポタンは久し振りに政治の実権をモンゴル人から取り戻したが、七世自身が政治の表舞台に立つことはなく、四人の大臣による合議制ですすめられた。閣議をリードしたのはカンチェンネーとポラネーという二人の大臣だった。

そのうちにかれらの間に内紛が生じ、ポラネーが不在のときにカンチェンネーがほかの大臣に殺害されるという事件が発生した。主導権を握ったポラネーは二人の大臣を処刑した。この事件はダライ・ラマ七世を直撃した。七世の父親もこれに関与したと疑われたのだ。独裁者となったポラネーは、法王と父親をカム地方のガルタルへ追放した。七世がポタラ宮殿へ戻るのは七年後のことであった。

この事件の二年後、チベットに対して影響力を行使してきた康熙帝は没し、四男が清の五代皇帝となった。雍正《ようせい》帝である。雍正時代に皇帝の代理人として二人の行政官がラサに常駐するようになった。清の駐チベット代表で、かれらはアンバンと呼ばれた。駐屯軍の指揮権を持ったが、植民地総督のような権限はなかった。二人のうち一人はかならず満州人が選ばれた。

一七三五（享保二〇）年、雍正帝は在位一二年でこの世を去り、乾隆帝《けんりゅう》（六代）の時代となった。乾隆帝は熱烈なチベット仏教の信者であり、北京の故宮博物院には僧服を着た肖像画がある。清は全盛期を迎えることになるが、チベットもポラネーの剛腕で比較的安定した時代がつづいた。乾隆帝とポラネーの関係も悪くはなかった。ダライ・ラマ七世とポラネーの関係は微妙だったが、七世に権力欲はなく、表面的には波風が立つこともなかった。

一七四七（延享四）年、ポラネーが没し、息子のギュルメー・ナムギェルがチベット政府の実権を掌握した。ギュルメーは当初、清に対して従順であった。だが、次第に反清、親モンゴルの姿勢を取るようになった。清のくびきから脱してチベットの自立を目指したギュルメーは、チベット軍を整備し、またしてもモンゴル・ジュンガル部族への接近を図った。これはラサに駐在するアンバンの神経を逆なでした。

その間、ダライ・ラマ七世はしばしばポタラ宮殿を抜け出した。ときには何日も戻らないときもあった。そういうとき、「法王は瞑想に入られました」というのが側近の言い分であった。六世のように夜の酒場をさまよっていたわけではなく、七世は一介の僧侶になりすましてラサの郊外を歩き回っていた。農民や遊牧民の家をたずね、祈り、そして悩みや願いを聞いていた。「わたしは一介の僧侶です」を口癖とする当代のダライ・ラマは、おそらく一八世紀の七世の生き方に共感をいだいているはずだ。

一七五〇（寛延三）年、チベット政界を牛耳っていたギュルメー・ナムギェルは清の駐チベット代表邸に招待され、そこで殺害された。事件が知れ渡ると、暴徒化した民衆が代表邸に押しかけ、アンバン二人を殺した。清の護衛隊も襲撃され、死傷者が続出した。ダライ・ラマ七世は清の関係者をポタラ宮殿にかくまった。これを契機に七世はみずから政権を担当することを決意した。法王をトップにし、その下に四人の大臣を配して、これを内閣（カシャ）とした。閣僚は非僧侶三人、僧侶一人の組み合わせにした。以後、僧と俗の併存体制は長くつづくことになるが、重要な役職では非僧侶と僧侶の数が同等になるように配慮されることもあった。

一七五七（宝暦七）年、ダライ・ラマ七世は死去した。パンチェン・ラマ六世はその死を悼み、タシルンポ僧院で三日間、祈祷した。民衆もまた、その死を悲しんだ。チベット通の間で、ダライ・ラマ七世の人気が高い。とりわけダライ・ラマ一四世を慕う向きに七世ファンがすくなくない。たしかに「一介の僧侶」という認識だけではなく、七世と一四世には重なり合うところがある。

たとえばダライ・ラマ七世は群衆に語りかけるだけでなく、群衆の一人ひとりと接した。一列に並んだ人々と対面する際、それぞれに声をかけ、ときには励まし、心のこもったスキンシップで交流した。これはすでにふれたように三〇〇年の時空を超えて一四世に受け継がれているが、このような二人の法王に共通する生真面目さに現代人は共感を感じるのだろう。

この年の六月、インド・ベンガル地方の村ブラッシーでイギリス東インド会社の軍とムガール帝国ベンガル地方長官の軍（フランス東インド会社が支援）が激突した。ブラッシーの戦いといわれるが、勝ったのはイギリス側だった。世界史の流れのなかではほとんど見落としてしまうような一コマだが、これはやがてチベット史に大きくかかわってくる契機となる戦闘であった。以後、イギリス東インド会社は企業の枠を超え、行政機構としての役割も担いながらインドに勢力圏を拡大することになるからだ。一方、チベットではダライ・ラマ七世の死後、テモ・トゥルク・ギャムツォが摂政となり、長期にわたって政治を担うことになる。

パニックのラサを救ったダライ・ラマ八世

一七五八（宝暦八）年、ウ・ツァン地方北部のトプギェル・ラリガンで男の子が生まれた。その後、ときの政権がダライ・ラマ七世の転生児さがしを開始し、ネーチュン神託師が告げた地名がトプギェル・ラリガンだった。慣例にしたがって一帯で候補となりそうな幼児のリストづくりがすすめられ、有力な子がしぼられた。調査団の最終テストに合格した子は、パンチェン・ラマ六世から法名ジャムペル・ギャムツォをさずかった。

ジャムペル・ギャムツォ、すなわちダライ・ラマ八世とパンチェン・ラマ六世の関係は師弟であり、かつ親子であるような、特別なものであった。元来、ダライ・ラマとパンチェン・ラマはそういう間柄であるべきであった。八世はパンチェン・ラマによって頭を剃られ、衣から帽子まで僧侶としての一切をもらい、そしてあらゆる教育を受けた。摂政テモ・トゥルク・テレク・ギャムツォの長期安定政権がつづくなかで、八世はわき目もふらず修行にはげんだ。

一七六九（明和六）年、グルカ族の族長がネパール一帯を支配し、カトマンズを首都にグルカ王国をひらいた。グルカ兵の勇猛果敢ぶりはあまりにも有名であるが、のちにダライ・ラマ八世はこれに苦しめられることになる。この二年後、江戸駒込に住む与力《よりき》、近藤家に男の子が生まれ、重蔵《じゅうぞう》と名づけられた。成人して幕臣となった重蔵は蝦夷《えぞ》地開発に貢献する一方、探検家としても活躍し、多数の著作を残した。重蔵は中国の書物から得た知識をもとに、日本人による初めてのチベット論となる「喇嘛《ラマ》考」をあらわした。

一七七七（安永六）年、在職二〇年を超える摂政テモ・トゥルク・テレク・ギャムツォが死んだ。異例の長期政権となったのは、摂政から権力を引き継ぐ年齢に達しながらダライ・ラマ八世が政治の世界へ踏み入るのに躊躇したからだ。まだ修学中という理由をつけて八世は政治指導者の肩書きにみずから封印し、摂政にツェムンリン・ガワン・ツルティムを任命して政治をゆだねた。翌年、パンチェン・ラマ六世は乾隆帝から北京で教えを説いてほしいと招請された。「北京では天然痘が流行しています」と八世は師のパンチェン・ラマにことわってほしいと説得した。だが、乾隆帝の威光を恐れるタシルンポ僧院の長老らは北京行きをパンチェン・ラマに進言した。

一七八〇（安永九）年三月、パンチェン・ラマ六世は熱河《ねっか》の離宮に滞在する乾隆帝を表敬訪問した。このとき乾隆帝はチベット語でパンチェン・ラマに話しかけた。八月、パンチェン・ラマは北京に赴き、黄寺に落ち着いた。ここでダライ・ラマ八世の不安が的中し、パンチェン・ラマは天然痘にかかり、一〇月に四二歳の生涯を閉じた。パンチェン・ラマの死は意外な展開をもたらした。兄弟間で遺産をめぐって争いが生じたのである。その顚末《てんまつ》は第15章でふれることにする。

一七八一（天明元）年、二〇代の前半になってダライ・ラマ八世は親政を開始した。摂政ツェムンリン・ガワン・ツルティムは八世の要請でその地位に留まり、法王と摂政の共同統治となった。この年、乾隆帝はチベット法王に黄金のつぼを贈った。チベット法王の転生児さがしの最終決定はくじ引きでおこなうべしというのが乾隆帝の考えであった。黄金のつぼはくじを入れる器であったが、このつぼは長く使われることはなかった。

一七八三（天明三）年、ダライ・ラマ八世は夏の離宮ノルブリンカの建築に着手した。庭園を張り巡らした離宮は巡礼者らに開放された。八世は摂政との共同統治は六年間でやめ、単独で政治をつかさどった。この間、八世はパンチェン・ラマ六世の転生児さがしを指揮し、見つけ出した子にテンペー・ニマと名づけた（ニマという名は二〇世紀になってパンチェン・ラマ一〇世の転生児につけられ、やがて悲劇の主人公として世界に知れ渡ることになる）。

一七八八（天明八）年、グルカ軍がシガツェへ至るルートを攻撃し、乾隆帝は援軍をチベットへ派遣した（第一次チベット・グルカ戦争）。このときの清軍兵士に戦闘意欲はあまりなく、チベットは苦境に立たされた。結局、チベットはグルカに毎年賠償金を支払うことで講和を結んだ。

ラサの中心、ジョカン僧院の上階からパルコルを見下ろす。右上にポタラ宮殿が見える。ダライ・ラマ8世は右往左往するラサ市民に、「わたしは去らない」と大声で伝え、パニックを鎮めた

一七九一（寛政三）年、グルカ軍はふたたびシガツェへ侵攻し、タシルンポ僧院を攻撃した。六歳のニマ少年は成人する前の見習い僧のための沙弥戒《しゃみかい》を受けるためポタラ宮殿に滞在中だった。大軍襲来のうわさにラサ市民は大混乱になった。ダライ・ラマ八世はジョカン僧院のバルコニーから、「どこへ逃れようと自由だが、わたしはラサを離れない」と宣言し、これでパニックの群衆も落ち着きを取り戻した。八世は乾隆帝に遠征軍の派遣を要請した。

一七九二（寛政四）年、乾隆帝は精鋭軍をチベットへ派遣し、グルカ軍を追いつめた。形勢不利にグルカ王はインドのイギリス政庁に援軍を求めたが、拒否され、撤退した（第二次チベット・グルカ戦争）。ダライ・ラマ八世は瞑想修行を理由に政治の場から身を引き、新摂政のタツアク・テンペー・グンポがチベット政府を率いることになった。翌年、ラサでチベットとグルカは講和条約を締結した。その後、乾隆帝はチベットに関する二九か条を布告し、チベットへの介入を強めた。

一八〇四（文化元）年一〇月一八日、ダライ・ラマ八世は死去した。この項で取り上げた法王は追放されて旅先で病死した六世はともかく、五世は六〇代の半ば、七世は五〇代の手前、そして八世は四〇代後半と、それぞれ波乱に富んではいたが、当時としては天寿をまっとうしたといってよい生涯であった。だが、後続の四人の法王に、なぜか天は冷たかった。

第7章 ✵ダライ・ラマ九世、一〇世、一一世、一二世と摂政とネーチュン神託師

ダライ・ラマ転生相続制の最大の弱点は、先代の生まれ変わりと認定された子が政治指導者として成長するまでに長い空位期間が生じることであった。法王の代理人として統治する摂政がすぐれた政治リーダーで、また周囲も摂政をサポートし、摂政自身に私利私欲がなければ、さほど問題はない。実際、見識ある摂政によってチベットの政治が運営されていた時期もすくなくなかった。

半面、指導力を欠いた摂政が選ばれた場合、権力抗争が生じやすく、政治の停滞を招くことになった。逆に、やり手の摂政が長期政権をつづけたときは、べつの面で問題が起こりやすかった。権力への執着である。適齢（それは時代によって異なった）に達した法王へ政治権力をバトンタッチしたくない摂政があらわれると、なにかとやっかいなことになる。

このように代替わりのたびにチベット政界は摂政の独裁体制になるか、不安定のなかで政争に明け暮れるか、腐敗するか、いずれにしても問題のある政治状況を招きやすかった。この項で取りあげるダライ・ラマ九世、一〇世、一一世、一二世の四人はいずれも短命である点で共通し、結果としてさまざまな憶測を呼ぶことになった。

イギリス人探検家を魅了したダライ・ラマ九世

一八〇五（文化二）年、カム地方のチュンコル・グンで男の子が生まれた。のちに法名ルントク・ギャムツォをさずかるこの子がダライ・ラマ九世に選ばれるのだが、ときの摂政が老齢のため、選考をリードしたのはパンチェン・ラマ七世であった。最終試験に際しては、清のアンバン二人も加わった。

一八〇八（文化五）年、四歳になったダライ・ラマ九世はポタラ宮殿で即位し、そのあとすぐにパンチェン・ラマ七世が見守るなかで剃髪した。二年後、摂政が没し、新しい摂政にデプン僧院出身の高僧が就任した。この頃の少年法王の表情を知る手がかりがある。トーマス・マニングというイギリス人探検家が会見記を残しているのだ。マニングはケンブリッジ大学で数学を学び、東インド会社の広州駐在員となった。チベット探検に挑戦したかれは医師のまねごとをして民衆にとけこみ、行く先々で評判となった。

のちに日本人として初めてラサ入りする禅僧の河口慧海《えかい》も現地で患者を診て喜ばれたが、トーマス・マニングは河口とちがって密入者ではなくチベット政府の許可を得ていた。まだチベットとイギリスの間に緊張関係がなかった頃である。英語は話せないがラテン語のわかる中国人を一人雇って従者としてラサに入ったマニングは、ポタラ宮殿で七歳になったダライ・ラマ九世と会見した。少年法王のチベット語を宮殿の通訳がマニングの従者に中国語で話し、それを従者がラテン語でマニングに伝えた。

少年法王の優雅なほほ笑みに魅了されたトーマス・マニングは、大切にしていた望遠鏡をプレゼントした。ダライ・ラマ九世がこの贈りものに目を輝かせたのはまちがいあるまい。筆者はポタラ宮殿の上層部からラサの市街地を見下ろしたとき、マニングの話を思い出した。おそらく孤独な少年は、折々にイギリス製の望遠鏡であたりを見回していたはずだ。当代の一四世がこの望遠鏡を受け継いだのかどうか、残念ながら聞きそびれてしまったが、アメリカ映画『クンドゥン』にはポタラ宮殿の屋上で少年法王（モデルは一四世）が望遠鏡で眼下を一望するシーンがある。

一八一五（文化一二）年、ダライ・ラマ九世は一一歳でこの世を去った。新年早々インフルエンザにかかり、肺炎で死んだと伝わる。急死だった。聡明な少年で、成人していれば後世に名を残す法王になったはずだと惜しまれた。

くじ引きで決まったダライ・ラマ一〇世

一八一六（文化一三）年、カム地方のリタンにある深い谷間の家で男の子が生まれた。ふだんはカラスのいない地域だが、出産の二〇日前に二羽のカラスが家の屋根に飛んできて巣をつくったという。チベット人のカラスへの思い入れは格別で、かつてはカラスの動きからいくつかのことを占った。朝、カラスが東の方角で鳴いていれば願いごとがかなうと喜び、南西で鳴いていたら、そのうちに儲け話がころがり込んでくると期待した。だが、西でカラスが鳴くと眉をひそめた。言い伝えでは、やがて嵐がやってくるとなっていたからだ。

カラスは将来を予見して行動する能力を持っているといわれる。先般、その研究がアメリカの科学誌『サイエンス』に発表された。スウェーデン・ルンド大学のマシアス・オスバス准教授らの研究チームは、ワタリカラスにひとつの行動を覚えさせた。あ

11年間の短い生涯であったが、ダライ・ラマ9世はポタラ宮殿の屋上からイギリス製の望遠鏡で眼下を一望していたはずだ

らかじめエサの入った箱を用意しておく。そのうえでカラスに特定の小石を箱に入れると、ふたがひらき、エサを取れるのを学習させた。

その後、カラスを箱から引き離し、べつの場所に用意した四つの容器から好きなものを選ばせた。その一つには小石が入っていた（ほかの三つではエサ箱はひらかない）。カラスはためらうことなく、小石を選んだ。ふたたびカラスは箱に近づけられ、小石を投じてエサにありついた。このように将来を見越した行動はチンパンジーなどにしかできない能力で、人間の四歳児以上に相当するとか（朝日新聞二〇一七年七月一五日夕刊）。

カラスの話はこのくらいにして、当時、転生児候補は三人いた。摂政とラサの三大僧院（ガンデン僧院、デプン僧院、セラ僧院）の高僧がそれぞれ候補者に会い、最終的に摂政がリタンの子をダライ・ラマ一〇世と認定した。だが、即位式をおこなう前に摂政が病死した。アンバンらにそそのかされて落選した二人の子の親がくじ引きを主張したが、セラ僧院出身の新摂政は受け入れなかった。宙ぶらりんのまま三年がすぎた。

一八二二（文政五）年、パンチェン・ラマ七世の仲立ちで転生児選びはいったん振り出しに戻され、こんどはアンバンらの言い分通り、あらためて候補三人のなかからくじ引きで選ぶことになった。このとき、乾隆帝からダライ・ラマ八世に贈られた黄金のつぼが初めて用いられた（実際には、くじ引きはおこなわれなかったという説もある）。金瓶製籤法《きんぺいせいせんほう》として知られる、有名なチベット法王選びのくじ引きだ。

「選考はジョカン僧院の釈迦牟尼像の前で、わが代表によって厳粛にくじ引きでおこなうべし」と乾隆帝は命じていたが、その通りに実施されたとは言い難い。方法はそのつど、若干異なるが、一般的には候補の子それぞれの名前が書かれた紙をツァンパのダンゴ三個にそれぞれ押し込んでつぼに入れる。読経が響き渡り、アンバン二人が立ち会うなかで、目隠しをした大僧院長クラスの高僧がハシでつぼからつまみ出したのが当選となる。

これでは不正のしようもないように思えるが、清の意のままになったときも、ならなかったときもあったといわれている。また、清の顔を立ててくじ引きを実施しても、巧妙に仕組んでチベット側の望む候補を選んだときもあったともいう。いずれも伝聞にすぎないが、とても厳正な抽選とは言え切れないのだ。

このとき、くじを引き当てたのは案の定というか、やはりリタンの子だった。即位のあと、ダライ・ラマ一〇世はパンチェン・ラマ七世の指導を受けながら修行にはげみ、一八歳に達すると政治指導者としての活動に入った。摂政は身を引いた。正義感の強い青年だった一〇世は富の不均衡という難題に取り組んだ。だが、ご多分に漏れず財産の目減りをおそれた富裕層の評判はよくなかった。そのうちに一〇世は体調を崩し、床に臥せるようになった。

一八三七（天保八）年、ダライ・ラマ一〇世は二二歳でこの世を去った。一〇世はもともと虚弱体質であったが、「効き目が徐々にあらわれる毒をもられた」といううわさが流れた。巷のささやきが聞かれるなかで、長くチベット政界を牛耳ってきた摂政が返り咲いた。

権力抗争に巻き込まれたダライ・ラマ一一世

一八三八（天保九）年、カム地方のガルタルで男の子が生まれた。清との国境の近くだった。ラサではパンチェン・ラマ七世、摂政、アンバンらがダライ・ラマ一〇世の転生児さがしに取りかかった。慣例にしたがってネーチュン神託師におうかがいが立てられ、「カム地方を調べよ」と告げられた。その後、ガルタルの子が発見されるのだが、ほかにもう一人の候補もいた。

一八四二（天保一三）年、二人の候補者のなかから黄金のつぼで最終的に選ばれた子に法名ケードゥプ

・ギャムツォがさずけられ、ダライ・ラマ一一世として即位した。このとき、ポタラ宮殿では摂政派と反摂政派の抗争が激化していた。権力抗争に巻き込まれた一一世の側近らは反摂政派で、このままでは幼い法王の身に危険が迫ると不安にかられていた。反摂政派は摂政一派の陰謀から法王の身を守るためという理由で、六歳になった一一世をポタラ宮殿から自派の本拠地であるガルタルへ移した。

結局、激しい権力抗争を勝ち抜いたのは、ダライ・ラマ一一世を擁する反摂政派だった。敗れた摂政は全財産を没収され、一一世はふたたびポタラ宮殿に戻った。背後で摂政と不仲だったパンチェン・ラマ七世が動いていた。パンチェン・ラマがいっとき政治を統括し、やがて新しい摂政にセラ僧院出身の高僧を指名し、パンチェン・ラマは政治の場から身を引いた。

ダライ・ラマとパンチェン・ラマの関係

ここで一般論としてダライ・ラマとパンチェン・ラマの関係にふれておきたい。「天空に太陽と月があるように、地上にダライ・ラマとパンチェン・ラマがおられる」というチベットのことわざがある。だが、両者の立ち位置は決して不動ではなく、ときにはパンチェン・ラマのほうが太陽のごとくふるまうこともあった。すでに見てきたように一九世紀から二〇世紀にかけて若いチベット法王の相次ぐ死去で存在感を増したのは、シガツェのタシルンポ僧院を本拠とするパンチェン・ラマのほうであった。

歴代ダライ・ラマが観音菩薩の化身なら、ゲルク派ナンバー・ツーの歴代パンチェン・ラマは阿弥陀如来の化身と見なされていた。「ダライ・ラマは代表権のある取締役社長、パンチェン・ラマは代表権のない取締役相談役」とも評されるが、パンチェン・ラマはときのダライ・ラマとの年齢差や空白期などの事情によって、しばしば大きな影響力を誇示した。「法王の座をわがほうで」という声がシガツェで聞かれた時代もあったが、パンチェン・ラマが一時的に政治権力をあずかってチベット政府を統括したのはダライ・ラマ一一世のときしかない。それもほんの短期間の暫定的なものに過ぎなかった。

一八五五（安政二）年、ダライ・ラマ一一世は一七歳で親政を開始し、摂政はその座をおりた。だが、一一世は一か月後にこの世を去った。突然死であった。摂政が返り咲き、ふたたび采配を振るった。このときも法王の死因をめぐってさまざまな憶測が流れた。

ダライ・ラマ一二世とパドマサンバヴァの予言

一八五六（安政三）年、中央チベットの南にあるウルガ湖の近くで男の子が生まれた。のちに法名ティンレー・ギャムツォをさずかり、ダライ・ラマ一二世となるこの子は、候補者三人のなかから例の黄金のつぼのくじ引きで決まったことになっている。ティンレーの場合、転生児候補としては、いわば満場一致のダントツ候補でくじの必要などまったくなかった。くじ引きを望む清の顔を立てるためにセレモニーとして実施したにすぎなかった。要するに、たとえ目の前に二人のアンバンが目を光らせていても、結果はチベット政府の思うままになったということでもあろう。

その後、セラ僧院を後ろ盾とする摂政の政治力にかげりが見え始め、カシャと呼ばれる内閣を構成する六人の大臣が力を持つようになった。その一人、ワンチュク・ギャルポ・シェーダはガンデン僧院とデプン僧院の支援を受けてポタラ宮殿へ入った。摂政が宮殿から去ったあと、ワンチュクは副王格のポストをつくって権勢をふるった。内閣のほかにガンデン僧院とデプン僧院の合同会議がつくられ、政治の運営に関与した。合同会議はやがて国民会議となっていく。

一八六四（元治元）年、ワンチュク・ギャルポ・シェーダが没した。同時に副王格の地位も廃止され、内閣が政治の運営にあたるなかで実権を握ったのは大臣の一人、ガンデン僧院財務管理人のペンデン・トゥントゥプだった。かれはガンデン僧院の前僧院長を摂政にしたが、依然として実力者として采配をふるった。政敵を容赦なく粛清した結果、返り血を浴びて内閣から追い出された。このとき、独裁者の追放に一役買ったのは摂政だった。

一八七二（明治五）年九月、ダライ・ラマ一二世を献身的に支えた摂政が没した。翌年一月、一二世は一八歳で政治の表舞台に立った。だが、一二世はその二年後の一八七五（明治八）年三月、死去した。病死ということになっているが、やはり死因になぞが残り、巷にうわさが飛び交った。二〇歳であった。

生前、ダライ・ラマ一二世は八世紀に活躍した密教行者パドマサンバヴァの予言を聞いたという言い伝えがある。「いずれ大軍団がチベットを闊歩し、チベット法王は流浪し、清の皇帝がチベットへ軍隊を派遣するだろう」という予言は、一二世のあとを継いだダライ・ラマ一三世の時代に現実となるのだ。

もう一つの予言には、明妃《みょうひ》（悪魔を撃退する明王の妃。明王との合体尊として表現される）が登場する。「彼女と一緒になれば、しあわせな人生をまっとうできるであろう。そのまま僧院にとどまれば、自分の考えなどを未来につなげることができよう。その代わり、長生きはできない」という予言だった。実際、ダライ・ラマ一二世はラサで若い女性と会っていた。たしかに還俗して家庭を持っていれば、長生きできたかもしれない。法王であるかぎり、つねに生命の危険にさらされていなければならなかった。政治にタッチしてわずか二年でこの世を去った一二世の死因に疑念をいだいた人々はすくなくなかった。これだけ短命の法王がつづけば、そういう思いにかられるのは当然といえよう。

転生相続制の最大の受益者は摂政

ダライ・ラマ九世から一〇世、一一世、一二世とつづいた四法王の統治期間は合算してもせいぜい六、七年にしかならなかった。九世は四歳になった一八〇九年の即位であるから、一二世が死去した一八七五年まで四法王の在位はあわせて六六年間になる。そのうち法王による統治が、わずか一割というのはやはり異常といわざるを得ない。

いずれにしても摂政から政権を受け継ぐ前後が、ダライ・ラマにとって暗殺の対象になりやすかった。渦巻く陰謀に、ときの摂政の影がつきまとっていた。ダライ・ラマを中心とするチベット政治史も、裏へ回れば蔭の主役は摂政という時代が多かった。清の駐チベット代表、すなわちアンバンは法王を差し置いて摂政と重要案件を話し合い、ときにはチベット政府や大僧院の人事にまで口を出した。清からワイロを受け取っていた摂政もいたのだ。

チベットの摂政は例外なく高僧がつとめてきた。高潔な摂政もいたが、それはまれで聖職者といえども、いったん権力の味を覚えると手放すのが惜しくなる。また、甘い汁のおすそわけにあずかっていた側近や身内は権力の継続を期待する。かくして政権交代を望まないグループが、法王暗殺を企てたい誘惑にかられることになる。

チベット人は薬草の知識が豊富で、ロシアのロマノフ王朝がチベットからわざわざ植物学者を雇い入れていた時期があったほどだ。ニコライ一世の頃、「皇帝に煎じて飲ませている薬草に思考力を鈍らせるものが入っているのではないか」といううわさが流れたことがあった。病死とされるチベット法王の何人かにも、「徐々に衰えていくものを服用させられた」という話がまとわりつく。

西洋的な「毒を盛る」という言い方からは突然死のイメージが連想されるが、年月をかけて限りなく病死に見せかける手法は東洋的とでもいえようか。歴代ダライ・ラマは体調を崩すと、侍医から症状によってさまざまな丸薬をすすめられた。侍医は信用できても、密室の陰謀がすすめられる機会はいくらでもあった。

「選ばれしわれに恍惚と不安の二つあり」とフランスの詩人ポール・ヴェルレーヌは詠ったが、一九世紀のチベット法王の心境はどうだったのか。おそらく恍惚も不安もなかったはずだ。かれらは幼児のときから法王であり、喜びも煩悶もなく、自分の運命を否応なく受け入れていたのである。ダライ・ラマ体制下のチベットは、むしろ摂政の時代のほうが長かったのだ。結局、転生相続制の最大の受益者は摂政といってもよかろう。

そういう意味では、だれが摂政になるかは、ダライ・ラマの選考に匹敵するチベットの最重要人事となった。そして大僧院がこれまで摂政を出してきた。だが、一二世の死後、摂政に選ばれたのはラサの三大僧院やレティン僧院ではなく、クンデリン僧院出身の高僧だった。新摂政の最初の大仕事は、いうまでもなくダライ・ラマ一二世の転生児さがしであった。慣例にしたがって摂政はネーチュン僧院をおとずれ、ネーチュン神託師にお伺いを立てた。この神託師を摂政が無視することはあり得なかった。

これまでチベット政治史の節目でかならず登場してきたネーチュン神託師とはそもそも何者なのか。そのご託宣はダライ・ラマ選考のみならず、ときにはチベット政府の重要な政策決定を左右することもあった。ここでダライ・ラマ史の陰の仕掛け人のような存在であるネーチュン神託師の素顔にふれてみたい。

ネーチュン神託師の役割

昔からチベットにはたくさんの神おろしをおこなう人々がいて、そのなかには世襲もすくなくなかった。神がかり的な占い師や巫女はどの民族であれ早くから存在していたが、チベット人はとりわけ神のお告げに執着した。以前はダライ・ラマの転生者を決める際、四か所の神託師にお伺いを立てていたときもあった。それぞれの見立てが一致するのはマレで、いつしかラサの北西一〇キロにあるネーチュン僧院の神託師に一本化された。

ネーチュン・クテン（霊媒）と呼ばれるネーチュン僧院の神託師は特別の存在で、チベット史に大きな影響力を発揮してきた。チベット亡命政府がダラムサラにいち早くネーチュン僧院を再建したのは、神託師の存在がそれだけ重要であったからにほかならない。

ネーチュン僧院は歴代ダライ・ラマの出身宗派のゲルク派ではなく、ニンマ派に属している。ダライ・ラマは宗派を超えた存在とされているうえ、もともとネーチュン護法神はニンマ派のほかゲルク派、カギュー派などの僧院で守り神として祀《まつ》られていた。ラサ郊外のネーチュン僧院はゲルク派のデプン僧院から歩いて一〇分ほどのところにあるが、ネーチュン護法神はデプン僧院の土着神（古くから地元で信仰されている神様）でもあり、宗派を超えて双方の僧院は関係が深かった。

一六世紀の中頃以来、ネーチュン護法神が憑依《ひょうい》した神託師の口を通してご託宣を述べるという伝統儀式は、二一世紀の今日でもそのままおこなわれており、それはダラムサラのチベット社会でも受け継がれている。

「現代では、神のご託宣はもう古いのではありませんか。なぜ、お聞きになるのですか」と問われたダライ・ラマ一四世は、「正しい答えを教えてくれるからです」と答えたことがある。だが、チベット法王は、決してネーチュン神託師に頭を下げなかった。神託師のほうが下位という立場で、あくまでも司令官と副官のような関係をとっていた。

筆者もまた身を乗り出してネーチュン神託師の話を聞いたことがある。一九九四（平成六）年五月二六日、ダラムサラから来日したネーチュン僧院の一四代僧院長、トゥプテン・グートゥプの講演会が東京・新宿区のチベットハウスでひらかれた。ネーチュン僧院では神託師が僧院長を兼ねることになっている。

ネーチュン神託師の体験談を拝聴する機会はめったにないので、『チベット通信』（一九九四年一一月号）に載った講演録を参照しながらすこし紹介したい（以下、ラサ郊外のネーチュン僧院ではなく、ダラムサラに再建されたネーチュン僧院のことを中心にしている）。

ネーチュン神託師のトゥプテン・グートゥプは一九五七（昭和三二）年、チベット南部のブータン国境近くの農家で生まれた。父親は在家密教行者であった。中国共産党政権の侵攻に危機感を抱いた一家は一九六六（昭和四一）年、ブータンへ逃れ、数か月後にインドへ亡命した。かねてから僧侶に憧れていたトゥプテン少年はたまたま神託儀式を見る機会があり、それがダラムサラのネーチュン僧院へ入る決心につながった。ネーチュン僧院の僧侶にはさまざまな役割分担があった。哲学の勉強、儀式の実践、宗教的な舞踊のなかで少年は儀式を中心に修行し、一九八〇（昭和五五）年頃からその部門に関して指導する立場になった。

一九八四（昭和五九）年、一三代のネーチュン神託師が亡くなった。ネーチュン・クテンの後継者選びはことのほか特異で、神のお告げを待つしかなかった。つまり人間界では手のくだしようもなくネーチュンの霊が後継者に乗り移るのをひたすら待ち構え、じっと見守るという仕組みであった。しかも憑依するのはネーチュン僧院の僧侶とは限らなかった。これまで神託師になったネーチュン僧院の僧侶はたった一人しかいなかった。ほかの僧院の転生僧のときもあれば、意外にも一般人のときもあった。ただし民間出身者の場合は、かならず僧侶になるのが義務づけられていた。なぜなら神託師はネーチュン僧院の僧院長を兼務するからだ。

さて一三代ネーチュン神託師の没後、どんどん歳月は流れてもそれらしき兆候はなかった。一九八七（昭和六二）年、チベット暦の正月のあと、ネーチュン僧院で恒例だった儀式をおこなうようにと、インドのカルナータカ州に再建されたデプン僧院の長老から要請があった。神託師が健在なら例年おこなわれる行事があり、それが中断されていた。行事の当日、トゥプテン・グートゥプは祭壇に線香などを用意していたとき、突然、強い衝撃を感じて失神状態になった。当人はその前から異変を感じていた。前日の午後、トゥプテンは仲間の僧侶と一緒にダライ・ラマ一四世の説法を受けていた。そのとき、急に言い知れぬ寂寥感に襲われ、一四世のもとへ駆け寄っていきたい衝動にかられた。これまで経験したことのない、自制するのがやっとの感情だった。

　トゥプテン・グートゥプの身に生じた出来事の一部始終は、ダライ・ラマ一四世とチベット亡命政府へ報告された。先代が憑依したのかどうか、数か月にわたってあらゆる面から調査がおこなわれた。そしてトゥプテンが一四代ネーチュン神託師にまちがいないという結論に達した。

　ネーチュン神託師はいわば国家の占い師である。したがって個人が私的な件でご託宣を願うことはできない。ただし団体などの場合、当局の許可を得たときはおこなわれることがあり、外国人の見学も許される。儀式は読経のなかでとりおこなわれ、その際、さまざまな楽器が奏でられる。五感に響く音楽や読経のなかで神託師は次第に瞑想力を高め、やがてトランス状態になる。

「そのとき、ふつうの人間としての自分の意識はまったくなくなり、夢を見ているような状態になります」とトゥプテン・グートゥプは語った。ネーチュン神託師は儀式のときだけでなく、ある日突然、トランス状態になることもある。神は、予告なしにいきなりおりてくるときもあるのだ。神が乗り移った段階で神託師に、「この件はいかがでしょうか」といった相談ごとがなされる。一般の団体などの場合、あらかじめ質問事項を提出するが、事前に神託師に伝えることはない。

　つぎは、いよいよ神意の表明である。神がかりの神託師が語るのはチベットの古語で、現代人にはわからない。ネーチュン僧院には神託師のお告げを書きとめ、その意味を現代的に翻訳する専門の僧侶がいて、神託儀式の際は一言半句も聞き漏らさないようにつとめる。質問する側は、この僧侶からお告げの内容を教えてもらうことになる。
神託儀式を終えたネーチュン神託師は、気絶したまま会場から運び出される。トゥプテン・グートゥプによれば、終わった直後の五分程度は非常に不安定な状態になるが、その後三〇分くらいは心地よい気分を感じ、ふだんの状態へ戻っていく。ちなみにこれまで神託儀式の際、神がおりてこなかったケースは皆無だという。

さて、時代は一八七〇年代に逆戻りし、舞台はラサ郊外のネーチュン僧院へと移る。ダライ・ラマ一二世の転生児さがしにあたって、ネーチュン神託師がトランス状態になって告げたのは、「ラサの南東」「傘の形をした山」「家の前に滝が流れている」といったヒントであった。一方、ラモイ・ラツォ湖へも高僧が派遣された。高僧は水面から感じ取ったイメージを克明にメモして摂政が指揮する調査委員会へ報告した。その後、この高僧は夢で、「ランドゥンへ行きなさい」と告げられた。

第8章
✺ダライ・ラマ一三世の前半生と外国勢との関係

一九世紀の後半から二〇世紀の前半にかけてチベットを率いたダライ・ラマ一三世は、広く世界に名を知られた最初のチベット法王であった。また日本人と初めて会った法王であり、これまでになく列強のはざまに翻弄された生涯であった。肖像写真が残るのは一三世からだが、その風貌には威圧感があって意志の強さがうかがわれる。

チベットとその周辺を翻弄した列強

一八七六（明治九年）年五月二七日、チベット南部のタクポ地方にあるランドゥンという小さな村の自作農で男の子が生まれた。この村はインドのアルナーチャル・プラデーシュ州に近い、ラサの南東一五〇キロのところにあった。生家の前に滝が流れ、背後に傘の形をした山があった。のちにこの子はパンチェン・ラマ八世から法名トゥプテン・ギャムツォをさずかり、ダライ・ラマ一二世の転生児として認定された。

ダライ・ラマ一三世の場合は、乾隆帝の黄金のつぼを使うことはなかった。一三世が転生児候補としての条件に合っていたうえ、たとえいっときであれ、清に義理堅く付き合う必要性をチベット政府が感じなかったからだ。

一八七九（明治一二）年六月一三日、ポタラ宮殿でダライ・ラマ一三世の即位式がおこなわれた。幼い一三世の居室は宮殿の最上階であった。親から引き離され、薄暗い部屋で不安にかられたにちがいない。両親はラサに立派な邸宅を与えられ、農民の身から一挙に貴族として遇される身分になった。公侯伯子男の爵位に照らしていえば、トップの公爵に相当する待遇であった。とはいえ、権力は有能で民衆に人気のあった摂政に集中し、一三世の父親がチベット政界で活躍する場はないに等しかった。

法王の家族といえども、ポタラ宮殿をおとずれるのは午前中に限られていた。正午になると、宮殿入り口の大太鼓が打ち鳴らされ、ご機嫌うかがいに来たダライ・ラマ一三世の母親もすぐに退出しなければならなかった。一三世の養育は、侍従長が主導し、お付きの個人教師とともに帝王学をたたきこんだ。農民の子も、やがて君主らしい風格と教養を身に着けていくのは、奥の院の環境と独特の育て方のゆえであった。

ダライ・ラマ一三世が生まれた頃のチベットは、三つの大国の思惑や駆け引きのなかにゆらいでいた。東からは満州人の愛新覚羅家が支配する清王朝、南からはヴィクトリア女王をいだく大英帝国、北からはロマノフ王朝の帝政ロシアがチベットをじっと見据えていた。チベットは辺境の地にあっても、国際政治の場では決して見過ごされていたわけではなかった。

ヒマラヤ山脈沿いのチベット文化圏へイギリスが勢力を拡大してきたのは一九世紀に入ってからだった。「インドを支配下におさめたイギリスが、ブータン経由でラサへ侵入しようとしている」といった流言にチベット政府は戦々恐々としていた。チベット政府を率いる摂政は、やがて厳重な鎖国体制を敷いて外国人の入国を頑なに阻んだ。

イギリスもまたチベットへ外国勢、とくにロシアの浸透を警戒してインド国境を厳しく監視していた。その一方でイギリスはチベット人に変装したインド人をもぐり込ませて、チベットの地理や鉱物資源などを丹念に調査していた。清もチベットとの間に横たわる長い国境線を気にしていた。その線引きにあいまいな部分が多く、紛争の火種に事欠かなかった。交通の要所では、清もチベットも互いに行き来する人間の警戒を怠らなかった。

清は長くチベットを属国扱いしてきた。だが、チベットは周辺の朝貢国《ちょうこう》とはひと味ちがった存在感があった。というのは清の歴代皇帝はチベット仏教に帰依してきたからだ。宗教上の優位性のうえに地理的な閉鎖性はおのずとチベット民族の自立心を高め、清の官僚は対チベット政策に手を焼いた。ダライ・ラマ一三世が誕生した年、清はイギリスに請われて条約を締結し、イギリスがチベットとの通商を可能にする道をひらくのに手助けした。

だが、「われわれにはひとことも相談がなかった」とチベット政府は条約そのものを認めなかった。「チベットを説得してほしい」とイギリスから要請されても疲弊した清にその力はなかった。清に宗主国としての権威のないのを見て、イギリスはチベットと直接交渉の必要性を痛感した。やがてロンドン政界には、「武力に訴えてでも、チベットに清との条約を認めさせるべきだ」という強硬論が聞かれるようになった。

遠く離れた海洋国家のイギリスが港もないチベットに深くかかわったのは、一にも二にもチベットに隣接するインドを安全に確保するためであった。一八七七（明治一〇）年に成立したインド帝国の皇帝はバッキンガム宮殿に住む女王陛下であり、イギリスとインドの同君連合といえば聞こえはいいが、インドはすでにイギリスのものであった。中央アジアにさらなる権益を求めるイギリスが、もっとも神経をとがらせていたのはロシアの動きであった。

ロシアの南下政策は広範囲におよび、周辺国を強く刺激していた。凍らない港を求めてシベリアを南下し、旅順に達したロシアに立ちはだかったのは明治の日本だった。インド経由で地中海へ出るルートをさぐるロシアの意図は、イギリスを苛立たせた。モンゴルを虎視眈々と狙うロシアは、モンゴル民族がチベット仏教を信奉し、歴代ダライ・ラマに崇敬の念をいだいているのをよく認識していた。ロシアがダライ・ラマ一三世との交流を図ったのも対モンゴル政策の一環という意味合いもあった。また、ロシアは他の列強同様、チベットの地下資源に注目していた。護衛つきの探検隊をチベットに派遣した目的の一つは、金山の探索にあった。

ロンドンの官庁街にあるイギリス国防省近くに立つグルカ兵の像

　このようなチベットをめぐるロンドン、サンクトペテルブルク、北京の行動や駆け引き、情報戦は明治維新をなしとげて国際社会へ躍り出た日本にとっても無視できなかった。富国強兵をスローガンとする日本政府や軍部もまた外交関係や安全保障上の観点からチベットの動静を注視していた。また、中央アジアの覇権を競って展開されたイギリスとロシアの暗闘はグレート・ゲームと呼ばれ、そこで陰の主役をつとめたのは双方の情報部員だった。

　列強のなかでひときわ派手に立ち回ったのはやはりイギリスで、チベット仏教文化圏のラダックやネパールのグルカ人が住む一帯をつぎつぎと支配下においた。ロンドンのイギリス国防省近くにグルカ兵の銅像がある。それが端的にあらわしているように、一帯とイギリスの結びつきには長い歴史があり、現在もなお強固だ。第一次と第二次の世界大戦で合わせて二〇万人以上のグルカ兵がイギリス軍に参加し、約四万三〇〇〇人が戦死した。

グルカ兵がイギリス軍に組み込まれたのは、一八一四（文化一一）年に勃発したグルカ戦争がきっかけだった。苦戦の末に勝利したイギリスはかれらの戦闘力に舌を巻き、軍事力強化のためにグルカ兵を雇い入れるようになった。イギリス軍は現在でも多数のグルカ人志願者のなかから屈強な若者二〇〇人を選抜し、兵士として軍隊に組み入れている。

一八九四（明治二七）年八月、朝鮮半島をめぐって対立していた日本と清の間に戦端がひらかれた。日本が勝利し、翌年四月、下関で日清講和条約が調印され、これを契機に世紀末の中国全土に外国アレルギーが充満した。時代は転換期にあり、チベットでも新しい歴史が始まろうとしていた。

危険期間を乗り切ったダライ・ラマ一三世の胸の内

一八九五（明治二八）年、一九歳になったダライ・ラマ一三世は親政を開始した。法王がみずから政治をおこなうことは、裏返せば摂政やその取り巻きの出番がなくなることでもある。案の定、不穏な動きがあった。これまで長期にわたって利権をほしいままにしてきた摂政一派が、若き法王を呪い殺そうとしたのだ。

摂政とその弟二人が投獄され、財産を没収された。一派はワイロで清のアンバンらを動かし釈放を求めたが、ダライ・ラマ一三世は聞き入れなかった。暗殺の危険がつねにあった。やがて一三世は政権交代の危険期間をぶじに乗り切り、徐々に政治指導者として成長していった。時代が暗殺者を封じ込めたともいえる。チベットを取り巻く国際環境は唯一民族をまとめられるダライ・ラマを必要としており、すでに私利私欲だけの野心家の出る幕はなかった。

もう一人、政治指導者になったダライ・ラマ一三世と微妙な関係になりそうな人物がいた。パンチェン

・ラマ九世だ。年下のダライ・ラマと年上のパンチェン・ラマの関係は、法王が幼少期や少年期であれば、そう問題はなかった。だが、ダライ・ラマが成人するとデリケートな関係になりやすかった。このときの一三世とパンチェン・ラマはまさにそうで、案の定、やがて両者は対立することになる。

一九〇〇（明治三三）年六月二〇日、義和団がドイツ公使を殺害し、北京の各国公使館を包囲した。世にいう義和団事件である。清は日本、ロシア、イギリス、アメリカ、ドイツ、フランス、オーストリア、イタリアの八か国に宣戦布告した。八か国連合軍は北京を占領し、西太后らは西安へ逃れた。

国際情勢が緊迫化するなかでダライ・ラマ一三世は二五歳の政治リーダーに成長していた。ここ一〇〇年、二〇代半ばを超えたダライ・ラマは一人もおらず、久々のエネルギッシュな青年法王の姿にチベットの民衆は安堵した。一三世は相手を射すくめるような鋭い眼光の持ち主で、決して油断はしていないぞという面構えは、政権交代前後の権謀術数をくり抜けてきたあかしでもあった。

政務に本腰を入れるようになったダライ・ラマ一三世が直面したのは、イギリスから執拗に迫られたイギリス・清条約の履行であった。あの手この手で説得を図るイギリスのインド総督らに対して一三世は一貫して拒絶の態度を崩さなかった。「チベット法王は始末に負えない外国人嫌いだ」とイギリスの外交官は嘆いたが、これは見当ちがいであった。一三世の胸の内には、イギリスがもっとも懸念していたロシアへの傾斜が強まりつつあったのだ。

怪僧ドルジーエフ

チベット政界は清派、イギリス派、ロシア派が互いに覇を競っていた。その勢力図にすこしずつ変化が出てきた。義和団事件以降、清に退潮の兆しが見えてくると、チベットのなかに清のくびきを脱して完全独立への機運が増してきた。やがてダライ・ラマ一三世はロシア派の側近のアドバイスに耳を傾けるようになった。ロシアに対してチベット独立への支援を期待したのだ。

奥の院で親ロシア政策の中心的な役割を担ったのは、怪僧といわれたアグワン・ドルジーエフという人物だった。チベット人ではなく、シベリアのブリヤート地方出身のモンゴル民族で国籍はロシアにあった。もともとかれはロシアのチベット探検隊の一員であったが、一八八〇（明治一三）年にデプン僧院に入って学僧として頭角をあらわした。三五歳の頃からまだ少年だったダライ・ラマ一三世に仕え、信頼を得た。ドルジーエフは一八九八（明治三一）年、ひそかに一三世の特使として親書を携えてサンクトペテルブルク郊外のペテルゴフ宮殿を訪問し、ニコライ二世と会見した。

ロシアはチベット工作にブリヤートのチベット仏教僧を利用していた。ドルジーエフをダライ・ラマの密使と察したサンクトペテルブルク駐在のイギリス公使はロシア外相に、「ダライ・ラマはロシアとの友好関係を強めることに決めた」と報じたロシアの地元紙を突きつけ、事実関係とこの人物の役割を問い詰めた。「根も葉もないこと。ドルジーエフはロシアに住むたくさんの仏教徒から浄財を集めるためにやってきただけ」とロシア外相はかわした。

「ロシアには多数のわれらの信者がいます」とドルジーエフはダライ・ラマ一三世に吹き込んでいたが、チベット仏教のロシア人信奉者は知れたものであった。ロシアの交渉術のたくみさはチベットを保護領にしたい野心はつゆほども見せずに、布教という相手の気を引く話でチベット法王を自分のふところへ引き込んだ点だ。現代のプーチン戦略にも、おいしそうなエサをちらつかせる古典的な手法は引き継がれている。

イギリスはロシアの説明を信じなかった。当時は世界一といわれたイギリスの諜報機関はドルジーエフをロシアのスパイとみなし、かれの行動を監視した。「あの男は法外な機密費をロシアからもらっている」といった証言も含め、ドルジーエフの動きはロンドンに報告された。そのうちにイギリスがつかんだのは、ダライ・ラマ一三世がロシア寄りになったという確たる事実だった。危機感を強めたイギリスは使節団という名目の遠征軍をラサに派遣し、一三世と直談判して門戸開放を迫る強硬策に踏み切った。

ヤングハズバンド隊の侵攻とダライ・ラマ一三世の亡命

イギリス武装使節団の首席全権、すなわち遠征軍の隊長にはインド勤務の大佐、フランシス・ヤングハズバンドが選ばれた。使節団の護衛隊と称した遠征軍はインド兵やグルカ兵を含む五〇〇人の歩兵、それに一個中隊の騎馬兵を擁していた。二門の大砲のほか新式の機関銃が持ちこまれた。ヤングハズバンドらは表向きイギリス紳士らしくふるまったが、歯向かうものには容赦なかった。

ダライ・ラマ13世の密使、ドルジーエフはサンクトペテルブルク郊外の夏の離宮ペテルゴフでニコライ2世と会見し、13世の親書を手渡した

チベット政府は火縄銃を所持した一五〇〇人の僧兵を差し向け、インドとの交易の中継点だった中央チベットのギャンツェでイギリス遠征隊に奇襲作戦で挑んだ。僧兵はダライ・ラマ一三世からさずかった弾丸よけの護符を身につけていた。だが、兵士の数では勝っても火縄銃の軍団では、世界で初めて開発された全自動式のマキシム機関銃の前にはひとたまりもなかった。

一九〇四（明治三七）年二月八日、日露戦争が勃発した。ロシアのチベットへの関心は急速にしぼんだ。チベット政府はロシア軍の予想外のもろさに驚いた。そして、あらためてイギリスの底力に戦慄した。

「イギリス軍の大砲と機関銃で、チベット兵と民衆が数千人も犠牲になった」といううわさに長い間おびえてきたラサ市民は、いよいよ近づいたイギリス武装使節団に恐怖を募らせていた（スウェーデンの探検家、スヴェン・ヘディンはイギリス遠征軍によるチベット人の犠牲者数を四〇〇〇人としている）。

七月二六日未明、ヤングハズバンド隊のラサ侵攻を目前にしてダライ・ラマ一三世はわずかのお供を連れてラサを脱出した。一三世は生涯において二回亡命しているが、これが最初の国外彷徨となった。一三世がポタラ宮殿に戻るまでまさか五年以上もかかるとは、このときだれも予想しなかった。チベット法王の亡命は国際社会に大きな波紋を投じた。歴史の綾とでもいうべきか、一三世の亡命が見えない糸ながら一四世の出現につながり、また日本とチベットを結ぶ端緒となったように筆者には思える。

さて、イギリス遠征隊の強談判にチベット政府はなすすべもなく、ダライ・ラマ一三世の留守の間にイギリスと通商条約を結ばざるを得なかった。イギリスに有利な内容だった。イギリスはギャンツェに通商部の事務所を設置した。ヤングハズバンド隊はラサに陣取って、睨みをきかせた。

ラサを脱出したダライ・ラマ一三世に寄り添うようにして側近のアグワン・ドルジーエフがいた。イギリスがA級戦犯とみなすこの人物がいるからには、一三世の亡命先としてロシアが検討されたはずだが、ロシアにチベット法王を迎え入れる余裕はなかった。

ダライ・ラマ一三世一行が向かったのは、当時はウルガと呼ばれていたモンゴルの首都ウランバートルだった。目的地まで三か月以上もかけた逃避行であった。チベット法王がラサを離れて国外に出るときは、清の皇帝への届け出と許可が必要だった。だが、事前に清には知らされなかった。無視された光緒帝《こうしょ》（清の一一代皇帝）に実権はなかった。最高実力者の西太后《せいたいこう》（正式には慈禧太后《じきたいこう》）は一三世の地位を剥奪すると皇帝に宣告させせたが、チベット政府は意に介さず、重要な案件については旅先へ使者を送って一三世に指示を仰いだ。

チベット政府の密書を携えた使者は、亡命先でダライ・ラマ一三世に手渡したのち、返書を受け取ってすぐにラサへ引き返すのだが、その入りと出の伝達の際にチベット独特の口上がおこなわれた。それはメッセージの最重要部分を使者に口頭で伝えるもので、しばしば文章の内容と口上がちがっていた。優先するのは口上のほうで、この慣例は敵方に密書を奪われたり盗み見されたときの対策として始まった。

ヤングハズバンド隊をチベットに駐留させたイギリスは、部隊が受けた被害の賠償金をチベット政府ではなく、チベットの宗主国を自認する北京に要求した。清は要求に応じて多額の賠償金を支払い、その代わりにヤングハズバンド隊をインドへ撤退させた。

チベット軍は岩山にそびえ立つギャンツェ城でヤングハズバンド隊に抗戦したが、新式の機関銃にはなすすべもなかった

ダライ・ラマ一三世がモンゴルへ亡命したとき、法王不在のチベットで次第に存在感を増したのが、シガツェのパンチェン・ラマ九世であった。ヤングハズバンドがパンチェン・ラマをチベット法王に格上げしようとし、本国へ働きかけたこともあった（イギリス政府はこれを受け入れなかった）。パンチェン・ラマが脚光を浴びるにつれて側近もまた出しゃばるようになり、ラサの政府に難癖をつけた。「パンチェン・ラマが法王のようにふるまっている」といううわさを亡命先で耳にした一三世は不快感を隠さなかった。当時、清はイギリスに操られているパンチェン・ラマを信用していなかった。

チベット法王と張り合ったモンゴル法王

ダライ・ラマ一三世が落ち着いたウランバートルは、チベット仏教が盛んだった。モンゴルの政界と仏教界に君臨していたのは、ジェプツンダンパ・ホトクト八世というチベット民族出の法王だった。一三世と同じゲルク派に属したが、肌合いはちがって女と酒を好み、権力欲をむき出しにした三〇代前半の野心家であった。

当時のゲルク派のランキングからいえば、モンゴル法王といえどもダライ・ラマ一三世、パンチェン・ラマ九世の下位にあった。だが、本拠地のウランバートルにいるだけにかれの気位は居候の一三世にすこしも負けていなかった。両雄並び立たずで、チベット法王の滞在が長引くにつれてかれは嫉妬心を燃やすようになった。だんだんチベット法王のほうへ信者が集まり、必然的にお布施はそちらへ流れたのも気に障っていた。

両法王の不和は清の望むところであった。清はチベットとモンゴルの関係が緊密化するのを警戒していた。双方の背後にロシアがいたからだ。実際、ロシアではチベットとモンゴルの連合を模索していた時期があった。また、ロシアを後ろ盾にしてモンゴルと手を組み、清のくびきから脱するというのはダライ・ラマ一三世とドルジーエフの当初の戦略でもあった。

清はダライ・ラマ一三世のロシア亡命を阻止するため、駐モンゴル代表にその対策を指示した。清の代表は一三世に対してウランバートルから青海地方の中心都市、西寧へ移動するよう強く求めた。ロシア皇帝に頼る一三世の考えに変わりはなかったが、日本相手に苦戦するサンクトペテルブルクから色よい返事はいつまで経ってもなかった。一三世は次第にドルジーエフの情勢分析に懐疑的になった。

一九〇五（明治三八）年、清のアンバンがラサへ赴任する途中、住民とトラブルになり、殺害されるという事件が起きた。「坊主が多すぎる。一部の人間は坊主をやめて、百姓をやりたまえ」と漏らしたアンバンのことばに僧侶が反発し、それが殺人事件へと発展した。八月、清は四川地方を本拠とする趙爾豊《ちょうじほう》率いる遠征軍を現地へ派遣した。

九月、ダライ・ラマ一三世は重い腰をあげてウランバートルを離れ、西寧へ向かった。ロシアの支援が望めなくなったうえ、遠征軍を差し向けられては清の皇帝に頭を下げるしかなかった。一三世とドルジーエフの誤算はロシアの予想もしなかった日露戦争の敗北であり、アンバン殺害事件を口実にした清のラサ侵攻であった。清にすれば、ヤングハズバンド隊がいなくなったチベットの攻略は、またとないチャンスであった。

ダライ・ラマ一三世とクンブム僧院の縁

ダライ・ラマ一三世は使者を北京に送って、参内したい旨を伝えた。光緒帝に会って、自分の無許可の出国などもろもろの事情を説明する必要があった。だが、紫禁城の対応は冷ややかで、一三世に対してすぐに北京入りの許可を出さなかった。

それでも清は一方的に突き放したわけではなく、ダライ・ラマ一三世一行の滞在費をかなり負担していた。一行はテントを張って野営し、相手方にめいわくをかけないようにつとめたが、お布施がなければ生活できなかった。清は一行の食事や馬、通訳のめんどうも見ていた。もっとも滞在費を工面したのは、中央政府より地方政府のほうで、地方の役人はチベット法王の歓迎という名目で住民から税を取り立てた。

一九〇六（明治三九）年一〇月二三日、ダライ・ラマ一三世は西寧に入り、清の支配下ではあったが、わが家のようなやすらぎを得られるクンブム僧院に腰を落ち着けた。法王の格式にふさわしい立派な宿舎が用意された。一三世の滞在は長引き、テントは一年ほど不要となった。法王は僧院長のタクツェル・リンポチェと気が合った。いうまでもないが、この僧院長こそダライ・ラマ一四世の大伯父であった。

一九〇七（明治四〇）年、イギリスとロシアが接近し、またしても国際関係に変化が生じた。アジアで衝突するのを避けた両国は条約を結び、チベットに対する清の宗主権を容認した。日露戦争の敗北以来、ロシアのチベットへの関心は薄れ、モンゴル経営へと移っていた。これらの動きに清は勢いづいた。ダライ・ラマ一三世が不在のラサでは、清の駐屯軍が増員され、「チベット軍をわが軍の指揮下におく」とアンバンはチベット政府へ文書で通告した。チベット政府はこれを拒否した。

一方、この頃、チベット熱が燃え盛っている国があった。明治維新を成し遂げ、近代化へまっしぐらにすすむ日本である。日本史のなかで青年たちの目が一番輝いていたのは、この時期であったかもしれない。それにしても、なぜ、明治の若者たちはチベットにあこがれ、やがてダライ・ラマ一三世と交流するに至ったのか。その経緯を次章で追ってみたい。

第9章

✺チベットを目指した明治の日本青年たち

明治時代にチベットへ足を踏み入れたのは河口慧海、能海寛、寺本婉雅、成田安輝の四人であった。そのうち三人がラサ入りを果たした。チベット挑戦に関して日本は後発組だった。外国人が初めてラサの地を踏んだのは一六六一（寛文元）年二月のことで、ダライ・ラマ五世の時代である。イエズス会宣教師のヨハン・グリューベル（オーストリア人）とアルベール・ドルヴィル（ベルギー人）が北京、西安、西寧を経てラサに入り、二か月ほど滞在した。その後、チベットは原則として外国人を拒絶し、貝のように閉じこもってしまった。

地理的条件と鎖国政策から世界の探検家にとってチベットは、登山家が最高峰のエベレストを目指したように究極の秘境となった。またキリスト教宣教師、地理学者や文化人類学者、国際戦略上の思惑を秘めた各国の軍人、外交官、情報部員が地政学的なカナメに位置するチベットへ鋭い視線を向けていた。そしてチベットを金の豊富な産地と信じる山師もふくめて、だれもがチベット突入を胸に秘めていた。とりわけチベットの首都であるラサ入りは至難の業であり、それだけにいっそうかれらの功名心を駆り立てた。だが、守りは固く、挑戦者の大半が途中で挫折し、そのうちの何人かは命を失った。

二〇世紀初頭にチベットを踏査した著名な探検家のスヴェン・ヘディンは、「中国皇帝は草原の猛者を防ぐために万里の長城をつくったが、チベット人はそれを真似する必要はなかった。険しい山脈が防壁となっているからだ」と述べた。たしかにチベットの北は崑崙《こんろん》山脈、西はカラコルム山脈、南はヒマラヤ山脈にさえぎられている。

だからといって、チベット全域が不毛地帯というわけではない。筆者は菜の花畑や麦畑の青々とした光景を何度となく目にしたし、スイカ畑も見つけた。二〇一七（平成二九）年四月二九日から東京の岩波ホールでチベットのソンタルジャ監督の中国映画『草原の河』が劇場初公開された。チベットの厳しい自然のなかで放牧を営む家族の物語だが、この家も放牧のほかにトラクターを使って広大な土地でハダカ大麦を耕作していた。観客がこの映画からチベット、イコール秘境というイメージを得ることはない。それでもやっぱり、明治の頃、チベットはたいへんな地帯だったのを忘れてはなるまい。

上空から見ると、チベットは険しい山脈に隔てられている。これがいわば防壁の役割を果たしているのはたしかだ

チベットを荒涼としたイメージでとらえているむきもあるが、ご覧のようにギャンツェ城の前は豊かな麦畑が広がっていた

中国と接するチベットの東には、防壁となるほどの山脈がない。これが中国の侵略を容易にした。とはいえ、東の広大な地域は山賊やオオカミなどの襲撃に遭う危険性があった。そのチベットを目指して明治期に何人もの日本人が行動を起こした。チベット仏教への探求心や冒険心に富み、かつ使命感の強い青年たちだった。

チベットを目指すには強靭な体力と精神力はいうにおよばず、なにをおいても人一倍の情熱の持ち主でなければならない。さらにはチベット語のほかにモンゴル語か、中国語の学習も必要だった。外国人を徹底的に警戒する禁断の地で日本人という正体がばれるのは、生命にかかわることだった。チベットの国境警備兵の目をごまかすために中国人やモンゴル人、ときにはチベット人そのものになりすますには、ある程度の語学力がなければたちまち見破られてしまうのだ。そういう意味でチベット挑戦者の基本条件を二つあげるなら、たぎるような情熱と語学力の持ち主といってよかろう。

仏教研究の使命をおびて教団から派遣された学僧の場合、サンスクリット語やパーリ語の知識を求められた。サンスクリット語は大乗仏教、パーリ語は小乗仏教の経典を研究するのに必須で、とても生半可な勉強では済まなかった。潜入者の多くは僧侶か巡礼者を装った。外国人だと、チベット政府の許可証を持っていても僧院に立ち入るのを拒否されるケースもあった。その点、僧侶や巡礼者なら大目に見られたからだ。状況次第ではキャラバン隊にまぎれ込むこともあった。

明治のチベット熱をリードした東西本願寺

「明治の青年はなぜチベットを目指したのか」というのは興味深いテーマである。明治期の気迫ともいうべき熱々の時代精神に手でさわれそうに思えるからだ。明治人の関心領域は広く、文明開化で考古学や探検ブームに火がつくのにそう時間はかからなかった。すでに一九世紀のロンドンを中心にヨーロッパに華々しいインドブームが巻き起っていた。インド仏教への探求心が高まり、それがチベットへの関心につながった。

なぜロンドンでインドブームが生じたかといえば、理由はかんたんだ。イギリスがインドを支配したからである。海の向こうの近代仏教学の幕あけをいち早く察知し、反応したのは真宗本願寺派（以下、西本願寺）と真宗大谷派（以下、東本願寺）であった。親鸞を宗祖とする浄土真宗の二つの巨大教団がヨーロッパで盛んとなった新境地の仏教学に熱いまなざしを向けたのは、それなりの理由があった。

明治維新の廃仏毀釈《はいぶつきしやく》という激震に、長くつづいた江戸期の太平楽にどっぷりつかっていた日本の仏教界はうろたえていた。廃仏といっても仏教の完全否定ではなく、明治新政府から批判されたのは幕府べったりだった仏教寺院の堕落であり、廃仏より廃寺と見たほうが実情に合っていた。浄土真宗にかぎらず他の宗派も新政府から寺院と僧侶の存在そのものが問われ、どこも深刻な問題に直面していた。

そのため仏教界は起死回生の手立てを模索していたが、他の宗派と比較すれば、浄土真宗の両教団のスタートダッシュは際立っていた。もっともローマ・カトリックとは比べものにならないという。筆者は作家の司馬遼太郎から浄土真宗とカトリックの比較を聞いたことがあり、そのとき司馬はつぎのように述べた。

「浄土真宗は一三世紀に親鸞が始めるわけですけれども、ローマ・カトリックのように時世時節（ときどきの移り変わり）と対決したり、調和したりするダイナミズムは持たなかった。残念ですな。カトリックの歴史はじつに能動的でした。産業革命が出てきたらそれと対決する、カール・マルクスが出てきたらそれと対決する。新しい歴史的現象が起こると、それから逃げずに血みどろになって対決する。このように正面から対決しながらみずからを強くしていきました。

浄土真宗は親鸞の教義を純粋化することだけでとどまったわけです。だけれども浄土真宗は仏教にして教義のある唯一のものです。べつに浄土真宗をひいきにしているわけではなく、日本文化の一財産について語っているだけです。

そもそも仏教には教義がないのです。悟りをひらいたらそれでいいのですから、解脱こそ究極の理想なのです。本来の仏教は解脱の方法を示したものです。方法である以上、戒律とか行はあっても教義は存在しません。教義を読んで解脱できれば、こんな楽なことはありません」

仏教には教義がないという司馬説には異論もあろうが、残念ながら筆者にはそこに立ち入る力量を持ち合わせていない。もっとも司馬は浄土真宗には教義があると見ており、こうつづけた。

「親鸞によれば、阿弥陀如来というのは唯一の存在です。阿弥陀如来にすべてをお任せして、自分の計らいを用いない。ここに浄土真宗はキリスト教に似た救済性を持ったわけです。空《くう》といってしまえば哲学で終わるが、阿弥陀如来を God に似た唯一的存在と考えることで、宗教になってくるわけです。救済の宗教には教義が必要です。親鸞はその思想の純粋性を他に示すために著作しました」

こういったキリスト教と浄土真宗の親和性が、東西本願寺を海外への関心とつなげたのかもしれない。直接的には一八七一（明治四）年一一月一二日に横浜港から出航した岩倉具視《ともみ》を団長（正使）とする欧米使節団の影響が大きかった。まだ磐石ともいえない新政権を西郷隆盛ら留守番役に任せて、一年と一〇か月におよぶ長期海外出張を敢行した岩倉ら政府要人の進取の精神と大胆さには感服せざるを得ない。じつは、副団長（副使）の木戸孝允《たかよし》は勤皇派の西本願寺に使節団への参加を呼びかけていた。木戸は西本願寺きっての俊英、島地黙雷《しまじもくらい》と親しかった。

結局、西本願寺は岩倉使節団への参加を見送ったが、二か月後に梅上沢融《うめがみたくゆう》（のちに西本願寺執行長）が留学生を率いてヨーロッパ歴訪の旅に出発した。島地黙雷も同行したが、先進国の斬新な仏教研究を知り、目からウロコの心境になった。ヨーロッパの仏教学の中心はインド仏教であり、チベット仏教であったからだ。

「西本願寺に島地黙雷あれば、東本願寺に石川舜台《しゅんたい》あり」で、石川もまた東本願寺法主《ほっす》、大谷光瑩《こうえい》の渡欧計画を練っていた。東本願寺の法主とは宗門の法統伝承者を意味する。法主はほかに東本願寺の住職、真宗大谷派の管長をかね、その権限は絶大であった。半面、この巨大教団は法主を利用しようとする下心のある側近の跋扈《ばっこ》しやすい体質があった。西本願寺のトップは門主《もんしゅ》というが、役割や体質は東本願寺の法主とあまり変わらなかった。

徳川家康以来、江戸幕府と縁の深かった東本願寺は諸事多難で、財政難に苦しむなかで教団の方向性を模索していた。海外に活路を求めるべく石川舜台は一八七三（明治六）年九月一三日、大谷光瑩に随行し日本を離れた。かれらもまたヨーロッパの仏教研究の進展に目を見張り、原典研究の必要性を痛感した。そしてサンスクリット語やパーリ語、チベット語を解する自前の研究者の養成に乗り出した。

むろん東西本願寺は中国仏教を軽視したわけではなかった。むしろ積極的に中国大陸への布教を目指したうえ、たとえば東本願寺は学僧の小栗栖香頂《おぐるすこうちょう》を北京に派遣し、中国仏教の研究に取り組ませた。小栗栖は中国仏教にとどまらず五台山のチベット僧院をおとずれ、チベット人僧侶の話に耳を傾け、チベット仏教の研さんにもつとめた。帰国後の一八七六（明治九）年、小栗栖は中国で見聞したチベット仏教の修行や教義、それにチベットの歴史や地誌にもふれた『喇嘛《ラマ》教沿革』をまとめた。

五台山は中国山西省の東北部にあって二〇〇九（平成二一）年、世界遺産に登録された。古くから霊山として知られ、五つの峰（一番高いところで標高三〇〇〇メートル）が連なる山には、最盛期は三〇〇もの寺院があった。中国古来の仏教寺院が中心だが、昔から道教の廟やチベット仏教の僧院もあって多くの参拝客を集めていた。まさしく五台山は中国仏教、道教、チベット仏教の聖地であった。

日本仏教界がチベット法王との接点を持つのはダライ・ラマ一三世からだが、一三世との交流を最初に築いたのも東西本願寺であった。真宗両教団が一歩先んじたのは、トップと組織の中枢に感度のよい、国際性と先見性のある人材を擁していたからだ。かくして明治維新を契機に始まった日本のチベット熱や、双方の交流関係は東西本願寺がリードする形ですすむことになった。

チベット大蔵経の価値

一八七六（明治九）年、東本願寺は南條文雄《ぶんゆう》と笠原研寿《けんじゅ》という二八歳と二五歳の末寺の子弟をイギリスへ送り出した。二人はオックスフォード大学でマックス・ミュラーにサンスクリット語を学び、オリジナル経典や原始仏教の研究に取り組んだ。指導教授のミュラーにとっても、日本人留学生の漢学の素養は大いに助かった。サンスクリット語の経典研究において、漢訳経典との照合が役立ったからだ。

古代仏教史は訳経の歴史でもある。サンスクリット語やパーリ語から漢文（古代中国語）への翻訳は仏教の東アジアへの浸透、とりわけ日本の仏教興隆に計りしれないほど寄与した。訳経僧は時代の花形であり、古代中国で活躍した玄奘はその代表的な人物であった。玄奘は七世紀に幾多の困難を乗り越えて西域やインドへ赴いた。一六年を超える滞在ののち、多くの経典を持ち帰った。「大般若経」六〇〇巻は玄奘の訳といわれる。

漢字の文化圏にあった日本人は、漢訳経典のおかげでサンスクリット語やパーリ語、あるいはチベット語からの翻訳という膨大なエネルギーを要する作業とはほとんど無縁であった。最初から既製品を与えられたのだから、ずいぶん恵まれていたといえるが、問題もすくなくなかった。

第一は、経典の数があまりにも厖大であった点だ。経典の集大成を大蔵経、あるいは一切経というが、

ダラムサラのチベット図書館に保管されているチベット大蔵経

明治期の進取の精神に富む日本人学僧が熱望したチベット大蔵経（ダラムサラのチベット図書館で）

キリスト教は旧約聖書と新約聖書で済むのに仏教の場合、重複部分を除いても経典はゆうに六〇〇〇を超える。ブッダの死後、その直弟子、さらに孫弟子、そのまた弟子らが経典に加筆したり、新経典を編み出してきたからだ。

第二は、すべてサンスクリット語やパーリ語から翻訳されたわけではなかった点だ。ある経典がインドから西域を経て中国へ入る過程で、各地域の言語に訳される際、土着の宗教や文化が訳文に反映されることになる。

第三は、訳者の個性や思想が内容に影響している点だ。経典にかぎらず同じ原文が訳者によって三者三様というのは、古今東西よくある話である。漢訳経典の場合、内容の相違がはなはだしかった。ブッダは人を見て法を説いたので、経典にすこしぐらいちがいが出てもおかしくないが、シロがクロになるようでは教えの根幹にかかわってくる。ブッダの肉声に可能なかぎり近づきたいと願う人々が、「原語はどうなっているのだろうか」と考えるのは当然のことである。

ただ、本家インドにあるべきオリジナルはすでに散逸している。そこでもっとも注目されたのが、サンスクリット語の原文を忠実に訳したチベット大蔵経（そのなかでいちばん純粋性が高いのは「カンギュル」といわれる）であった。

文献比較研究の観点からオックスフォードのマックス・ミュラーもまた日本人留学生の南條文雄と笠原研寿にチベット入りの希望を託していた。しかし将来を嘱望されていた笠原は結核を病み、三二歳で亡くなった。残された南條はその後もミュラーと共同研究をつづけ、やがてインド仏教研究でヨーロッパの学界にその名を知られるようになった。一八八四（明治一七）年に帰国した南條は、東京大学や仏教哲学者の井上円了《えんりょう》が創立した哲学館（のちの東洋大学）でサンスクリット語を教えた。

近代仏教学の礎を築いた南條文雄こそ、明治の日本にチベットブームを起こした火付け役の一人であった。南條は学生たちにヨーロッパにおける原典研究の進捗状況を紹介し、チベット大蔵経の価値のみならずチベットそのものへの夢を語った。恩師から現地入りを望まれながら果たせなかった南條の、熱い思いをこめた話は明治期の若者たちのロマンをかきたてた。

一八八五（明治一八）年、西本願寺は子弟の高等教育機関として普通教校という学校を開設した。海外布教を目指し、英語学習に重点がおかれたこの学校に反省会という団体ができ、進取の精神にあふれた学僧が多数参加した。会の機関誌『反省会雑誌』にはインド留学の学僧らが秘境探検プランを投稿してチベット熱を高めた。ちなみに現在の『中央公論』はこの機関誌を前身としている。

時代が超人を生み、そのときどきの時代精神が哲人や鉄人を世におくる。明治期に活躍した人物像を追っていると、スケールの大きさに圧倒される。進取の精神に富む時代は、どこか雄大な雰囲気のようなものが自然発生的に満ち満ちてくるようだ。功名心もまた現代人の倍くらいはあった。かれらの多くは個性的かつ一徹者だったので、互いの人間関係には泥臭いところもあった。ともあれ、チベットを目指した河口慧海、能海寛、寺本婉雅、成田安輝の生い立ちや動機を見てみよう。

禅僧の河口慧海がいだいた疑問

この四人のうち、二人が東本願寺の学僧であった。だが、日本人としてラサ一番乗りに成功したのは東西本願寺とまったく縁のない、さほど大きくもない臨済宗系の一派、黄檗《おうばく》宗の禅僧、河口慧海であった。不屈の精神がそれを可能にしたといえようが、河口の旅行記を読むと、奥地で何度も血をはいている。強運の持ち主というしかない。

河口慧海は一八六六（慶応二）年一月一二日、堺で樽桶製造業の長男として生まれた。一二歳になったとき、仕事を継がせたい父親の希望で小学校を退学し、家業を手伝うかたわら私塾で知識を蓄えた。一四歳のときに『釈迦一代記』を読んで仏教に目覚め、やがて黄檗宗に入信する。

一八八八（明治二一）年五月一日、河口慧海は上京し、本所の五百羅漢寺にあった黄檗宗の寮から哲学館へ通学した（羅漢寺はその後目黒へ移転し、浄土宗系に変わった）。ここで井上円了や南條文雄の講義を聞き、教室ではしつこいほどに質問した。

一八九〇（明治二三）年三月一五日、河口慧海は五百羅漢寺で得度を受けた。その年に住職が隠居し、河口が跡を継いだ。翌年五月から三年近く河口は宇治の黄檗山院に籠った。一切経を読破していくなかで河口は、同じ経典も訳によって内容が極端に異なるのに疑問をいだいた。以来、オリジナル経典への関心が高まり、それが次第にチベット踏査へと夢がふくらんでいった。その後、僧籍を返上した河口は横浜の三会寺《さんねじ》でインド帰りの住職、釈興然《しゃくこうねん》からサンスクリット語やパーリ語を習った。

横浜で河口慧海と一緒に勉強した鈴木大拙《だいせつ》（世界的な仏教学者）もまたチベットの虜になった。鈴木も河口と同じ年に日本を離れるが、向かったのはアメリカだった。結果的には、そのほうがよかった。アップル創立者のスティーブ・ジョブズを魅了したＺＥＮ（禅）がこれほどまでに世界的になったのは、渡米した鈴木の英文著作のおかげだった。

一八九七（明治三〇）年六月二六日、河口慧海は神戸港から日本郵船の貨客船「和泉丸」（三三二五トン）で単身、カトマンズへ向かった。ネパールを経由してチベット入りを図る計画であった。三一歳のときで、有志からの義援金が一〇〇〇円近く集まった。熊本五高の教授、夏目漱石の明治二九年の月給は一〇〇円だったから相当の額である。

東本願寺の期待を担った寺本婉雅と能海寛

初めてチベットの領域へ足を踏み入れたのは、河口慧海より東本願寺から派遣された二人の学僧のほうが早かった。中国の布教活動やチベット探検に積極的だった東本願寺は、情熱に燃える青年を外国へ送り出していた。東本願寺の期待を担ったのは、学僧の寺本婉雅と能海寛だった。

寺本婉雅が日本を離れたのは河口慧海が出発してから一年後だったが、寺本はダライ・ラマ一三世に宛てた大谷光瑩の親書を携えていた。こういうところは東本願寺の強みであり、組織のバックアップの薄かった河口慧海がとうてい及ばないところであった。

寺本婉雅は一八七二（明治五）年三月一日、愛知県大野村（現在の新城市）で生まれた。真宗大谷大学（現在の大谷大学）に在学中に仏教研究者としてチベット行きを決意し、卒業を控えながら大学を中退して、ひとまず準備のために中国へ向かった。二六歳のときだった。

東本願寺のもう一人の学僧、能海寛は一八九八（明治三一）年一一月一二日、結婚して三か月しか経っていない妻の静子を残し、「西京丸」（二九一三トン）で上海に向かった。このとき三〇歳であった。

能海寛は一八六八（慶応四）年五月一八日、島根県波佐村《はざ》（現在の浜田市）の浄蓮寺《じょうれん》住職の次男として生まれた。哲学館で南條文雄の講義を熱心に聞いていた能海はやがて南條の内弟子となった。英語、中国語、チベット語、サンスクリット語を習得し、医学の知識を得たうえ、登山などで鍛えた。中国経由でチベット入りを計画していた能海が用意した資金は六〇〇円だった。研究熱心な能海はそのなかから一〇〇円を書籍や資料の購入費にあてた。

一八九六（明治二九）年五月、日清戦争に勝った外務省は四川省の重慶に領事館をひらき、ここでチベットや列強の動きをフォローしていた。重慶はチベット入りの前線基地のようなものであり、また中国内陸部における情報収集の最前線といってよかった。その重慶からチベットへ向かう人々は、チベットの国境に近い四川省の打箭炉《だせんろ》を目指した。寺本婉雅と能海寛はそれぞれ独自に、この地へ歩をすすめていた。

成田安輝は情報部員

もう一人、チベット入りをうかがう成田安輝という三五歳の目つきのするどい男がいた。これまで紹介した三人とはちがって、仏教界とはまったく関係のない外務省派遣の情報部員であった。

成田安輝は一八六四（元治元）年、まだ江戸と呼ばれていた東京で生まれた。父親は鹿児島の出身だった。陸軍幼年学校から陸軍士官学校へ進み、陸軍のエリートコースを歩み始めた。だが、健康を損ねて陸士を中退し、小笠原へ渡った。塩の製法研究のためだった。その後、渡米し、サンフランシスコで日本の植物を売ったりしていた。

成田安輝はその後、台湾へ渡って台湾総督府の官吏となった。日露戦争のときは北京公使館に派遣され、ロシア軍の後方かく乱という特別任務に従事した。情報部員をラサに送り込もうとしていた日本政府（表向きは外務省、背後に陸軍参謀本部）から白羽の矢を立てられた成田はチベット語を学んでいなかったが、国際感覚と行動力を買われた。

一八九七（明治三〇）年一二月、成田安輝は日本を離れた。外務省が成田に旅費など当面の経費として渡したのは七〇〇円だった。翌年、成田は重慶に入った。調査マンや営業マンとしての経験が豊富で人と会うのに慣れていた成田は、清のチベット担当役人にまめに接触する一方、ラサのアンバンが重慶に滞在していると聞けば、即座に面会を申し込むなど積極的に動いた。腰の軽さは、有能な情報部員の条件の一つだった。成田が重慶で渡された資金は当時のカネで二五〇〇円といわれる。夏目漱石の月給の二五か月分だ。成田のラサ潜入には、陸軍の情報将校の中心メンバーであった福島安正も一枚からんでいた。

一八九八（明治三一）年六月、寺本婉雅、能海寛、成田安輝の三人は打箭炉で一緒になった。寺本と能海は同じ東本願寺の学僧でも、このときが初対面であった。翌年、寺本と能海は日本人として初めて国境の町、パタンへ入った。だが、チベット入国を拒否されたうえ、地元民の抵抗に遭って立往生し、引き返さざるを得なかった。チベット潜入の出直しを決めた寺本は能海と別れ、翌年四月には神戸港へ戻った。能海は残り、作戦を練り直すことになった。

イギリスのスパイと疑われた河口慧海

一八九七（明治三〇）年七月二五日、河口慧海はイギリス汽船「ライトニング号」でカルカッタ港に着いた。八日後、登山鉄道で海抜二二〇〇メートルのダージリンに向かった。河口はここでラット・チャンドラ・ダースというインド人のチベット学者の知遇を得て、一年ほどチベット語の勉強に没頭した。

中央チベットを一八八一（明治一四）年から二年にかけて旅行したラット・チャンドラ・ダースをチベット政府はイギリスのスパイとみなし、かれを入国させた関所の役人や世話を焼いた転生僧らを厳しく処罰した。この事件はダライ・ラマ一三世のイギリス嫌いをさらに強めた。ダージリンからカリンポンを経てラサへ至る行程は三週間ちょっとであったが、あちこちの関所でチベットの役人や兵士が密入者を見張っていた。結局、河口はインド側からのチベット入りを断念し、ネパールへ向かった。

一九〇〇（明治三三）年七月一日、河口慧海はネパールのパァル・チューと呼ばれる谷間で案内人と別れ、一人でチベット国境の方向へすすんでいった。ただ、どういうコースでチベット入りしたか、具体的にはあきらかにしていない。河口はネパール外交官の協力を得ていた。親英路線をとるネパール政府への配慮と思われる。イギリスが日本人のチベット入りを認めるはずはなかった。

一九〇一（明治三四）年三月二一日、河口慧海は神戸港を発ってから三年三か月で日本人初のラサ入りに成功した。四月には試験を受けてセラ僧院の学寮に入学を許され、七月にはダライ・ラマ一三世に会った。紹介状もない密入者の外国人が、どうしてチベット法王に会見できたのか。河口によれば、医術の心得が役立ったということになる。

一六世紀の日本でイエズス会のフランシスコ・ザビエルがキリスト教を布教する際も、医術や医薬の効用に頼った。河口慧海の場合は、脱臼して苦しむ少年を助けたのがきっかけだったという。やぶ医者まがいの診察や漢方薬でも実際に効果が出たため、患者が河口のところへ押しかけ、その評判は一三世の耳にも届き、ついには侍医にまで推挙されたというのだ。

実際に侍医になったわけではないが、チベット学者の山口瑞鳳は河口慧海の話を信じていない。猜疑心の強いチベット人が、氏素性もわからない人物に法王の侍医など依頼するだろうかと疑問を投げかけている。チベットの医術と薬の製法は日本人が想像する以上に発達していたのであり、河口説をそのまま鵜呑みするわけにはいかない。

ダライ・ラマ一三世はキーチュー河の河岸にあるノルブリンカ離宮に河口慧海を招いた。夏の間は林のなかにある離宮で過ごす一三世はこのとき二六歳であった。河口によれば、身長は約一七〇センチほどで、「目はキツネのようにつり上がっていた」と、やはり一三世の鋭い眼光に強い印象を受けている。

一九〇二（明治三五）年七月、河口慧海はラサを離れた。一年半のラサ滞在であった。河口はチベット政府からマークされていた。イギリスのスパイではないかというわさも流れた。つぎのような話が伝わっている。

あるとき、河口慧海はラサ郊外でラクダのキャラバンに出会った。二〇〇頭ほどのラクダが重い箱を背負っていた。河口がチベット政府の高官に聞くと、これはロシアから運ばれた銃器だという。ほんとうに銃器であったかは確認されていないが、こういった河口情報がロンドンに発信され、それがイギリス遠征軍のラサ進攻に口実を与えたという見方もある。

河口慧海は一九〇三（明治三六）年五月二〇日、帰国した。そして翌年の一〇月一一日、河口は神戸港からふたたびチベットへ向かった。五年後の一九〇九（明治四二）年にダージリンでダライ・ラマ一三世と会見した。一九一四（大正三）年八月七日にはラサに入り、青木文教、多田等観、矢島保治郎と会った。翌年の九月四日、神戸港へ戻り、大正大学でチベット語などを教えていたが、一九四五（昭和二〇）年二月二四日、脳溢血で死んだ。八〇歳だった。

桁はずれだった成田安輝の軍資金

ラサ入り第二号は情報部員の成田安輝であった。薩摩閥をバックにしていたせいか成田は金づかいが荒く、国庫から遠慮なく活動資金を引き出した。ちなみに一〇年におよぶチベット潜行で知られる木村肥佐生《ひさお》はチベット学者となってから、このときに外務省が成田に渡した資金を八二六〇円以上とはじいた（木村肥佐生「成田安輝西蔵探検行経緯〈上〉――外交資料に見る東チベット経由入蔵挫折記」、『アジア研究所紀要』八、亜細亜大学、一九八一年）。

明治三〇年代の熟練工の給料は二〇円前後であり、まさに桁はずれの金額である。木村肥佐生は現在なら「およそ一億円」と見積もっている。もっとも帝政ロシアで革命派の支援工作に動いた陸軍派遣の情報将校、明石元二郎大佐は機密費として一〇〇万円（現在なら数百億円）ほど使ったといわれるから、情報機関ではそう驚くことでもないのだろう。

一九〇一（明治三四）年三月、成田安輝は上海にいた。チベット入りが実現しそうな耳よりな話を得た成田は、外務省に五〇〇〇ドルの資金を求める書簡をしたためた。日付は三月九日で、宛て先は加藤高明《たかあき》外相。当時の一ドルは一万円くらいだから、ざっと五〇〇〇万円ほどか。三菱の番頭もつとめ、民と官で巨額な金の流れを見てきた加藤も、平気で目の玉が飛び出るほどの工作費を要求してきた成田に舌打ちしたにちがいない。成田は手紙一本で大金を工面しようとした。重要地点や難攻不落の地を担う情報部員は神経が図太かった。

中国からのチベット潜入をあきらめ、インド経由に切り替えていた成田安輝は、ラサで清のアンバンに仕えていた中国人青年からチベット情報を取っているうちに意気投合し、「自分と同行すればインドからラサへ入れる」という提案に乗った。「そのかわりに五〇〇〇ドル用意してほしい。そのカネで商品を買ってチベットで売れば、かならず儲かり、帰りの旅費もまかなえる」といわれ、その気になった。さすがに外務省も成田の申し入れに応じなかった。

それでも成田安輝はあきらめず、外務省から支給された一〇〇〇ドルに手持ち資金を加えて中国人とカルカッタへ向かった。そして河口慧海同様、ダージリンへ着いた。しかし、案内役の青年はチベット入りの直前に税関の職員に雇われて同行を取りやめた。一杯くわされた成田はそれでもチベット人を一人伴って国境を越え、一路ラサを目指した。

この年の一二月八日、成田安輝はラサに入った。おそらく成田は自分が日本人としてラサ一番乗りに成功したと思ったにちがいない。まさか八か月前に河口慧海が到達し、すでにダライ・ラマ一三世と会っていたとは想像もつかなかったであろう。ラサで二人の日本人が出会うことはなかった。成田はわずか一八日間、ラサに滞在しただけで去った。対費用効果からすれば、まことにもったいない話ということになる。外務省にすれば、一年間くらいは現地にとどまって情報収集や工作にたずさわってほしいところであろう。結局、成田は怪しい人物と疑われ、身の危険を感じて早々に脱出した。

成田安輝は目ぼしい実績もないまま、一九一五（大正四）年、満州で死んだ。成田は河口慧海らのようにチベットに関する著作を残すこともなかった。成田は政府の密命を帯びた裏方の身であり、口を閉ざして生涯を終えたのも、この職業にたずさわった人間の、ある意味では筋を通した生き方といえよう。

第10章 ✹ダライ・ラマ一三世と西太后と大谷光瑞

清朝の皇族をサポートした寺本婉雅

日本人のラサ入り三番手は、東本願寺から派遣された寺本婉雅だった。寺本は一八九九（明治三二）年一一月二日、四川省の打箭炉で能海寛とわかれ、翌年四月には神戸港に戻った。しかし、日本での生活はそう長くなかった。清で異変が起き、それが寺本の人生を大きく変えた。

その頃、中国大陸では義和団という二〇万人におよぶ宗教結社が、「扶清滅洋《ふしんめつよう》（清朝を助け、外国人を滅ぼそう）」というスローガンを掲げ、外国人や外国文化のボイコットを叫んで暴れ回った。義和団に加勢した最高指導者の西太后は列強に宣戦を布告し、教会などに籠城した外交官や宣教師らを取り囲んだ。そこで日本、イギリス、ロシア、アメリカ、フランス、ドイツ、オーストリア、イタリアの八か国による連合軍が出動し、天津や北京の暴動を抑えた。

西太后は光緒帝とともに西安へ逃れ、連合軍は紫禁城へ入った。西太后の戦意はすぐにしぼんでいったが、義和団事件は国際関係に大きな影響を与えた。満州に進出したロシア軍の狼藉に日本の危機感が募り、やがて日英同盟へと進展していくことになる。

義和団事件をたくみに利用して清の失地回復を図り、さらに自分の権威を高めようとした西太后にとって、義和団と一蓮托生《いちれんたくしょう》になるつもりはさらさらなかった。西太后の頭痛の種は民衆の不満より光緒帝だった。光緒帝は妹の子であったが、自分を裏切った甥に心をひらくことはなかった。

八月、寺本婉雅は北京へ赴く第五師団の通訳を命じられた。通訳として軍務に尽くすかたわら、寺本は現地で仏典研究に取り組んだ。そこで寺本が目撃したのはロシア軍による財宝の略奪だった。

寺本婉雅は北京に残った醇親王《じゅんしんのう》、慶《けい》親王、粛《しゅく》親王ら清朝の一族と親交を深めた。ちなみに醇親王家から光緒帝、そして日本では溥儀《ふぎ》の名で知られる宣統《せんとう》帝が出ている。かの有名な川島芳子は粛親王の一四女だ。寺本は西太后らを迎えるため西安に向かった皇族に同行したり、清朝のサポート役も積極的にこなした。寺本は義和団に襲われた寺院に手を差し伸べた。このため清は寺本が入手したチベット大蔵経を日本へ持ち帰るのに反対しなかった。

寺本婉雅は、その後、外務省派遣のチベット・モンゴルの研究生として紫禁城の一隅に机を与えられた。だが、コレラの流行でいったん帰国し、一九〇三（明治三六）年二月からは、青海省のクンブム僧院で研究をつづけることになった。寺本は小村寿太郎が北京駐在の日本公使であったとき、知遇を得ており、小村のおかげでチベット留学の許可を得ることができた。寺本がキャラバンに加わって、ぶじにラサへたどりついたのは一九〇五（明治三八）年五月一九日のことで、そのとき三二歳であった。寺本はデプン僧院やタシルンポ僧院で学び、いったん帰国したのち、翌年、ふたたびラサに入った。寺本は陸軍情報機関の任務も帯びていた。

日本の不運でもあった能海寛の悲運

さて、四川省で寺本婉雅とわかれた能海寛のその後である。能海は中国大陸に踏みとどまり、腰を据えてチベット潜入計画を練り直した。

一九〇一（明治三四）年三月二一日、四川ルートから雲南ルートに変えてふたたびチベット入りに挑むことにした能海寛が雲南省の省都、昆明にあらわれた。能海は四月一八日、恩師の南條文雄に、「あす出発します。これからは通信もむずかしくなると思います」としたためた手紙を出した。そして二一日に妻あての郵便を投函したのを最後に、能海の音信は絶えた。

一九〇五（明治三八）年七月下旬、「能海寛はチベット国境付近で地元民に殺された」というニュースが流れた。情報源は陸軍将校とされたが、一か月後、将校は否定し、結局、誤報とわかった。奥地で何者かに惨殺されたのか、それとも行き倒れとなったのか。能海のその後の消息は不明である。

能海寛の悲運は、日本の不運でもあった。能海は中国に渡って以来、チベット仏教の経文や文献を日本に送りつづけていた。もしラサ入りを果たし、ぶじに帰国できていれば、能海の学識と探求心からして有益なチベット報告を後世に残したにちがいない。日本は気骨ある明治人を失ってしまったのだ。

ネットワークは東本願寺から西本願寺へ

一九〇八（明治四一）年、モンゴルから中国大陸へ移動したダライ・ラマ一三世は国際関係の変化を肌で感じながら五台山へ向かい、大文殊寺に滞在した。五台山には、古来、文殊菩薩が住んでいるという言い伝えがあった。一三世のために用意された宿舎は狭く、老朽化した建物はリフォームもされておらず、クンブム僧院の宿舎を五つ星ホテルとすれば、湯治場の安旅館のようであった。

東西の本願寺が五台山のダライ・ラマ一三世にアプローチすることになり、その役目をチベット帰りの寺本婉雅が担うことになった。寺本は一三世に五休投地の叩頭礼《こうとうれい》で会い、東と西の教団トップの要望を伝えた。このとき東本願寺の法主は大谷光瑩《こうえい》で、西本願寺の門主は大谷光瑞《こうずい》であった。病気がちの前者に比べ、後者は元気はつらつとして世界を股にかけて飛び回っていた。

大谷光瑞は浄土真宗本願寺派の二二代門主で一八七六（明治九）年一二月二七日、先代の長男として生まれた。九条武子は妹で、妻の壽子《かずこ》は貞明皇后の姉であった。西本願寺の財力を存分に利用した大谷探検隊は海外を駆けめぐり、数々の遺物を日本に持ち帰った。探検のほかに政治好きでもあった大谷は陸軍の情報機関とも接点があった。ダライ・ラマ一三世の五台山滞在を知った大谷は弟の尊由《そんゆ》を現地に派遣した。

寺本婉雅はもう一つメッセージを携えていた。参謀本部次長の福島安正の書簡である。福島は日露戦争では満州軍総司令部参謀として諜報活動で辣腕を振るった。福島はチベットに対する政治工作の一環としてダライ・ラマ一三世の使節を日本へ招くべく画策していた。

日本の外交戦略はかんたんにいえば、ロシアとイギリスをチベットから引き離すことであった。そのための対策と工作がひそかにすすめられていた。日本の情報機関はダライ・ラマ一三世の側近、アグワン・ドルジーエフに接近していた。だが、一三世はドルジーエフに取り入る日本に対して不信感を募らせた。一三世の態度の変化が寺本婉雅を情報活動から手を引き、研究一筋へ転じるきっかけとなった。

日本政府にとってチベット工作は、継続する必要があった。日本の公的機関が動くのは諸外国を刺激するおそれがあり、そこで大谷光瑞の出番となった。さいわいダライ・ラマ一三世の態度も軟化し、かくして一三世とのネットワークの中心は東本願寺から西本願寺へと移った。一三世と東西本願寺との交流の橋渡し役を果たした寺本婉雅はその後、母校の大谷大学教授としてチベット語や仏教学を教え、一九四〇（昭和一五）年一二月一九日、六九歳で亡くなった。

大谷光瑞はダライ・ラマ一三世の使節の受け入れに積極的だった。ただ、列強に疑心暗鬼をいだかせない工夫が必要であった。表向きは一三世と門主の個人的な留学生の交換という形にし、尊由が中心になって具体的な交渉をすすめた。一三世の同意を得たので、西本願寺はチベット留学生候補の選考をすすめ、末寺の学僧である青木文教を選んだ。

青木文教は一八八六（明治一九）年九月二八日、滋賀県高島郡安曇村（現在の高島市安曇川町）にある正福寺で生まれた。京都府立二中から仏教大学（現在の龍谷大学）に入った。青木はやや社交性に欠けるところはあったが、頭が切れてスマートで大谷光瑞の好みそうなタイプであった。青木はインド仏教の史蹟調査に従事する一方で、ダライ・ラマ一三世と大谷を結ぶメッセンジャーの役目をつとめた。

ダライ・ラマ一三世、光緒帝と西太后の葬儀を主宰する

一九〇八（明治四一）年九月二八日、ダライ・ラマ一三世は河南から汽車で北京に到着した。一三世の宿舎は、一七世紀に北京を訪れた五世のために建てられた黄寺があてられた。瓦の色から黄色い宮殿とも呼ばれたチベット仏教僧院様式の黄寺は、北京市内の北郊安定門の外にあった。だが、五世が順治帝《じゅんち》（清の三代皇帝）から受けた待遇と一三世のそれには雲泥の差があった。

清はドルジーエフを通じてダライ・ラマ一三世に対して、光緒帝への拝謁の際、床に頭をこする叩頭礼を求めた。ドルジーエフは、この屈辱的な注文をやんわりとことわった。双方の話し合いの結果、ようやく叩頭ではなく跪《ひざまず》くことで折り合いがついた。

一〇月三〇日、ダライ・ラマ一三世が光緒帝の前へすすむと、低い椅子が玉座の下に用意されていた。完全に臣下あつかいで、皇帝を補佐する宦官《かんがん》（宮廷で奉仕する去勢された役人）の陰湿ないやがらせだった。若い皇帝はすでに気力を失い、食事さえ自分一人でとれない状態で、宦官や官僚のいうままだった。かれ

数々の歴史の舞台となった北京の紫禁城にダライ・ラマ13世も痕跡を残していた

いくたびとなく重要な儀礼がおこなわれた紫禁城の太和殿の玉座

らの背後ですべてを仕切っていたのは西太后だった。

一一月二日、ダライ・ラマ一三世は西太后と会った。中堅官僚の家に生まれた娘がいつの間にか清の最高実力者になっていた。一三世は西太后や官僚に対して、趙爾豊率いる遠征軍がカム地方で乱暴狼藉を働いていること、清の役人がチベットの民衆から税金を取り立てていることに抗議した。カム地方から軍隊と役人を引き揚げるよう求めた一三世の訴えも、かれらには馬耳東風であった。だが、一三世は宦官や官僚が汚職に走る一方で西太后の独裁政治に辟易していること、清朝が衰退へ向かっているのを見抜いた。

一一月一三日、清朝最後の皇帝となる三歳の愛新覚羅溥儀が、宦官にだっこされて紫禁城でやせこけた西太后と初めて会った。暗い部屋に臥した老婆の姿を見て、幼児はわんわんと泣き叫んだ。西太后は男の子の機嫌を取ろうと、「この子にお菓子を」とおつきの者に命じた。だが、未来のラストエンペラーはお菓子を放り投げ、西太后の機嫌をそこねた。

翌日、事態は急変する。一一月一四日、光緒帝が三八歳で死去した。そして翌一五日、五〇年近く清を支配した西太后が七三歳を目前にしてこの世を去った。紫禁城は騒然となり、宦官は手のひらを返してダライ・ラマ一三世にすり寄り、そのアドバイスを受けながら葬礼の準備をすすめた。一三世は清の要請に応じて、光緒帝と西太后の葬儀を主宰した。参列した外国の特使は、祭壇中央で葬儀を執りおこなう一三世の姿にあらためて清王朝とチベット仏教の濃い関係を思い知らされた。

光緒帝は病死とされたが、のちに毒殺と判明した。二〇一七（平成二九）年一月二五日の夜九時からNHKBSプレミアムで『中国王朝　よみがえる伝説「悪女たちの伝説　西太后」』が放映され、筆者はそれで初めて知った。このドキュメンタリーによると、二〇〇四（平成一六）年、放射線による化学分析を専門とする中国原子能科学研究院が公表したという。北京郊外の西陵に眠る光緒帝の柩から毛髪を取り出し分析したところ、通常の二万倍のヒ素が含まれているのがわかったというのだ。

「犯人は西太后しか考えられない」と番組で中国人の女性学者は述べていたが、それが事実とはまだ断定できない。西太后自身もほぼ同時に毒殺された可能性が高いのだ。現在、西太后に関する見直しがすすんでおり、いわれているほどには悪女ではなかったという見方が強まっている。

一一月一六日、光緒帝の皇后が殉死し、側室二人もあとを追った。ダライ・ラマ一三世は二二日に北京を発ってチベットへ帰る予定であったが、出発を見合わせて法要につとめた。一九八八（昭和六三）年に日本で初公開された溥儀のドラマチックな人生を描いた映画『ラストエンペラー』（ベルナルド・ベルトルッチ監督、イギリス・イタリア・中国合作）を注意深く見ていれば、西太后の臨終の場に一三世がいるのに気づくはずだ。

それにしてもダライ・ラマ一三世は劇的な場に立ち会ったものだと、運命のいたずらに驚かざるを得ない。半月後に溥儀は宣統帝となり、清朝一二代皇帝の即位式には一三世も参列した。このときも幼い溥儀は泣きわめいて周囲を困らせた。

ダライ・ラマ一三世を感動させた日本公使のおもてなし

ダライ・ラマ一三世はラサへ帰国する直前、北京の日本公使館に一週間滞在した。会津出身の林権助公使が一三世を手厚くもてなした。林は一三世の境遇に感じるところが多かった。というのも、林自身が追われる身の悲哀をいだきながら成長してきたからだった。居心地の悪かった北京で、一三世は思わぬ歓待を受けて感激した。

林権助の祖父、安定は会津藩の大砲奉行で鳥羽・伏見の戦いに出陣し、息子の又三郎とともに長州勢と戦った。又三郎は戦死し、負傷した安定も江戸へ向かう途中で死んだ。松平容保《かたもり》が立て籠もる若松城にいた権助少年は落城後、下北半島の斗南《となみ》藩へ移った。会津とちがって火山灰土の土地で生き抜くのは並大抵のことではなかった。

斗南藩を抜け出し、知り合いの会津人の家を転々としていた林権助は薩摩藩出身の陸軍将校、児玉実文《さねふみ》の知遇を得て、運がひらけた。東京大学政治学科を卒業し、外交官となった苦労人の林だけに、親身になってダライ・ラマ一三世に接した。日本公使館の一週間は、一三世をいっそう日本びいきにした。それだけでなく、林のおもてなしに感動した一三世や側近から話を聞いたチベットの有力者を親日家とし、めぐりめぐってラサ入りした日本人に数々の恩恵を与えた。

一方、チベットの民衆に対する清の役人の横暴は、目にあまるものがあった。過渡期の中国大陸は抑制を失っていた。各地から届く悲報にダライ・ラマ一三世の心は痛んだ。一三世は帰国前、日本をはじめイギリス、フランス、ロシアの北京公使館へ書簡を送り、「大きな虫が小さな虫を食べている」と、末期現象で綱紀のゆるんだ清の侵入軍を撤退させてほしいと懇願した。清軍は粗暴で僧院に押し入り、仏像や仏具を持ち帰ったり、放り投げた。清の兵士が靴底の修理に経典を使う無礼は、民衆に銃を向ける残虐さとともにチベット人の憎悪を高めた。

ダライ・ラマ一三世、ふたたび亡命の旅に

一九〇九（明治四二）年一二月二五日、ダライ・ラマ一三世はポタラ宮殿へ入った。五年ぶりの帰還であったが、事態は切迫していた。二〇〇〇人の清の部隊がラサを目指していた。貧弱な装備のうえ、訓練されていないチベット軍に勝ち目はなかった。

一九一〇（明治四三）年一月、清軍はラサ郊外に迫った。二月一二日、二〇〇〇の騎兵がラサ市内に侵入し、市民に発砲した。その夜、ダライ・ラマ一三世は政府要人らとともに二〇〇人の兵士に守られてラサを脱出し、二度目となる亡命の旅に出た。帰国してわずか二か月後のことで、一三世が向かったのはインドだった。頼れるのはイギリスしかなかった。

ダライ・ラマ一三世一行はツァンポ河を渡るとき、清軍の銃撃を受けたが、あやうく難を逃れた。一行はかつてヤングハズバンド隊がインドからラサに向かったコースを逆方向にすすみ、シッキム王国のダージリンに落ち着いた。まだダージリンやカリンポンを領土としたシッキムがインドに併合される前のことだ。

イギリスはこれまでのイキサツを水に流し、ダージリン郊外に邸宅を用意してダライ・ラマ一三世を手厚くもてなした。インド亡命中の一三世一行の費用は、イギリスが負担した。「清は法王に一〇〇〇ルピーの懸賞をつけて暗殺しようとしている」と側近が訴えると、すぐにイギリスは一三世の護衛をふやした。

大谷光瑞が求めた留学生の条件

ダライ・ラマ一三世のインド亡命をロンドンで知った大谷光瑞はいち早くインド滞在中の青木文教に、「ダージリンへ急行し、一三世に拝謁せよ」と打電した。紅茶の産地で知られるダージリンはラサへ通じる街道の要路であった。

チベット留学生候補の青木文教は、大谷光瑞から目をかけられていた。大谷は調査マンとしての青木の才能を見抜き、ひとまずマレー半島に派遣し、フィールド調査の経験を積ませた。一九〇九（明治四二）年秋、大谷はインド回りでヨーロッパへ旅立ったが、ロンドンで青木を呼び寄せた。青木は大谷探検隊のインド調査にしばらく同行したあと、そのまま現地に残り、仏跡の探索にたずさわっていた。

ロンドンで青木文教が大谷光瑞から命じられたのは、双方の留学生交換を早急に実現すべくダライ・ラマ一三世と話し合いをすすめることであった。大谷はチベットからの留学生について条件をつけていた。「日本語と日本仏教を学ぶだけの単なる学僧ではなく、法王の代理がつとまるくらいの側近を留学生に選んでほしいと一三世に伝えよ」というのが青木への指示であった。

端的にいえば、求めているのはチベット法王とのホットラインを担える大物留学生である。これは西本願寺トップの注文としては異例で、留学生に密使の役割を期待しているのはあきらかだ。大谷光瑞と陸軍情報機関の間で、事前の打ち合わせがあったと思われる。

イギリス支配下のダージリンにいるダライ・ラマ一三世と会うには、イギリス側の許可が必要だった。イギリスは青木文教の動きをマークしており、一度はカトマンズ入りを拒否された。それでも粘り強く手順を踏んで青木は一三世に面会し、大谷光瑞のメッセージを伝えた。

ダライ・ラマ一三世は大谷光瑞の要望を拒否しなかった。イギリスは一三世へ渡す情報を制限しており、一三世にとっても日本の情報提供に期待するところがあった。したがって政治的な役割の担える人物を派遣して日本政府と交流を図るのは、チベットにとっても有益だった。ただ、それなりの人材を亡命先に伴っていなかったので一三世は、「ラサから呼び寄せるので、数か月待ってほしい」と青木に伝えた。そのとき青木は、自分もチベット留学生に選ばれたのでぜひとも実現に尽力いただきたいと述べて、一三世の了承を得た。色よい返事を得た青木は、意気揚々とロンドンの大谷のもとへ戻った。

一九一一（明治四四）年一月、ダライ・ラマ一三世からロンドンに留学生が決まったという書簡が届いた。一三世が選んだのはツァワ・ティトゥルという青年僧で、大谷光瑞と日本当局の希望に合致していた。この青年僧は一三世が北京をおとずれたときも随行した、まごうことなき側近だった。ツァワ・ティトゥルは一八八〇（明治一三）年にシガツェ郊外で生まれ、五歳のときにガンデン僧院長の生まれ変わりとして認定された超エリートだった。ただちに青木文教はダージリンに向かい、ツァワ・ティトゥルと従者二人をともなって日本へ向かった。

金の使いっぷりも行動もなにかと豪胆で派手な大谷光瑞だが、ことチベット留学僧に関しては細心の注意を払った。「一行の身分を伏せ、決してチベット人という素性をあかしてはならない」と大谷に厳命された青木はシンガポールまでかれらを日本人、その後はモンゴル人に仕立てて正体を隠した。裏返せば、それだけ他国の情報機関には知られたくない身分と役割をチベット人青年僧は担っていたということだ。このツァワ・ティトゥルは、京都で秋田弁まるだしの青年と出会う。それを取り持った大谷は、あとで大いに後悔することになるが、それは次章でふれたい。

第11章 ダライ・ラマ一三世の信頼を得た日本人たち

ダライ・ラマ一三世のインド亡命は、チベットの近代化を推しすすめる契機となった。先進国のイギリスとの交流は、郵便制度の導入をチベットにもたらした。これも一三世の発案であった。法王の二年間におよぶインド滞在中、チベット政府の重要な機能は亡命先に移されていた。当代の一四世の亡命政府樹立に先立つこと、五〇年近く前のことで、まさに歴史は繰り返すというべき展開であった。

一九一一（明治四四）年の日本では年明け早々、大逆《だいぎゃく》事件の幸徳秋水《こうとくしゅうすい》らに死刑判決が下され、ただちに刑が執行された。このニュースに海外の日本公館は社会主義者たちの抗議のデモに取り囲まれた。その頃、西本願寺の学僧、青木文教がダージリンでダライ・ラマ一三世の密命を帯びた留学僧、ツァワ・ティトゥルの日本行きの準備に忙殺されていた。

多田等観、大谷光瑞から呼び出される

同じ頃、秋田県の片田舎にある西本願寺の末寺の三男坊が京都旅行の支度に取りかかっていた。この章の中心人物となる多田等観で、このとき二〇歳であった。やがて朴訥な青年が思いがけない縁に結ばれて

ダライ・ラマ一三世と厚い信頼関係を築いていく経緯はドラマチックであり、その生涯は純真な人柄を反映してほのぼのとしたヒューマニティーに富む。

多田等観は一八九〇（明治二三）年七月一日、秋田県秋田郡土崎港旭町（現在の秋田市土崎港）の西船寺《さいせん》で生まれた。一九一〇（明治四三）年三月、旧制秋田中学（現在の県立秋田高校）を卒業したあと、同級生は旧制高校へすすんだり、就職したりするなかで、寺の手伝いをしてぶらぶらしていた。多田は上京して上級学校へすすみたかった。だが、家の経済状態が許さず、授業料が免除されるうえ、生活も保障される師範学校を受験したが、健康上の理由で不合格となった。

まだ生家の居候だった多田等観に、京都の銀行に勤める中学時代の友人から遊びに来ないかと誘いがあった。京都には弟の義正もいた。義正は西本願寺門主の大谷光瑞が宗門の子弟教育のために創設した武庫《むこ》中学で学んでいた。級友と弟がいるうえ本山のある京都行きは、多田の望むところであった。「三高を受験するため京都へ行った」とのちに述懐しているが、多田が旧制三高（現在の京都大学総合人間学部）を受験した形跡はない。

一九一一（明治四四）年二月、多田等観は親類縁者から餞別をかき集めて京都へ出発した。友人や弟と再会したあと、多田は連日あちこち飛び回り、たちまち所持金を使い果たしてしまった。ちょうど西本願寺では親鸞聖人の六五〇回大遠忌《だいおんき》の法要が三月一六日から四月一七日までひらかれることになっていた。全国から一〇〇万人を超える参拝者が集まる一大セレモニーにたくさんのアルバイト僧が動員された。さっそく多田も応募し、本山で得度したうえ西本願寺の臨時法務院参拝部の一員となった。

法要が終わり、多田等観はつぎのアルバイト先を探さなければならなかった。そんな矢先、多田はロンドンから帰国した大谷光瑞からじきじきに呼び出された。すでに多田の素性を知っていた大谷は、「キミは長男ではないから、寺を継がなくともよいだろう。どうだ、ここに残ってモンゴル語を勉強しないか」

と単刀直入に切り出した。

大谷光瑞は、まもなく青木文教にともなわれて京都に到着するチベット留学僧のツァワ・ティトゥル一行の世話を多田等観に依頼するつもりだった。面接の際、あえてチベット語といわず、モンゴル語といったところに豪胆ながら用心深い大谷の性格がうかがえる。

ダライ・ラマ一三世の秘蔵っ子は、モンゴル人になりすましての隠密来日だった。大谷光瑞はチベット密使の滞在を外部に知られるのを極度に警戒し、末寺の息子にもごまかした。多田等観は即座に応じた。おそらくチベット語といわれてもことわらなかったであろう。門主じきじきの依頼にノーというわけにいかなかったし、なによりも西本願寺の臨時職員になれるとあって、多田にはありがたい話であった。

ダライ・ラマ一三世の秘蔵っ子、秋田弁を学ぶ

新緑の五月、二人の従者を連れて姿を見せたツァワ・ティトゥルはひとまず西本願寺の飛雲閣に案内された。現在は国宝になっている建物に落ち着いたチベットのエリート僧は、このとき三〇歳だった。大谷光瑞の用心ぶりは過剰なほどで、遠来の客人は外出するのもままならなかった。京都観光に出かけることもなく部屋に閉じこもって、多田等観から日本語を習った。互いのことばをまったく知らないもの同士の身振り、手振りによる白紙からの語学学習だった。

半年後、かれらは六甲山の山麓にある大谷光瑞の別邸へ移った。二四万坪を越える一帯はさながら大谷ワールドのようで、その一角に二楽荘《にらくそう》というイスラムふうの建物があった。大谷探検隊が収集した世界各地の珍品や資料を保管する建物もこの敷地内にあった。二楽荘にツァワ・ティトゥルのための部屋が用意され、多田等観も留学僧と寝食をともにして日本語を教える一方、自分もチベット語を習った。

東京の上野の山にある東京国立博物館にも大谷探検隊のコーナーがある。正門から入って右手の東洋館の二階にあり、大谷光瑞が三度にわたって主宰したシルクロード学術探検隊のコレクションが鑑賞できる。大谷の目的は経典や仏像の収集、考古学や地理学、地質学のための発掘といったほかに、中央アジアのイスラム化による仏教の衰退を自分の目で確認し、仏教復興へのヒントを得ようとした点もあった。

その大谷光瑞は、多田等観がテキストなしの耳学問で、半年後にはチベット語が話せるようになったのに大いに感服した。多田のチベット語は、のちにダライ・ラマ一三世が感心するほど洗練されていた。ツァワ・ティトゥルがラサの上流階級の品のよいことばを話したからだ。

だが、大谷光瑞はツァワ・ティトゥルに話しかけて、その日本語を聞いてがく然とした。多田等観から日本語を習ったおかげで、留学僧は秋田弁をしゃべったのだ。大谷は留学僧の話すズーズー弁がさっぱりわからず、日本語教師の人選をまちがえたと悔やんだ。すぐに多田はお役ご免となったが、かれらの相談役としてのかれの役割はもはや余人に代えがたかった。

多田等観らインドへ向かう

一〇月一〇日、歴史的な事件が起きた。清が滅んで中華民国が成立したのだ。世にいう辛亥革命《しんがい》である。辛亥は一九一一年の干支《えと》に由来するが、中華民国はアジアに初めて出現した共和制国家であった。国家体制の転換にラサ駐留の旧清軍の部隊は混乱し、一転して守勢に立たされた。チベット軍の攻勢にアンバンら旧体制の役人や一部の将兵はラサから去ったが、部隊の大半は踏みとどまって反転攻勢の機をうかがっていた。

ダライ・ラマ一三世はダージリンで中国大陸の情勢を見守りながら、ラサ帰還後の体制づくりに取り組んだ。イギリスは政策上の思惑があって、あえて中国大陸の異変情報を詳しく一三世に伝えなかった。このとき、一三世に辛亥革命の推移を詳しく知らせていたのは日本で、とりわけ発信源の中心にいたのは西本願寺であった。その役目を担った一人が多田等観で、かれは語学勉強もかねて革命に関する新聞記事をチベット語に訳し、留学僧に手渡した。多田の翻訳はツァワ・ティトゥルの極秘報告とともにダージリンへ送られ、一三世の情勢分析に寄与した。

ラサが平穏を取り戻し、ダライ・ラマ一三世は帰国の準備に入った。一三世は信頼するツァワ・ティトゥルを要職に起用する方針をかため、「即刻ダージリンへ戻るように」と六甲山へ打電した。この電報でチベット留学僧の日本滞在は九か月で終わった。かれらは多田等観がインドまで同行してくれるのを望んだ。多田はしぶったが、大谷光瑞に頼まれ、ギリギリの段階で承知した。

多田等観がいつまでも煮え切らない態度でいたら、大谷光瑞の性格からして多田は同行メンバーからはずされ、人生最大の好機を逸したにちがいない。世の中には、幸運を目の前に出されても、せっかくのチャンスを自分からダメにしてしまう人がゴマンといる。人間の運命は紙一重だとつくづく思う。

一九一二（明治四五）年一月二三日、ふたたび青木文教が引率してツァワ・ティトゥルらは神戸港からフランスの客船でインドへ向かった。このときツァワ・ティトゥルらは日本人になりすまし、多田等観のほかにサンスクリット語研究者の藤谷晃道も加わり、総勢六人の旅となった。二月二〇日、一行はダージリンに着いた。だが、ダライ・ラマ一三世はすでに一〇キロ先のカリンポンへ移動していた。ダージリンで藤谷はわかれてカルカッタへ行き、一行は二三日の夜にカリンポンへ着いた。

カリンポンの日本人たち

当時はまだシッキム王国の領土であったカリンポンは宿場町でチベット商人が往来し、月一回発行のチベット語新聞が発行されていた。このときダライ・ラマ一三世は、一〇〇人を超える従者をしたがえてブータン国王が所有する別邸に滞在していた。ツァワ・ティトゥルと青木文教はただちに別邸をおとずれ、一三世にあいさつした。この二人は特別で、多田等観が一三世と初めて会ったのは二か月近くあとの四月一五日だった。これは会見を希望する外国人と法王が個別に会う特別の日であった。

このとき、多田等観は青木文教の案内でダライ・ラマ一三世と面会した。一三世は多田の上品なチベット語に驚き、かつ喜んだ。チベット語がわかる日本人の訪問は、中国大陸や列強の情報を求めていた一三世にとって心強かった。青木と多田は一三世の目となり、耳となって日本の新聞や英字紙などから得た国際ニュースを伝えた。これは青木と多田がラサに滞在するようになってからも、かれらの役目となった。一三世は青木にトゥプテン・タシ、多田にトゥプテン・ゲンツェンという名を与えた。

同じ日、二度目のラサ入りを目指す河口慧海もダライ・ラマ一三世と面会し、「日本人としてふたたびラサに入りたい」と許可を求め、同意を得た。河口は多田らとはすれちがいで、多田が河口と初めて顔を合わせたのはそれから二〇日後の五月五日のことであった。フランスの女性探検家、アレクサンドラ・デビッドニールも法王宿舎に姿を見せた。シッキムの若き王子の紹介でやってきた彼女と一三世は一時間近くも話し込んだ。一三世がこれだけの時間、女性と会ってことばを交わしたのは、チベット女性も含めて初めてであった。

機は熟したと判断し、まもなくダライ・ラマ一三世はカリンポンを離れ、チベットへ向かった。このとき青木文教と多田等観が一三世に同行できれば、やすやすとラサ入りを果せたのだが、そうは問屋がおろさなかった。かねてよりイギリスは、派手に動き回る大谷光瑞の背後に日本軍部の影を感じて警戒の眼を向けていた。大谷の息のかかった青木と多田もすでにマークされており、二人のチベット入りをイギリスが見逃すはずもなかった。一三世もイギリスを刺激するのは得策でないので、かれらの同行を認めなかった。

とはいえダライ・ラマ一三世が、大谷光瑞とつながる二人の日本人を冷たく突き放すはずもなかった。「ラサに来たら歓迎しよう」とダライ・ラマ一三世はいい、道中の安全のための入境許可証を書いてくれた。一三世はまたチベット政府の出先機関に対して、かれらの安全に留意するよう指示した。その後、青木文教と多田等観はべつべつにラサを目指すことになるが、いずれにしても西本願寺の二人と河口慧海との待遇の差は歴然としていた。

ダライ・ラマ一三世の出発から三日後、この章のもう一人の主人公である冒険家の矢島保治郎が青木文教らをたずねてきた。矢島は二度目のラサ入りを狙っていた。期せずして河口慧海、青木、多田等観、矢島がカリンポンに集まったが、のちに四人はラサでも再会することになる。

このときの青木文教は大谷探検隊の同僚、橘瑞超《たちばなずいちょう》が西域の楼蘭《ろうらん》で華々しい実績をあげていたので焦っていた。一刻も早くラサへ到着して成果をあげたかった青木は多田等観と別れ、ネパール経由でチベット入りを目指した。多田は現地にとどまり、チベット語の学習にはげんだ。のちに多田はブータンからラサ入りを敢行することになる。

勝者と敗者

一方、ヤムドク湖畔のサムディン僧院に到着したダライ・ラマ一三世は熱狂的な出迎えを受けた。そのなかにいたドルジーエフと一三世は暗号でずっと連絡を取り合っていたが、直接、顔を合わせるのは四年ぶりだった。これが一三世との今生の別れとなった怪僧のその後であるが、ドルジーエフはモンゴルへ外交特使として赴いた。イギリスに頼ることになった一三世は、イギリスの諜報機関から蛇蝎《だかつ》の如く嫌われているドルジーエフをあえてラサから遠ざけたのだ。

その後、ドルジーエフは共産党政権下のソビエトでもダライ・ラマ一三世の特使としての役割を果たした。晩年、日本と密通したというスパイ容疑でソビエト秘密警察に逮捕されるなど最後まで怪僧の名にふさわしい波乱の生涯を送り、一九三八（昭和一三）年一月二九日に八三歳で獄中死した。

サムディン僧院でもう一人、あたりの目をひいたのは、パンチェン・ラマ九世の姿であった。シガツェのタシルンポ僧院から駆けつけたパンチェン・ラマは、清の世話になった自分の立場を弁解するのに大わらわであった。

取材班がダライ・ラマ一四世に、「ダライ・ラマ一三世とパンチェン・ラマ九世は仲がよくなかったそうですが」と質問したとき、一四世はつぎのように答えた。

「お二人は個人的には仲がよかったのです。チベット政府を率いるダライ・ラマ一三世に対してパンチェン・ラマが対立したのです。一九〇四（明治三七）年、イギリスが侵攻してきたとき、一三世はモンゴルに亡命しました。パンチェン・ラマはインドに行き、イギリスと友好関係を持ちました。一九一〇（明治四三）年、清の軍隊がチベットに侵入したとき、ダライ・ラマ一三世はインドに亡命し、パンチェン・ラマはラサに戻ってきたのです。そんなことで、お二人の関係がギクシャクしてしまったのです」

じつは、ダライ・ラマ一三世はインド亡命の際、パンチェン・ラマ九世にインド行きを持ちかけていた。だが、パンチェン・ラマは応じなかった。清は一三世がイギリスに助けを求めてラサを離れると、途端にパンチェン・ラマを優遇した。アンバンはパンチェン・ラマをラサに呼び寄せ、ノルブリンカ離宮を宿舎として用意した。離宮でパンチェン・ラマは清の役人からちやほやされ、その行状が一三世の耳にも届いていた。一三世にすれば、言語道断の振る舞いであった。それぞれの取り巻きもあおりたて、ダライ・ラマとパンチェン・ラマの対立をエスカレートさせた。

辛亥革命の勃発でパンチェン・ラマ九世の華麗なるラサ生活は終わり、かれはすごすごとシガツェへ戻った。清の残党もラサから追い出され、やがてダライ・ラマ一三世がインドから帰還し、サムディン僧院の対面となったのだった。

ラサで久し振りに采配を振るうことになったダライ・ラマ一三世はつぎつぎと政策を打ち出した。近代化や軍事力の充実もその一つであり、これには青木文教や矢島保治郎がかかわった。だが、財源不足で計画は予定通りすすまなかった。チベット政府はタシルンポ僧院に目をつけた。広大な土地を所有するこの僧院は財政も豊かであり、国家の事業に協力するのは当然と考え、新しい軍隊の維持費を一部負担するよう求めた。

だが、タシルンポ僧院はこれを拒否した。チベット政府は強権を発動し、ラサへ交渉に来た幹部僧侶の身柄を拘束した。この出来事にパンチェン・ラマ九世は身の危険を感じた。

一九二三（大正一二）年一一月一五日、パンチェン・ラマ九世は一五人の側近とともにタシルンポ僧院を抜け出し、モンゴル目指して急いだ。以来、パンチェン・ラマの一四年間におよぶ亡命生活がつづき、ふたたびシガツェの土を踏むことはなかった。当初、ウランバートルに向かう予定だったが、モンゴルはソビエトの手に落ちていた。足止めされたパンチェン・ラマを北京へ迎えたのは中国大陸のときの権力者、袁世凱《えんせいがい》率いる北洋政府だった。パンチェン・ラマに袁世凱政権が接近した理由の一つに、ポタラ宮殿へ戻った一三世が北京とのコミュニケーションを断ち切ったことも関係していた。

一九三七（昭和一二）年一二月一日、パンチェン・ラマ九世は青海省のユシュ僧院で没した。五四歳だった。パンチェン・ラマの転生児選考は関係地域、すなわちラサのチベット政府、シガツェのタシルンポ僧院、そして袁世凱に代わって中国大陸の支配者となった蒋介石の国民党政府それぞれの思惑が複雑に絡み合って、ずるずると先延ばしにされた。業を煮やして先行したのはやはり当事者のタシルンポ僧院だが、ようやく探し当てた最有力候補が急逝し、二番手のアムド地方の寒村（現在の青海省循化県）で生まれたゴインボ・セダンという子を独自の判断で本命とした。

一九四四（昭和一九）年、タシルンポ僧院はチベット政府の同意なしにゴインボ・セダンをパンチェン・ラマ一〇世と認定し、西寧のクンブム僧院で推戴《すいたい》式を断行した。背後に国民党政府の影がちらついていた。翌年八月、チベット政府はゴインボ・セダンとはべつに二人の候補者を見つけ出し、「クンブム僧院で推戴された子はパンチェン・ラマ一〇世と決まったわけではない」と声明を出した。一方、蒋介石政権はゴインボ・セダンをパンチェン・ラマ一〇世として正式に承認し、手元で保護した。

そして国民党との内戦で優位に立った中国共産党もいち早くパンチェン・ラマ一〇世を確保し、これまた掌中の珠《たま》のように扱い、かつ共産党流の教育で育てた。ダライ・ラマの選考同様、パンチェン・ラマ認定までには伝統的な多くの手続きがあったが、そのほとんどは省略され、もはやチベット政府になすすべはなかった。

二〇三高地の勇者

さて、一九一二（明治四五～大正元）年のチベットに戻すと、インド亡命から帰還しラサを目前にしながらダライ・ラマ一三世の一行は長く足止めを食った。居座っていた旧清軍がチベット軍と小競り合いをくり返し、ラサは混乱に陥っていたからだ。その様子を元陸軍軍曹の矢島保治郎がつぶさに観察していた。のちに矢島はノルブリンカ離宮のそばに住居を与えられ、一三世の親衛隊長となるが、日露戦争での実戦体験がこの男の誇りであった。河口慧海、青木文教、多田等観のように仏教関係者でもなければ、成田安輝のように情報機関の一員でもない一介の退役軍人がなぜラサを目指し、やすやすと目的を達したのか。楽天的だった異色の冒険家をざっとスケッチすれば、こうなる。

矢島保治郎は一八八二（明治一五）年八月二三日、群馬県佐位郡殖蓮《うえはす》村（現在の伊勢崎市本関町）で農家の三男に生まれた。父親が教育熱心で県下ナンバーワンの旧制前橋中学（現在の県立前橋高校）に入ったが、本人の不勉強やスト参加が災いして中途退学し、その後、沼田分校へ転入した。そこも中退し、教会でアメリカ人の牧師に英会話を習った。アメリカで生活している叔父がいて、自分もいずれ渡米するつもりだった。一九歳のとき、矢島は下士官候補生に志願して高崎の歩兵一五連隊に入った。

一九〇四（明治三七）年二月一〇日、桂太郎内閣のときに勃発した日露戦争で高崎一五連隊は旅順攻撃に参加した。日本軍は難攻不落の二〇三高地に悪戦苦闘していたが、矢島はその突撃隊に入った。夜襲のとき、突撃隊のメンバーは白いたすきをかけて戦場に臨んだので白だすき隊と呼ばれ、旅順陥落でその勇名は天下に鳴り響いた。

ついで高崎一五連隊は奉天大会戦に参加した。三月一〇日、一五連隊は奉天に入城し、矢島保治郎はまもなく歩兵伍長になった。一一月二六日、一五連隊は高崎に戻るが、それまで矢島は満州で中国語とロシア語の学習に取り組んだ。建前は軍人として必要な語学学習であったが、本音は長年の夢であった世界を股にかけた無銭旅行の下準備であった。

一九〇五（明治三八）年四月、矢島保治郎は下士官の教育機関である陸軍戸山学校へ入学を命じられた。体操や剣道の教師を養成する学校で、卒業すれば旧制中学や旧制高校の教官になる道がひらかれていた。だが、矢島は将来の安定した生活など眼中になく、除隊して念願だった日本力行会《りっこう》に入った。

日本力行会は一八九七（明治三〇）年、苦学生の救済にあたっていた牧師の島貫兵太夫《しまぬきひょうだゆう》が設立した。苦学生のアメリカ移住を主な事業としていた力行会には、海外雄飛を夢見る冒険心に富む青年が集まってい

日露戦争で多数の犠牲者を出した203高地。旅順攻撃の高台を確保するため、作戦に参加した矢島保治郎らが死闘を繰り広げた。1904年12月5日、ようやく日本軍は203高地を占領した

た。矢島保治郎は島貫の承諾を得て力行会のなかに冒険クラブをつくり、みずから隊長となって世界無銭旅行探検隊を立ちあげた。この探検隊の目的は、一〇年間という途方もない長期の世界無銭旅行の敢行だった。まず中国の四川からチベットへ入り、ヒマラヤ山脈を越えてインドへ到達し、そこから世界各地をめぐる勇壮なプランだった。

当初、渡米を考えていた矢島保治郎だが、河口慧海の『チベット旅行記』を読んでからはアジアへ目を転じるようになった。矢島は、かつて能海寛や寺本婉雅らがチベット国境に近い四川の打箭炉から潜入に挑んで失敗したルートに着目した。日本人としては前人未踏のコースを踏破する功名心にかられた矢島は、アメリカに興味を失ったのではなく、この計画に成功したあと渡米し、そこを定住の場とするつもりだった。

チベット熱が高まっていた時期だったので、矢島保治郎のプランにたちまち三〇人の参加希望者が集まった。無銭旅行といってもある程度の資金は必要だ。矢島は二〇三高地の奮戦により金鵄勲章《きんしくんしょう》の栄誉に輝いて年額一五〇円の恩給が保証されたが、この年金の一〇年間の受給権を抵当に資金をつくった。だが、肝心の希望者がつぎつぎと脱落し、結局、二人だけになった。その二人も目前になって断念したが、矢島はあきらめず、一九〇九（明治四二）年二月三日、たった一人で横浜港から出発した。

ピストルの威力

矢島保治郎は上海、北京を放浪したあと西安へ行った。宿泊先で中国語のわかるイーヤンラマというチベット人僧侶と顔見知りになった。この僧侶からラサへ行く道順などを教えてもらった矢島は、成都へ向かった。成都でチベット語の勉強に励んだあと、打箭炉へ入った。そこからラサまでは直線にして一五〇〇キロあった。

矢島保治郎はそこで運よくイーヤンラマとばったり出会った。かれは四川からラサへ茶を運ぶキャラバン隊のメンバーであった。チベットでは、旅に出る機会の多い僧侶と商人は仲間意識が強かった。チベット社会で商人の地位は決して低くないのだ。かれの口聞きで隊のリーダーは矢島の同行を許した。密入者の日本人を連れていくのは危険だったが、あっさりと認めたのはイーヤンラマを信頼していたうえ、矢島の所持するピストルにひかれたのだった。山賊の襲撃を警戒しなければならない道中では、ピストルの威力は絶大であった。モンゴル人になりすました矢島を加えた隊は一九一〇（明治四三）年一一月一二日に打箭炉を出発し、翌年三月四日にラサへたどり着いた。能海寛との運の差は大きかった。

ラサで矢島保治郎はイーヤンラマからカルベンローゾンという豪商を紹介された。この人物は日本に好意的で、矢島は豪商の家に滞在することになった。女装した矢島の写真が残っている。矢島に女装趣味があったというより、密入者の正体がばれないための工夫の一つであったように思える。いずれにしても世話になっているカルベンローゾンに迷惑がかからないためにも、細心の注意が必要だった。

ダライ・ラマ一三世不在のラサは、まだ旧清軍の監視下にあった。不審者は摘発され、いっときも安心できなかった。そのうちに身の危険を察した矢島保治郎は滞在一か月でラサを離れた。インド領へ入ったところでスパイの疑いでイギリス兵に身柄を拘束され、ダージリンに留置された。矢島は世界無銭旅行だと潔白を主張した。その矢島をカルカッタの日本総領事館が引き取ることになった。総領事からイギリスの貨物船への就職を斡旋された矢島は、ボイラーマンとなって三年ぶりに横浜港へ帰った。

だが、チベット再潜入に燃える矢島保治郎は日本に長く留まらずふたたび同じ船に乗り、シンガポールで船を乗り換えてカルカッタへ戻った。一九一二（明治四五）年六月、矢島はカルカッタを離れた。カリンポンに着いたとき、まだダライ・ラマ一三世が滞在していた。青木文教や多田等観、河口慧海がいて、矢島はかれらと会ったことはすでに述べた。

青木文教らが足踏みしている間に、あとからきた矢島保治郎のほうが元軍人らしく俊敏に行動した。七月にはチベット人の下僕になりすまして堂々と表街道を通って、まっすぐラサへ向かった。

途中で矢島保治郎はダライ・ラマ一三世一行と出会った。矢島は一三世の側近から日本語で話しかけられ、驚いた。京都に留学したツァワ・ティトゥルだった。青木文教も一三世一行に追いつき、すぐに側近の一人になった。一三世や青木より一足早くラサに着いた矢島はカルベンローゾンの家を再訪し、大歓迎を受けた。ラサには一二〇〇人ほどの旧清軍が残留していて、チベット軍やセラ僧院の僧兵らと睨み合っていた。政治体制の移行で指揮系統が混乱した旧清軍は規律が乱れ、略奪に走る兵もいた。このため一三世はポタラ宮殿を目前にしながらラサ郊外で足止めされていた。

八月八日、チベット政府と旧清軍の間で休戦の話し合いがもたれ、チベット政府の大臣と並んでセラ僧院を代表してツァワ・ティトゥルが会議に出席した。いったんは話し合いがついたが、旧清軍はなかなか退去せず、九月二三日、ふたたび戦闘となった。矢島保治郎はチベット軍と旧清軍の小競り合いを何度か間近で見物した。もはや女性に変装して旧清軍の監視を逃れる必要もなかった。元軍曹の眼から見れば、双方の作戦には幼稚なところが目立った。どちらも士気が低く、指揮官も兵士も戦闘意欲に欠けていた。

一二月中旬、旧清軍がようやくラサからの撤退に応じた。

矢島保治郎、親衛隊長になる

一九一三（大正二）年一月二〇日、ダライ・ラマ一三世は大群衆の歓呼のなかでラサに帰還した。沿道の人波に紛れて矢島保治郎の姿があった。一三世は行動をともにした青木文教の住まいとしてラサ市内の大邸宅を提供した。旧清軍を撃退する際、チベット軍の司令官が陣取ったヤプシプンカン邸で、もともとはダライ・ラマ一一世の親が住んでいた。

青木文教はこの家でダライ・ラマ一三世が選んだ個人教師の僧侶からチベット語の特訓を受けた。一三世の知恵袋として多忙なツァワ・ティトゥルも教師の一人としてときには指導にあたった。青木はやがて流暢なチベット語を話せるようになった。のちに青木からチベット語を習うことになる中根千枝（東大教授をつとめた、ロングセラー『タテ社会の人間関係』の著者）はカリンポンでラサ出身の僧侶らと会った際、会話に不自由せず、青木から教えを受けたことに感謝した。それほど青木のチベット語は洗練されていた。

青木文教は、「ラサで自分は身分不相応な待遇を受けた」と述べている。国際情勢のアンテナ役としての青木の存在価値が高かったからにほかならない。青木はカリンポンにいたときと同様、イギリスや日本の新聞に載った国際ニュースをチベット語に翻訳し、ダライ・ラマ一三世のもとへ届けた。また、一三世からしばしば政策や軍事に関する相談も受けた。青木はときには必要な参考書を日本から送らせてアドバイスした。一九一〇年代の秘境の地に、時間はかかるにしても本や新聞を日本から取り寄せるルートが確立されていたのも、一三世がロシアを見限ってイギリスへ乗り換えたおかげであった。

青木文教は資金的に潤沢だったうえ、バックアップ体制も不完全ながらとられていた。国策に寄与する使命をおびていたからだ。現地に残った多田等観は西本願寺の意を受けて青木をサポートしていたが、その背後で陸軍参謀本部が便宜をはかっていた。青木には大谷光瑞の援助やダライ・ラマ一三世からの手当（現在の価値で五万円相当といわれる）のほかに、参謀本部からすくなからざる額の送金があったと見てまちがいない。

青木文教が大きな屋敷のヤプシプンカン邸に住み、チベット法王やチベット政府の中枢と接触し、ラサの上流社会と交流ができたのも相当の資金ルートを持っていたから可能だった。チベットと日本は、情報収集（チベット仏教の経典なども含めて）のカナメとしてどちらも青木を必要としていたのだ。

ヤプシプンカン邸といえば、その後も日本人と縁があって、すでにふれた木村肥佐生がモンゴル人になりすまして一時期、この屋敷で英語を教えていた。木村は一九二二（大正一一）年、長崎県佐世保市で生まれた。興亜院研修生を経て蒙古善隣協会の職員となった。一九四三（昭和一八）年、大東亜省内蒙古大使館調査課に入り、チベットの調査に従事した。終戦をインドで知り、帰国後は亜細亜大学アジア研究所教授をつとめた。

一九一七（大正六）年、ロシアに革命が起きた。一七二一（享保六）年に誕生したロマノフ王朝は約三〇〇年の歴史に幕を閉じた。ラスプーチンに翻弄されたニコライ二世の一家は、怪僧が予言したように殺害された。レーニン率いるソビエトは、東洋諸民族の解放をうたいながら従来の南下政策をあらためなかった。イギリスは帝政ロシア時代より警戒心を強めた。

このとき、チベットはイギリスに頼っていたが、どこの国にも従属していなかった。ダライ・ラマ一三世は属国から脱したチベット法王としてポタラ宮殿の玉座に座った。二月一四日、一三世は五か条の宣言を布告した。一三世がここで強調したのは祖国の防衛であり、まぎれもない独立宣言であった。だが、国際社会へのアピールは弱々しく、ないに等しかった。一三世の側近に国際感覚に富む政略家がいてチベットの独立を列強や国際機関に強く訴えていれば、そこから波紋が広がってあらたな展望がひらかれていったかもしれず、このときの対外的な無為無策は惜しまれる。

チベット社会には、自分たちは独立国であり、国際世論もそう見ているはずだという甘い認識があった。もっとも情報過疎の地理的状況を考えれば、そうならざるを得ない面もあるうえ、清に代わって中国大陸を支配することになった北洋政府、すなわち中華民国大総統の袁世凱がチベットの独立を認める可能性などほとんど考えられないのもたしかだ。目先のことで精一杯だった。北洋政府もまた清同様にラサへ駐留軍を送り込むかもしれず、ダライ・ラマ一三世はチベット軍の充実を早急に検討するよう将軍のサロンノ・チャンタに命じた。一三世は日清、日露の両戦争で活躍した日本軍に関心をいだき、政策秘書のような役目を担っていた青木文教にしばしば日本の軍制について尋ねた。

サロンノ・チャンタもまた青木文教から日本軍についてレクチャーを受けていた。そんな折、青木から矢島保治郎という元軍人がラサに滞在していると聞いた将軍は、フーテンの矢島を自邸に引き取り、チベット軍へ顧問格で迎えた。

矢島保治郎は日本式の教練で兵士を鍛えた。時折、練兵場に姿を見せたダライ・ラマ一三世は矢島の指導ぶりに感心し、やがて自分の親衛隊を創設し、その初代隊長に矢島をすえた。思わぬ成り行きから矢島は、隊員が一人もいない世界無銭旅行探検隊の隊長から精鋭をそろえた法王親衛隊の隊長になった。かれは自分だけ日本式の軍帽をかぶり、陸軍大将を自称し、ご満悦の日々を過ごした。「わたしはノルブリンカ離宮に住んでいた」と矢島は帰国後に吹聴していたが、実際は離宮のそばの兵舎が住まいであった。

前橋市民の度肝を抜いたチベットの貴婦人

一九一六（大正五）年三月二五日、三三歳になった矢島保治郎はラサの豪商ツォンペンオンジュの次女、ノブラーと結婚した。二二歳の美人のチベット娘だった。一年後、男の子が生まれ、ダライ・ラマの尊称イシ・ノルブにちなんで意志信《いしのぶ》と名づけられた。ラサに兵器工場をつくる話が持ち上がり、日本の技術導入のため矢島が一時帰国することになった。チベット当局が本気で日本の兵器技術者を招くつもりだったかどうか、それはわからない。イギリスから敬遠されていた矢島をていよく追い出すための口実だった可能性もある。

一九一九（大正八）年一月、矢島保治郎は妻のノブラーと一人息子の意志信を連れて帰国し、群馬県殖蓮村にひとまず落ち着いた。だが、チベットの将軍様も故郷では居場所がなく、ほどなく次兄が商売を営む前橋市へ移った。ラサからの連絡は途絶え、チベットへ戻る必要もなくなった。そのうちに日本の生活になじめないノブラーは体の不調を訴えるようになった。ノブラーは意志信があと一〇日で六歳になる一九二三（大正一二）年三月一五日、胃潰瘍で亡くなった。二九歳だった。

東京日日新聞（三月一八日）は、「異郷に死んだ西蔵の王女」という見出しでノブラーの死を報じた。前橋でノブラーはチベットの王女とうわさされていた。矢島保治郎が周辺にそう吹聴していたのだろう。実際、ノブラーは王女のように気位の高いところがあって、家政婦の一人もおけない矢島の甲斐性のなさに不満を募らせていた。チベットの貴婦人が乗馬を好むように彼女も馬に乗って買いものに出かけ、前橋市民の度肝を抜くなど、目立つ存在であった。

矢島保治郎は四八歳のとき、再婚した。成人した意志信は高崎の歩兵一一五連隊に入り、一九三七（昭和一二）年一二月一三日の南京攻略戦に参加した。一九三九（昭和一四）年八月に帰還した意志信に父親はチベットへ行くことを勧めた。意志信も母親の母国へ足を踏み入れようと決心したが、ふたたび招集令状がきて戦場へ向かった。一九四三（昭和一八）年二月三日、ニューギニアへ向かう輸送船が撃沈され、多数の将兵が犠牲になった。そのとき、意志信は駆逐艦に助けられたが、サラモアの守備隊に加えられ、アメリカ軍の猛攻に命を落とした。二七歳であった。父親同様、意志信にも金鵄勲章が与えられた。

矢島保治郎は一九六三（昭和三八）年二月一三日、肝硬変で死んだ。八〇歳だった。矢島は直前に洗礼を受けクリスチャンになっていたので、葬儀は教会で執りおこなわれ、通夜には多田等観が姿を見せた。

ダライ・ラマ一三世、多田等観を突き放す

時計の針を戻して、ブータン経由でチベット入りを狙った多田等観のその後である。裸足が多かったブータン人になりすまして多田は靴を脱いで素足になったが、これは失敗で文字通りイバラの道に苦しんだ。古来、チベットとブータンは松林と竹林をもって境界線とするところが多かった。竹やぶの多いブータン横断に一か月以上をかけてチベットへ入った多田の強みは、ダライ・ラマ一三世の入境許可証を持っていたことだ。そこには「この人を泊めるように」とか、「食べものを提供するように」と書かれてあった。だが、多田の服装がみすぼらしく、ほとんど信用してもらえなかった。

なんとかラサ近郊までたどり着いた多田等観はダライ・ラマ一三世の側近、ツァワ・ティトゥルへ使者を送って、「ようやく近くまで来ました」と伝えた。かつての教え子はノルブリンカ離宮の一三世に仕えていた。迎えにきてほしかったのだが、二日待っても音沙汰なしで多田をがっかりさせた。

一九一三（大正二）年九月二八日、多田等観はラサに入り、青木文教が世話になっていたヤプシプンカン邸へ直行した。矢島保治郎も駆けつけ、三人の日本人が酒を酌み交わした。二日後、多田はようやく連絡のついたツァワ・ティトゥルの案内でノルブリンカ離宮を訪問し、侍従長と会った。ダライ・ラマ一三世に会えたのは一〇月七日であった。

河口慧海や多田等観が学んだラサのセラ僧院。多数の僧兵をかかえていたときもあった

3か国語で表示されたセラ僧院の看板。英語のカレッジが僧院の特徴の1つをあらわしている

多田等観はカリンポンでダライ・ラマ一三世の信頼を得たと思っていた。当然、ラサで自分は特別待遇を受けられるはずと期待していた。だが、一三世は多田に、「僧院で修行するように」と申し渡した。修行の厳しさを聞いていた多田が返事をしぶったうえ、個人教師をつけてほしいと頼んだ。青木文教は一三世が選んだ個人教師から学んでいたので、多田もそう願った。多田は、青木が日本とチベットの双方にとって大切な役割を担っているのを知らなかったわけではないが、純朴な青年にもこういう甘えん坊なところがあった。

だが、ダライ・ラマ一三世は、「修行がいやなら日本へ帰るがよい」と冷たく突き放した。これは愛のムチというもので、デプン僧院、セラ僧院、ガンデン僧院が口をそろえて「日本人は異教徒だ」と多田の受け入れに拒絶反応を示したとき、「かれは仏教徒だ」とかばったのは一三世だった。一三世の指示で行き先はサイコロで決めることになった。サイコロはセラ僧院と出た。僧服は一三世が一か月足らずでそろえてくれた。万事にスローモーなチベット社会でこれはめずらしくスピーディーであった。セラ僧院で多田はモンゴル人の僧房へ入ったが、のちに一三世の弟子ということで転生僧のための特別の部屋が与えられた。

大正の玉手箱事件

一九一四（大正三）年五月一四日、西本願寺の財政にかかわる疑獄事件で大谷光瑞は門主の地位から降りた。後ろ盾のパワーダウンに青木文教や多田等観は、異郷の地でひとしきり寂寥感に襲われた。八月、二度目のチベット遠征を企てた河口慧海がシガツェからラサに入った。河口は最初、貴族の家に身を寄せた。この家は青木が寄宿するヤプシプンカン邸と至近距離にあった。河口は一二月にはべつの貴族の家に移ったが、それでも歩いて一〇分ほどの近さだった。

セラ僧院に多田等観がいて、ラサ郊外にはチベット人女性をめとった矢島保治郎がいた。一時期のラサに青木文教、河口慧海を加えた四人の日本人が居合わせた。だが、一同が顔をそろえたのは、青木によれば「一両回」にすぎないという。青木は河口とも、矢島とも肌が合わなかった。

一九一六（大正五）年一月二六日、青木文教は滞在三年におよんだラサを離れた。出発前にダライ・ラマ一三世は青木に会った際、イギリスから武器を調達したいと相談を持ちかけたほか、日本産の植物のたねを送ってほしいと頼んだ。三月、四年ぶりにカリンポンに着いた青木のもとへイギリスの意向を受けたインド人捜査官がやってきた。捜査官は青木の帰国目的などのほか、多田等観や矢島保治郎の動静についてもしつこく質問した。

一九一七（大正六）年四月二九日、青木文教は神戸へ上陸した。それから二か月半ほど経った七月一五日の仏教系新聞『中外日報』にチベット大蔵経をめぐる記事が掲載された。ダライ・ラマ一三世から贈られたとする河口慧海の持ち帰った経典に、青木がクレームをつけた「大正の玉手箱事件」の発端であった。

その一部は一三世から大谷光瑞へ託されたものだと主張する青木に対して河口は、大谷へは書状を納めた木箱だけだといい、この木箱を玉手箱と称した。

河口慧海のむきだしの闘志に比べて、万事に鷹揚な西本願寺にはなにがなんでもチベット大蔵経を取り返すという熱意はなかった。青木文教にとって、チベット熱がこれまでとちがってどんどんと冷えていく現実のほうがつらかったにちがいない。年があけても論争に決着はつかず、河口からなに一つ取り戻せないうちに大谷光瑞は青木を東南アジアへ派遣した。結局、玉手箱事件はうやむやに終わった。

多田等観の贈りもの

青木文教がラサから去ったあと、多田等観がダライ・ラマ一三世のアンテナとなった。多田はポタラ宮殿でもノルブリンカ離宮でも一三世とかんたんに会えた。多田は重要な記事をチベット語に訳していたので、一三世の使いがしょっちゅうセラ僧院に出入りしていた。多田の待遇もちがってきた。多田が一三世に受戒を願い出ると、すこしも嫌な顔を見せなかった。

一九一九（大正八）年一一月一七日、ダライ・ラマ一三世から受戒をさずかった際、多田等観は三つの僧衣と一つの鉄の鉢をたまわった。鉄の鉢は食器で、修行僧が托鉢に歩くときに用いた。受戒のときに法王から三衣一鉢をいただくのはたいへんな名誉であった。

ラサで多田等観はツァロン・ロサン・ダドゥルという政界の有力者と親交を結んだ。「日本でいえば近衛家のような家柄」と多田は述べているが、もともとはべつの名前で貧しい家に生まれた。向学心に富み、ダライ・ラマ一三世がモンゴルに亡命したとき、お供の従者として随行したかれはウランバートル滞在中、耳でモンゴル語を覚え、やがて会話に不自由しなくなるまでに上達した。一三世がインドに亡命したときは護衛兵として清の軍隊の追跡を振り切る功績をあげ、一三世の信頼を得るようになった。大臣をつとめていたツァロン家の父子が不祥事で失脚したあと、「かれに断絶したツァロン家を継がせてはいかがでしょう」とツァワ・ティトゥルが一三世に推せんし、貧農の息子は一躍名門のあるじにおさまった。

西本願寺に加えてツァロン・ロサン・ダドゥルの親身のサポートもあって、多田等観のラサ滞在は一〇年間におよんだ。青木文教のように公的機関のバックアップのなかった多田は実家に頼る一方、現地の有力者の支援が必要だった。多田とツァロンの交流はその後も長くつづいた。日本にいても多田がチベット情勢に詳しかったのは、ツァロンとのネットワークのおかげであった。

一九二二（大正一二）年になり、やがて多田の帰国の日が近づいた。西本願寺と多田等観はダライ・ラマ一三世に京都の西陣で特別に織った金襴《きんらん》の布を贈呈した。以前から一三世が日本から取り寄せたいと望んでいた布地で、大谷光瑞の指示によるものであった。製作費は五〇〇〇円を超えたが、貴重な経典を手に入れるための必要経費であった。多田はデルゲ版大蔵経カンギュル、テンギュル二部全巻などを持ち帰った。その質と量は河口慧海のおよぶところではなかったが、チベット熱の冷めた日本では低く評価された。

諸経費も西本願寺で全額を持ったわけではなく、このうち一二〇〇円を秋田の西船寺で負担した。大谷光瑞は以前のように湯水のごとく資金を使える立場にいなかった。一二〇〇円は地方の寺にとって過大な負担だったが、多田等観の母親が内職でコツコツと蓄えたへそくりが役立った。じつは、両親は息子の帰国の費用も用立てていた。実家の援助のおかげで自分の自由になるチベットの貴重品を手にできた多田は、カンギュル、テンギュル二部のうち一部を西船寺へ運んだ（その後、斎藤報恩会というところで購入し、東北大学へ寄贈）。

話は戻るが、ダライ・ラマ一三世は多田等観が届けたすばらしい織物に喜び、「あなたの望み通りに使

多田等観が金襴の布で覆った釈迦牟尼像はラサのジョカン僧院にある

うように」と金襴の一部の使い道を多田の裁量にまかせた。思案の末、多田はチベットで一番大切にされているラサのジョカン僧院の本尊、釈迦牟尼像をはじめセラ僧院やガンデン僧院の仏像あわせて六体をこの金襴でまといたいと願い出て、一三世の許しを得た。また、多田は最高学位ゲシェーの資格を許された。

一二月三〇日、ダライ・ラマ一三世の臨席のもとにジョカン僧院で釈迦牟尼像に金襴をまとう儀式がおこなわれた。七世紀に古代チベットの王家へ輿入れした唐の皇女（文成公主）によってラサにもたらされた、かけがえのない仏像の前で多田等観はあらためて一三世との夢のようなふれあいを反すうし、感涙にむせんだ。

一九二三（大正一二）年一月一四日、うすら寒い出発の前日、ダライ・ラマ一三世は多田等観をノルブリンカ離宮に招き、語り合った。思い出は尽きず居室から寝室へと場所を代えて二人は枕を並べて話しつづけた。翌朝、馬に乗って離宮を発つとき、一三世は多田の首に浅黄色の絹地のカタをかけた。カタには一三世の両手形と金色の玉璽《ぎょくじ》（法王の印）が押してあった。いかに一三世が多田を可愛がっていたかがわかる特別の絹布であった。帰国後も一三世と多田の文通がつづいた。

ダライ・ラマ一三世、この世を去る

九月一日、マグニチュード七・九の関東大震災で死者・行方不明あわせて一四万人を超える犠牲者が出た。ダライ・ラマ一三世から多田等観のもとに見舞いの手紙が届いた。多田は、「いただいて日本へ持ち帰ったものはすべて無事です」と返事した。折り返し一三世から、「あなたの日頃のおこないがよかったからだ」という意味の手紙があった。ラサとの間は早くて一か月、ふつうは四〇日ちょっとかかったが、現代のような気ぜわしい時代とちがってそれほど間延びした感じはなかった。

ダライ・ラマ一三世の側近で、多田等観にとっても縁の深いツァワ・ティトゥルに異変が生じた。エリート転生僧の身でありながら女性とスキャンダルを起こし、ムチ打ちの刑に処せられたのだ。一時は侍従長にまで抜てきした一三世は、かれの地位や特権をことごとくはく奪し、巷へ放り出した。貴族のような生活をおくっていたツァワ・ティトゥルは食うのがやっとの境遇に落とされた。

一九二四（大正一三）年一月、多田等観のほうは逆に東京大学文学部の嘱託になって学者への道がひらけた。翌年、多田は東北大学へ移った。

一九三一（昭和六）年九月一八日、奉天郊外の柳条湖《りゅうじょうこ》で関東軍による満鉄の線路爆破事件が起きた。満州事変の始まりである。満州で関東軍はチベット仏教と真正面から向き合うことになった。そこでチベット仏教対策のアドバイザーとして多田等観に白羽の矢が立てられた。

一九三三（昭和八）年七月二〇日、多田等観は満州へ渡った。旅費は外務省が負担した。多田は二五日には西本願寺の大連関東別院で大谷光瑞と会い、八月三一日には満州国の溥儀（このときは執政）にも会っている。また、九月二二日にはスウェーデンの探検家、スヴェン・ヘディンとも面談した。その後、多田は北京も訪れ、チベットから派遣された代表と会い、蒋介石政権との間の懸案事項について相談を受けた。多田は親身になって相談に乗った。これがダライ・ラマ一三世の耳に届いていた。一三世は礼状を書いたが、多田の手元に届いたとき、一三世はこの世の人ではなかった。後日、一三世の遺言でラサ版の大蔵経ひとそろいが多田のもとへ送られてきた。

専制君主としての地位を盤石にしたダライ・ラマ一三世は、古臭い慣習をつぎつぎと見直していった。庶民には寛大であったが、政府高官らには厳しかった。高官らは一三世の鼻息をうかがい、寵臣が羽振りを効かせた。

一九三三（昭和八）年一一月一三日の夜、ダライ・ラマ一三世が急逝した。享年五六歳であった。ラサ市民が一三世の訃報を知ったのは翌月一七日で、病死と発表された。チベット全土は深い悲しみに包まれた。祈祷旗は降ろされ、家のあちこちにバター灯明が灯された。女性たちはパンデン（前掛け）をとり、身につけていたすべての装飾品をはずして喪に服した。巷では毒殺説がささやかれたが、うわさの域を出なかった。

第12章 ✺ダライ・ラマ一四世の少年時代

一九三三（昭和八）年晩秋、ダライ・ラマ一三世の急逝にともない、チベット国民議会はあわただしく動き始めた。まず摂政を決める必要があった。レティン僧院長、ガンデン僧院長、セラ僧院長の三人が候補にのぼった。結局、一人に絞り切れず、ダライ・ラマ選考のときのようにくじで決めることになった。選ばれたのは一番年下のレティン僧院長だった。

レティン・リンポチェは貧農の出で、弱冠一九歳。政治力はまったく未知数の転生僧だった。摂政の補佐役としてダライ・ラマ一三世の甥、ヤプシー・ランドゥンがあたることになった。非僧侶のランドゥンは凡庸な政治家だった。こういう頼りないコンビでは、政治の安定はなかなか望めなかった。

ダライ・ラマ一三世が存命の一九三〇年代前半においてもチベット政界は混迷し、権謀術数の渦のなかにあった。一三世の晩年に勢力を伸ばしてきたのは、クンペラという造幣担当の高官であった。クンペラも貧農の出で、若い頃はノルブリンカ離宮の経文の版木を彫る作業に従事していた。これは特別な技能であった。優秀な少年僧であったクンペラは一三世に可愛がられ、成人すると当時ラサに二台しかなかった自動車（所有者はいずれも一三世）の一台を自由に乗り回すのを許されるほどに重用された。

クンペラの政敵が財務担当のルンシャーであった。ダライ・ラマ一三世の急死で、二人の力関係はたちまち逆転した。ラサの三大僧院がルンシャーを支持し、クンペラはあっけなく失脚した。一三世の死から数日後、「法王の病気を隠蔽し、治療を怠った」という理由でクンペラと侍従二人がラサから追放された。そのルンシャーも、ティムンという大臣の暗殺を企てたという理由で投獄され、終身刑を言い渡された。

タクツェル村の奇跡

血なまぐさい権力抗争が繰り広げられていた頃、ラサから遠く離れたアムド地方のタクツェル村でも、さまざまな出来事があった。未来のダライ・ラマ一四世の母親、ディキ・ツェリン（本当はまだソナム・ツォモという名前だったが）が初めての出産を間近にしていたとき、クンブム僧院長であったタクツェル・リンポチェが死んだ。一族の誇りであり、一番頼りにしていた実兄の死に姑は衝撃を受け、落ち込んだ。唯一の望みは、息子の嫁が男の子を産んでくれることだった。だが、生まれたのは女の子で、姑は露骨にいやな顔をした。女の子ではタクツェル・リンポチェの生まれ変わりになれないからだ。このときに生まれた長女のツェリン・ドルマは、つねに母親と弟のダライ・ラマ一四世の身辺にあって支え、ラサを脱出するときも一四世に同行した。

ディキ・ツェリンが二二歳でタクツェル・リンポチェの生まれ変わりとなる長男、トプテン・ジグメ・ノルブを出産したとき、男の子を待ちわびていた姑はすでに亡くなっていた。じつは、長男がクンブム僧院の転生児に選ばれる経緯にはダライ・ラマ一三世がかかわっていた。一三世と故人のタクツェル・リンポチェは親しい間柄であったのだ。とはいえ、ディキ・ツェリンの長男がすんなりと選ばれたわけではなかった。

タクツェル・リンポチェの転生児候補は、トプテン・ジグメ・ノルブも含めて一六人にのぼっていた。

どういう風の吹きまわしか、一六人の親の大部分が互いに親戚だったり、友人だったり、知人という関係だった。つまりディキ・ツェリンの婚家の周辺からクンブム僧院の未来の僧院長が選ばれようとしていたのだ。

後日、ダライ・ラマ一三世はクンブム僧院からラサへやってきた一行に封印した手紙を渡した。タクツェル・リンポチェになるべき子の名前がそこには書かれていた。厳粛な雰囲気のなかで開封されると、トプテン・ジグメ・ノルブの名前があった。一族から二代にわたってクンブム僧院の転生僧が出ることになったのだ。これは奇跡的な出来事であった。

両親は幼い長男を上座に座らせてうやうやしくカタを捧げた。カタは儀式用の白いスカーフで、チベット社会ではあいさつのしるしに用いられる。カタには、贈る人の心からの敬意がこめられていた。のちに長男のトプテン・ジグメ・ノルブは弟のダライ・ラマ一四世同様、時代の波に翻弄されながら、波乱の人生を過ごすことになる。

このようにダライ・ラマ一三世とクンブム僧院やタクツェル村、あるいはディキ・ツェリンの婚家の間には様々なつながりがあったのだ。ただ、それが法王選びにストレートに関係したかどうかは、実際のところわからない。いずれにしても単純な話ではなく、新法王となる転生児を特定するまでには紆余曲折があった。

本命はタクツェル村に

一九三六（昭和一一）年、セラ僧院の高僧を団長とする転生児さがしの調査団は東チベットのアムド地方、すなわち中華民国の支配下にある青海省に向けて出発した。出発前夜、ラサは大雪に見舞われたが、翌朝、雪はあらかたとけて調査団を喜ばせた。チベットでは大雪がすぐとけるのは、好ましい前兆と思われていた。すでに青海一帯では十数人の候補がリストアップされていた。

一九三七（昭和一二）年一月、調査団は青海省で亡命中のパンチェン・ラマ九世と会った。タシルンポ僧院を去って以来、パンチェン・ラマは中華民国の支援のもとに青海一帯を活動の場としていた。このときパンチェン・ラマは調査団に、「クンブム僧院の周辺に三人の子どもがいる。なかでもタクツェル村にいる子を詳しく調べなさい」とアドバイスした。ズバリ本命はタクツェル村にいるというのだ。

調査団が調べてみると、一人はもうこの世にいなかった。もう一人は調査団の一行を見ると泣き出し、そのうちに姿をくらましてしまった。残った一人、ハモ・トンドゥップという名前の子がタクツェル村で見つかった。晩秋、調査団は俗人の格好で村へ向かった。身分を隠してその家をおとずれたときは大雪で、家人は雪かきをしていた。「白い場所とは、雪のことか」と調査団はかつて与えられたヒントを思い出した。

この家の庭には、タルチョがひらひらとひるがえっていた。子孫の繁栄を祈願し、敵や災難を防ぐというタルチョには、家族の干支《えと》や願いごとを書いた小旗がいくつも吊るされている。これはチベットの原始宗教であるボン教の名残りで、連綿と続いてきたタルチョの慣習はいまもチベット文化圏ではふんだんに見られる日常的な光景だ。

タクツェル村から遠く離れたダラムサラにもタルチョがはためいていた

調査団は身分をあかさず、「道に迷ったので一晩泊めてほしい」と頼んだ。かれらはその後、二回、この家に立ち寄った。そして三度目に来たとき、さりげなくテストをおこなった。調査団は黒い数珠二つ、大小二つの太鼓、二本の杖を携えていた。ダライ・ラマ一三世の生前のホンモノの所持品とニセモノのセットである。

調査団は三点セットをハモ・トンドゥップの前に一組ずつ並べた。最初に黒い数珠から試された。かれはホンモノをすばやく取り上げて首にかけた。つぎは色彩豊かな太鼓と、それより一回り小さい地味な色の太鼓が出された。ハモは迷わず、小さいほうを選んだ。正解だった。杖については迷った。最初に握りしめた杖はホンモノだったが、それをわきに置いてニセモノに手を出した。そして、ふたたびホンモノのほうを握りしめたが、幼児が見せたためらいの表情に調査団は不安を感じた。

ところが、のちに調査団は意外な事実を知ることになる。ニセモノ用に持ってきた杖も、かつてはダライ・ラマ一三世の所持品だったとわかったのだ。ほかにもいくつかのテストがおこなわれ、ハモ・トンドゥップはそれをつぎつぎとクリアした。

男の子の一挙手一投足が注意深く観察され、テストの結果とともに調査団の詳細な報告は、西寧からインド経由でラサへ暗号によって伝えられた。チベットにはインドとラサを結ぶ電信線が一本しかなく、チベット政府と調査団のやりとりは煩雑をきわめた。報告を受けた摂政レティン・リンポチェらに反対意見はなく、「その子をラサへ」と指示した。ラサで従来のしきたりによる選考のセレモニー（そこには黄金のつぼのくじ引きもあった）を経たうえ、国民議会の同意を得れば、それで次期法王は決定となる。だが、調査団には気がかりな点があった。

身代金を要求したイスラム教徒の省長

そのときクンブム僧院を含む一帯を支配下においていたのは、青海省長の馬歩青《ばほせい》であった。どんな宝ものより大切な男の子をぶじにラサまで送り届けるには馬の許可が不可欠であった。イスラム教徒の馬に難癖をつけられるのを恐れた調査団は、法王の転生児さがしという自分たちの旅の目的については正直に話したが、同行する子は複数の候補のなかの一人にすぎないと偽った。ほかにも候補がいると聞いて、馬は自分が選んでやろうと言い出した。

これまで候補と目された男の子が集められ、馬歩青の前に並んだ。馬は箱に入ったあめ玉を一人一人に取らせ、その様子をじっと観察した。たくさん取った子、怖がって泣き叫んで取らなかった子らがいた。そのなかで馬が選んだのは、一個を取って付き添いの伯父（母親の兄）にあげたハモ・トンドゥップだった。馬もまたこの子の目に特別なものを感じていた。

だが、馬歩青はやはりくせものだった。馬はチベット法王の転生児候補という飛び切り上等の人質をとって、狼狽し困惑する調査団に対して莫大な身代金を要求した。足止めされたハモ・トンドゥップは、いったんクンブム僧院へあずけられた。またしても西寧とラサの間で、暗号によるやりとりが何度も繰り返された。調査団の要請を受けて、チベット政府はなんとか馬の納得する資金を工面して出発にこぎつけた。欲深い馬は、一度ならず二度まで身代金（合計四〇万元という説もある）をぶんどった。

クンブム僧院のお賽銭はご覧のようにむき出しだった。馬歩青も金銭欲をむき出しにしてチベットから身代金をむしり取った

ラバの長旅と青蔵鉄道の二六時間と

一九三九（昭和一四）年六月、まだ四歳のハモ・トンドゥップ、のちのダライ・ラマ一四世はタクツェル村の生家にわかれをつげ、西寧で旅支度をととのえたあと、およそ二〇〇〇キロ離れたラサへ向けて出発した。未来の法王に約五〇人と二五〇頭の馬やラバが従った。

その頃のチベット高原に馬車道があるはずもなく、幼子は二頭のラバの背にくくりつけられた輿に乗せられてデコボコ道をすすんだ。数か月の長旅に両親と一四世の次兄、三兄が同行した。クンブム僧院の転生僧である長兄（トプテン・ジグメ・ノルブ）と、結婚していた長姉《ちょうし》（ツェリン・ドルマ）は残った（一四世の弟と妹はラサで生まれた）。

一行の出発地となった西寧といえば、当時は想像もつかなかった鉄道でいまはラサと結ばれている。二〇〇六（平成一八）年七月一日、中国青海省のゴルムド駅でレール敷設が完了し、西寧からラサまで全長一九五六キロの青蔵《せいぞう》鉄道が開通した。翌年夏、筆者は西寧駅からこの列車でラサへ向かった。車窓の風景を眺めながら幼かったダライ・ラマ一四世の長旅にしばし思いをはせたものだ。

現代人はせっかちである。西寧からラサまで二六時間もかかると聞いて、たいていの乗客はうんざりする。「ラバにゆられてラサへ向かった幼児を見よ」といいたいところだが、時代がちがうのだから致し方ない。その日、西寧駅に定刻より三〇分ほど遅れて滑り込んできた列車は広州始発だった。広州から西寧まで三〇時間もかけて走ってきたのだ。聞けば、列車の乗務員は始発の広州から終着のラサまであわせて五六時間、ぶっ通しの勤務になるとか。働き方改革に取り組む日本なら、真っ先にやり玉にあげられるにちがいない。

青海チベット高原は平均海抜が四五〇〇メートル以上になる。列車は最高で海抜五〇七二メートルのところを走るが、これくらいの高地だと心臓が悪かったり、血圧が高かったりすると要注意である。一室六人の二等寝台車は三段ベッドが向かい合う形になっていた（二等は四人一室の二段ベッド）。車内は一定の酸素量を保つようになっているうえ、座席わきには酸素を吸入できる装置も用意されていた。車内で息苦しさを感じたことは一度もなかったし、酒もふつうに飲める。ただし、量はほどほどにしたほうがよい。

西寧とラサを26時間で結ぶ青蔵鉄道

ラサで否応なく目にするのは中国化された町並みだ。ポタラ宮殿前のメインストリートの名称は北京中路だという

西寧からラサまでの二六時間のうち、停車したのは五回だった。そのうち四回はすれ違いのためで、要するに青蔵鉄道にはいくつかの単線区間があるということだ。ゆっくりホームに下りられたのは、機関車を交換したゴルムド駅だけだった。すれちがいで五分停車するというので、機関車をカメラにおさめようと急いでホームの端まで行った。そのまま置き去りにされてはたまらないのですぐに戻ったが、酸素の薄いところで駆け足は禁物である。

ヤクなどが群れるチベット高原の車窓の風景はまさに天下一品だった。はるか彼方に浮ぶ雪山、広大な湖。どれもこれも壮大なパノラマのように素晴らしく、天空列車という呼び方がぴったりだった。もっともこの高原のどこかには核ミサイルの基地があるはずだし、とにかく人の住まない地帯を延々と走るのだからどこもパラダイスとはいかない。冬は凍りやすく、夏は溶けやすい凍土区間もけっこう長く、背筋の寒くなる話もすくなくない。ただ列車に関するかぎりカナダなど先進国の技術が取り入れられているので、思っていた以上に快適であった。

ダライ・ラマ一四世を一番最初に見た日本人

首都まであと三日という距離のラサ北郊にあるレティン僧院で、幼いダライ・ラマ一四世を見守りながらすすむ一行はしばらく滞在することになった。チベット政府を率いる摂政レティン・リンポチェはラサから自坊に戻って、ハモ・トンドゥップに面接し、みずからその適格性をたしかめた。一〇代で摂政になったレティン・リンポチェも三〇代になっていた。摂政はタクツェル村についてよく知っていて、両親を驚かせた。すでに何度となく報告を受けていた摂政に異論はなく、最終的に国民会議にはかられたが、そこでも反対はなかった。

晴れてダライ・ラマ一三世の生まれ変わりとしてお墨つきを得たハモ・トンドゥップは法名テンズィン・ギャムツォをさずかった。テンズィンは美しく飾られた輿に乗り換えてラサに入り、ノルブリンカ離宮へ向かった。かごの担ぎ手は八人にふえた。多くの人々が小旗を持って待ち構えていた。だれもが幼い次期法王を待ち焦《こ》がれていたのである。沿道では太鼓やシンバルの音が鳴り響き、人々は歓迎の歌を口ずさみ、目に涙を浮かべて喜んだ。

一〇月中旬、きらびやかなテンズィン・ギャムツォの行列がジョカン僧院をおとずれた。参拝を終えてノルブリンカ離宮へ戻る幼い貴公子をひと目見ようとラサの大通りは人並みでごった返した。群衆にまぎれて輿をじっと見つめている一人の日本人がいた。陸軍特務機関の情報部員としてチベットに潜入した野元甚蔵《じんぞう》である。ダライ・ラマ一四世を一番最初に見た日本人だった。

野元甚蔵は一九一七（大正六）年三月二二日、鹿児島県揖宿《いぶすき》郡山川町で生まれた。県立鹿屋農学校を出て満州に渡り、陸軍特務機関の一員となった。モンゴル人の家庭に同居して身につけた語学はなかなかのものと、上司の評価は高かった。チベット潜入のため、いったん帰国し、それからインドへ向かった野元はカリンポンでタシルンポ僧院の転生僧と知り合いになった。野元はこの転生僧一行とともにチベット入りを果たした。

後日談がある。一九八〇（昭和五五）年一一月、ダライ・ラマ一四世は鹿児島市を訪れ、西郷隆盛の墓地を参拝することになった。そのことを報じた新聞を見た野元甚蔵は当日、南洲神社に駆けつけ、関係者の計らいで宿泊先のホテルで一四世と会った。一四世はそのとき、「チベットでは、あなたを日本人とわかっていましたか」と質問した。タシルンポ僧院の転生僧とその側近はかれの素性を知っていたが、「ほかの人たちはモンゴル人と思いこんでいたと思います」と野元は答えた。野元がモンゴル人が感心するくらい、なめらかなモンゴル語を話したのは事実だった。

修行の場に特別扱いはなし

一九四〇（昭和一五）年二月二二日、ポタラ宮殿で即位式がおこなわれ、一四世ダライ・ラマが正式に誕生した。式典にはイギリス人行政官のバシル・グールドがインド代表として、呉忠信《ごちゅうしん》が中華民国特使として出席した（現在の中国政府は一四世の承認にあたり、呉が重要な役割を果たしたと主張する。だが、チベット亡命政府はそれを否定する）。しばらくして摂政レティン・リンポチェは辞任し、ラサを離れて自分の僧院へ戻った。その理由は、「宗教活動に専念しなければ、長生きはしない」という神託師のお告げがあったためとされているが、真相は権力抗争に敗れての下野だった。後任にはタクダ・リンポチェが就任した。

一九四七（昭和二二）年四月、レティン・リンポチェが捕らえられ、ラサへ連行された。前摂政の逮捕容疑は、タクダ・リンポチェの失政をしたためた書簡を国民政府の蔣介石へ送ったというものだった。一か月後、レティン・リンポチェは獄中で急死した。病死説や自殺説が飛び交うなかで、毒殺ではないかと、前摂政を支持するセラ僧院の一部僧侶が騒いだ。

新法王テンズィン・ギャムツォの生活環境が劇的に変化した。四歳から多数の人々と謁見し、六歳からは本格的な学習カリキュラムが組まれた。連日、経典の暗記が義務づけられた。チベット仏教は大乗仏教だが、最初に学ぶのは小乗の教えからだ。「それがチベット仏教の伝統です」とダライ・ラマ一四世は述べた。ひと通り小乗を学んだあと、大乗の教えを受けるが、「とくに般若思想を勉強しました。般若思想の主題は空ですね」と一四世はつづけた。

チベット仏教の僧侶は集団討論によって自己研鑽を積み重ねていくが、これは法王といえども例外ではない。ダライ・ラマ一四世も、一二歳のときから討論による宗教教育で鍛えられた。ディベートの場においては、序列も年齢も考慮されない。ことば使いは対等となり、激しい応酬が交わされる。テンズィン・ギャムツォも涙のにじむ試練を何度となくくぐり抜け、鍛えられていった。法王であろうと、年少であろうと、修行の場で特別扱いはなかったのだ。

少年法王の友だちは清掃員

日々、修行に専念する少年法王は家族とも離れ離れであったが、両親はタクツェル村からラサへ引っ越して息子の支えとなった。ラサ市内に法王の家族のための家が建てられた。タクツェル村では馬好きで通

ポタラ宮殿の中段あたりから広場の方角を撮った。ダライ・ラマ14世は少年の頃、望遠鏡で宮殿の上階から下方を眺めていた

っていたダライ・ラマ一四世の父親も落ち着きを取り戻し、ふたたび馬を飼い始めた。折々に家族と会うことができ、少年の法王は孤独をいやすことができたが、修行の日々は遊び盛りの子どもにとってはつらい毎日であった。

「少年時代、法王になんか選ばれなければよかった、ふつうの子のほうがいい、と思ったことがありましたか」という取材班のぶしつけな質問に、「はい。小さいときに、そう思ったことがあります。勉強がむずかしいときや、修行が厳しいときなど、ダライ・ラマでなければ幸せなのだが、と思いました。しかし、徐々に考える余裕を持つようになり、それからは人々のために生きようと、懸命に勉強に励みました」とダライ・ラマ一四世は述懐した。

「お友だちはできましたか」と聞くと、「小さいときのわたしの友人は清掃員でした。わたしは、ポタラ宮殿やノルブリンカ離宮の掃除をする人たちと、とても仲がよかった。かれらとよく遊びました。わたしは子どもで、かれらは大人です。けれども、この人たちは子どものようにわたしと遊んでくれました」といってダライ・ラマ一四世は顔をほころばせた。一四世は清掃員から、「腹が立ったら、自分のこぶしを噛みなさい」と教わった。その教訓を一四世はいつまでも忘れなかった。腹が立てば立つほど、こぶしを強く噛むので、そ

ダラムサラの亡命政府の建物にダライ・ラマ14世の少年時代の写真が飾ってあった

の痛さからだんだん腹を立てないほうがよいとわかってくるというのだ。

ルーズベルトからの贈りもの

一九四二（昭和一七）年末、二人のアメリカ人がラサを公式訪問した。かれらはアメリカ陸軍の中枢に勤務するイリヤ・トルストイ大尉とブルック・ドラン少尉でダライ・ラマ一四世にあてたフランクリン・ルーズベルト大統領の親書を携えていた。アメリカ大統領からチベット法王に親書が渡されることはめったにないが、じつは日本にとって重大な意味を持っていた。それは日中戦争に直接かかわる戦略上の重要事項であったのだ。

当時、日本軍は蒋介石が立てこもる重慶への武器供給路であったビルマ・ルートを断ち切っていた。連合国はインドからチベットを経て重慶へ至る新ルート建設を目論んでいたが、チベット政府は中立を貫き、これを拒んでいた。そこでホワイトハウスは二人の将校をラサへ派遣した。かれらはチベット経由の援蒋ルート樹立という重要な任務を帯びていたが、チベット政府はルーズベルトの申し入れをことわった。チベット政府は日本側の不利になることを避けたのだが、こういった逸話を知る日本人は多くない。

そんな緊迫した状況や戦略など七歳の少年法王にわかるはずもないが、このとき記念としてルーズベルトからもらった金時計は月齢と曜日も表示される精巧なもので、ダライ・ラマ一四世を喜ばせた。機械いじりが大好きな一四世は時計をばらばらにしたうえ、また組み立てるのが得意であった。おそらく一四世はこの高価な時計も分解したい誘惑にかられたはずだ。

一九四七（昭和二二）年九月、一二歳になったダライ・ラマ一四世はノルブリンカ離宮を出て、ラサ郊外のデプン僧院をおとずれた。華やかな揃いの衣装に身を包んだ数十騎を先頭にし、少年法王は金銀細工の鞍にまたがってすすみ、そのうしろに高僧らがつづいた。「まるで大名行列のようであった」とのちに感想を残した一人の日本人が人垣のなかにいた。情報部員だった西川一三《かずみ》である。

西川一三は一九一八（大正七）年九月一九日、山口県阿武郡阿東町（現在の山口市）で生まれた。満州へ渡って興亜義塾で学んだあと、駐モンゴル日本大使館の調査部に勤務した。モンゴル人僧侶になりすました西川は一年一〇か月かけてラサ入りに成功するが、筆者は西川のチベット報告もさることながら、帰国後のかれにアメリカが素早く接触した点に感心した。情報の大切さの教訓として、アメリカの徹底ぶりを書き留めておきたい。

カルカッタからイギリス船に乗った西川一三は一九五〇（昭和二五）年六月一三日、神戸港へ着いた。一五年ぶりの日本だった。故郷に帰った元情報部員は戦死したと思われ、戸籍からも抹殺されていた。その西川が一か月後、どこでどう知ったのか、突然、占領軍総司令部（ＧＨＱ）から呼び出された。西川は日比谷のＧＨＱへ行く前に霞が関の外務省をたずねた。西川は自分が見聞したチベットやモンゴルの情報をまず外務省へ伝えたかったのだが、まったく相手にされなかった。

そのとき、ＧＨＱは西川一三に宿舎を用意し、日当を払い、文字通りカンヅメにしたうえ通訳を介して一年間にわたって地理や現地情報を克明に聞き取った。戦勝国と敗戦国の差といってしまえばそれまでだが、いち早く帰国した西川に声をかけたアメリカ情報機関の調査能力と情報収集にかける執念には舌を巻かざるを得ない。

第13章 ✺ダライ・ラマ一四世とパンチェン・ラマ一〇世と毛沢東

一九四九（昭和二四）年一〇月一日、蒋介石を蹴落とした毛沢東は天安門で中華人民共和国の樹立を宣言した。内外から寄せられた祝電のなかにパンチェン・ラマ一〇世からの電報もあった。パンチェン・ラマは一九三八（昭和一三）年二月一九日生まれだから、このときまだ一〇歳にすぎなかったが、毛沢東や朱徳《しゅとく》（人民解放軍総司令官）、それに彭徳懐《ほうとくかい》（同副司令官）の三要人に対して、「すべてのチベット人を代表して」大いなる敬意を表明した。むろん、側近の計らいであったが、毛沢東と朱徳は連名で返電し、いかに中国共産党政権がパンチェン・ラマを重視しているかを内外にアピールした。

不吉な現象

このようにパンチェン・ラマ一〇世と中国政府の結びつきは建国の日から始まった。パンチェン・ラマ、というよりもチベット民族の不運というべきだが、新国家は宗教を否定する政権によって樹立されたことであった。仏教外交で中国大陸やモンゴルと渡り合ってきたチベットが、宗教の特性を活かすことができなくなってしまったのだ。「宗教はアヘン」と考える無神論者に土足で踏み込まれるのは、時間の問題で

ラサのセラ僧院の仏壇にお賽銭とともにパンチェン・ラマ10世の写真があった。ダライ・ラマ14世の写真は、チベット自治区のおおやけの場で見かけることはなかった

あった。

一九五〇（昭和二五）年一月五日、トルーマン米大統領は、「アメリカは台湾問題に介入せず、経済援助は継続するが、軍事援助を与えない」と声明した。台湾を見捨てたトルーマンがチベットにふれなかったのを見て、毛沢東はチベット介入の好機と判断した。ただちに中国政府はインドのデリーでチベット政府の代表と接触し、「チベットの防衛を中国が担当する」と言い渡し、チベットを中国の一部とするのを示唆した。チベット政府はこれを拒否した。だが、中国政府は実力行使への準備をととのえ、東チベットへの侵攻は目前に迫っていた。

八月一五日の夕方、チベット各地で閃光《せんこう》が空一面に広がり、すさまじい地鳴りとともに大地が激しく揺れた。ノルブリンカ離宮にいたダライ・ラマ一四世は最初、地震と思った。轟音は四〇回も響き渡り、大砲の一斉射撃のようにも聞こえた。「わが軍の演習か」と思った一四世は侍従に調べさせたが、そういう事実はなかった。終戦記念日の八月一五日というのは日本でも特別な日であるが、年こそちがったが、一四世にとっても八月一五日は忘れられない日となった。

科学少年であったダライ・ラマ一四世は、地鳴りと閃光の関連性について納得のいく説明がほしかった。そこでラサに滞在していたオーストリアの登山家、ハインリッヒ・ハーラーに意見を求めた。「山脈の上昇運動によってひき起こされた地殻の亀裂によるものにちがいありません」という返答に一四世は首をかしげた。「これはきっと天からのお告げにちがいない。チベットの将来に何か不吉なことが起こるのではないか」と少年法王は案じ、その不安をハーラーに訴えた。

ハインリッヒ・ハーラーは、自然現象を悪い前兆と受けとめようとする少年法王の心情を理解していた。

「迷信を信じるのはチベット民族の文化であり、かれらから迷信を取り去るのは死ねというのと同じだ。悪い前兆に苦しみ、悩んでもいるが、チベット民族はそれ以上によい前兆をバネにし、力強く生きてきたのだ」とハーラーは受けとめていた。

のちにハインリッヒ・ハーラーは七年間のチベット滞在を本にし、ベストセラーとなった。ハーラーと少年法王の交流を描いたアメリカ映画『セブン・イヤーズ・イン・チベット』(ジャン＝ジャック・アノー監督)が日本で公開されたのは一九九七（平成九）年暮れだった。監督や主演のブラッド・ピットらは中国への入国を禁止された。だが、極秘裏にチベットで撮影した部分が映画で使われていたのが、のちに関係者の証言でわかった。

地鳴りから二日後の夕方、ラサで大きな宗教行事がおこなわれた。会場には幕で仕切られたダライ・ラマ一四世のご座所があり、その隣に摂政タクダ・リンポチェの席があった。そのとき、会場へあわただしくチベット政府の役人が飛び込んできた。役人は摂政に電報を手渡した。摂政の席も幕で仕切られ、なかの様子はわからなかったが、「きっと悪い知らせだ」と少年法王は直感した。子どもの頃から一四世はするどい勘の持ち主で、また人並み以上に察しがよかった。

ダライ・ラマ一四世は、大きな箱にあがって、息を殺して隣の席をのぞき込んだ。電報に目を落とす摂政の顔は青ざめていた。チャムドの知事、アボ・アワン・ジグメからチベット軍の駐屯地が中国人民解放軍に襲撃され、多くの将兵が死傷したという急報であった。摂政は退席し、ただちに閣議がひらかれた。

これが現在もホットなテーマとなっている、いわゆるチベット問題のそもそもの発端であった。

チベット政府は中国の侵略阻止に協力してほしいとイギリス、アメリカ、インド、ネパールへ代表団を派遣することになった。出発に先立ち、四か国に電報が打たれた。しかし、各国の反応にチベット政府は落胆した。いずれもチベットに対して最大限の同情を示したが、さりとて支援を約束したところはなかった。アメリカにいたっては、丁重な言い回しで代表団の訪米申し入れをことわってきた。

ネーチュン神託師のお告げ

その頃、ラサの目抜き通りに「摂政は退陣し、法王に政権を担っていただこう」という張り紙があらわれた。そこには摂政側近らのかんばしくない行状も書き連ねてあった。ダライ・ラマ一四世は一五歳になったばかりで、この年齢で親政を開始した法王はいなかった。だが、日増しに政権交代を求める声が高まり、世論を無視できなくなった摂政タクダ・リンポチェはネーチュン神託師のご託宣をあおぐことになった。

いうまでもないが、チベットの歴史がネーチュン神託師によって決められてきたわけではない。古来、神託に頼ることが多かったのは世界共通の現象であるが、半面、神託に反発した例もすくなくなかった。神託に従わなかったケースとして日本では、奈良時代の宇佐八幡宮《うさはちまんぐう》事件が有名である。

「道鏡を皇位につけなさい」という宇佐八幡宮の神官の怪しげなお告げに、俗説によれば、道鏡と情の通じていた称徳天皇（孝謙天皇）はその気になりかけた。だが、天皇側近の姉（尼僧）に代わって確認のため大分の宇佐八幡宮に赴いた和気清麻呂《わけのきよまろ》の機転で、天下を揺るがしかねない神託はくつがえされた。

勇気ある貴族官僚の果敢な行動がなければ、皇族でもない道鏡が天皇になっていたかもしれない。天皇と道鏡の怒りをかった和気清麻呂は九州に流されたが、女帝の死で道鏡も失脚し、朝廷は混乱をまぬがれた。皇居のお堀端に立つ大きな清麻呂像（東京メトロ竹橋駅近く）を目にし、皇統をゆがめようとした神託事件を思い出す人もいるはずだ。

さてネーチュン神託師のご託宣だが、「摂政は政治権力のすべてを法王へ移せよ」というものであった。宇佐八幡宮の非常識な神託とちがって、ネーチュン神託師のお告げはチベット社会の現状を的確に見通していた。なぜならチベットの大僧院や政界有力者のなかでだれ一人、火中の栗を拾おうとしなかったからだ。「わたしは若すぎる」とダライ・ラマ一四世は何度も拒絶したが、結局、政治指導者の任務を受け入れざるを得なかった。チベットでこの難局に立ち向かえるのは、だれもが文句なしに従う最高権威者、すなわち自分しかいないことを一〇代半ばの聡明な少年は十分にわかっていた。ここに世界最年少の最高指導者が誕生した。

長兄の衝撃証言

政治の世界とは無縁だったダライ・ラマ一四世は、不安と重圧にさいなまれた。そのなかで一四世がやすらぎを得られたのは、わずかしかない自由時間を使ってハインリッヒ・ハーラーと会うときだった。一四世はハーラーから数学を学んでいた。ある日、二人が学習中、大男の親衛隊員が入室し、ガバと三度ひれ伏し、うやうやしく一通の手紙を法王に手渡した。親衛隊員は一四世に尻を向けず、しずしずと後ずさりしながら退出した。

手紙は西寧のクンブム僧院長であるタクツェル・リンポチェ、すなわち長兄のトプテン・ジグメ・ノルブからだった。ラサを訪問するという突然の知らせだったが、長兄は毛沢東政権から不本意な密使の役目を課せられていた。クンブム僧院が中国共産党の支配下に入ると、僧院長はその監視下におかれた。長兄は軟禁状態のなかで徹底的な洗脳教育を受けた末、「弟のダライ・ラマを北京の意向に従うよう説得せよ」と共産党幹部から命じられてラサへ向かったのだった。

「もし説得に応じなかったら、ダライ・ラマを殺せ」と幹部は言い放った。幹部から説得に成功すればその見返りとしてチベット地方政府の主席を約束された長兄は、「わかりました」と同意したように装ってクンブム僧院を出発した。いうことを聞かなければ、投獄の憂き目に遭うのはわかりきっていた。

一一月初旬、長兄はよろよろした足どりでラサに到着し、何年ぶりかで実弟のダライ・ラマ一四世と会った。これまでの心痛がかさなって大僧院長の威厳は消え失せ、ことばも途切れ途切れで、変わり果てたタクツェル・リンポチェの様子に一四世は中国共産党政権の容赦のない圧迫を実感せざるを得なかった。

一部始終をあかした長兄から法王暗殺まで指示されたと聞かされ、一四世は強い衝撃を受けた。

長兄は中国共産党政権の本質や意図を報告書にしてチベット政府へ提出したうえ、アメリカの支援を得て、武力で中国に抵抗するしかないと説いた。そのために自分が渡米し、ホワイトハウスを動かそうとも考えていると述べた。また、かれはダライ・ラマ一四世に対して中国の策謀から逃れるために亡命したほうがよいと繰り返し述べた。だが、長兄の忠告は一四世の心に届かなかった。目前に迫った政権移譲の儀式のことで一四世の頭はいっぱいだった。

ダライ・ラマ一四世、ラサを離れる

一一月一七日、チベット政府の決定権は摂政タクダ・リンポチェからダライ・ラマ一四世へと移った。ここに一四世は宗教と政治の双方をたばねることになった。一五歳の新法王を補佐する内閣や主な行政機関は、僧侶と非僧侶の組み合わせで構成されていた。優位にあるのは僧侶のほうだったが、時局への対応では迅速性に欠けるのは否めなかった。非僧侶組は、法王や公職にある僧侶が宗教活動に忙殺されているのを内心では歓迎していた。政治の実権を手にする好機であったからだ。

新体制のスタート直後、ダライ・ラマ一四世を意気消沈させる知らせが届いた。イギリスの国連大使が、「チベットの国際法上の地位は不明瞭である」と述べたのを受けて、国連はチベット問題を審議しないと決議したのだ。かつて先代法王を厚遇したイギリスには、もはやチベットへの熱い思いはあとかたもなかった。イギリスが中国との関係を気にしているのはあきらかだった。国連の決議に人民解放軍はますます勢いづき、船出したばかりの新政権に危機感が強まった。

一二月一九日夜、ダライ・ラマ一四世は身の危険を避けるため、しばらくラサを離れることにした。出発は極秘とされ、側近や護衛の兵士あわせて一四〇人が従った。そのなかにハインリッヒ・ハラーや長兄がいた。だが、深夜のうちに隠密行動はクチコミで伝わり、セラ僧院の僧兵らによって行く手を阻まれる事態となった。一四世みずから説得にあたって、一行はようやくインド国境に近いヤートンのドゥンカル僧院に落ち着いた。

この頃、アメリカのＣＩＡとコンタクトを取って人民解放軍に一矢報いるべくチベットでレジスタンス運動を起こそうとしていたグループがいた。先頭に立っていたのはダライ・ラマ一四世の二番目の兄、ギャロ・トゥンドゥプだった。何人かのチベット人がグアムでＣＩＡの指導のもとにゲリラとしての特殊訓練を受けた。

一九五一（昭和二六）年、中国共産党政権はチベット代表団を北京に招き、話し合いの場をもうけた。チベット代表団の代表となったアボ・アワン・ジグメは人民解放軍がチャムドへ侵攻したときの知事で、そのとき身柄を拘束されたことがあった。席上、中国政府はチベット支配の始まりとなる一七か条の平和解放協定案を提示した。「チベット人の望まない改革はおこなわない」という文言が協定案にあったが、それが守られる保証はなかった。

頼みの綱は、国際世論を背景とした諸外国の支援であった。チベット代表団は、「正式の印鑑を持っていないので、ラサから取り寄せる」と時間稼ぎをして各国の反応を待った。だが、チベットに加勢する国はあらわれなかった。のちにダライ・ラマ一四世は、「一七か条の協定を脅迫的に押しつけられました。このときの印鑑は中国で偽造されたものです」と語った。

五月二三日、やむなくアボ・アワン・ジグメは調印し、チベットは実質的に中国に組み込まれることになった。人民解放軍の監視はいっそう厳しさを増し、チベットと通商していたインド人なども追い払われ、皮肉にもチベットはふたたび鎖国状態になった。

中国政府はまたチベット代表団に対して、「パンチェン・ラマ一〇世を承認するように」と強く求めた。滞在先のヤートンでその件の了解を求めるアボ・アワン・ジグメの電報を受け取ったダライ・ラマ一四世は、人民解放軍の侵攻がつづく現況を無視できず、北京の要望を受け入れざるを得なかった。八月一七日、一四世はヤートンからラサに帰還した。

パンチェン・ラマ一〇世、ラサに入る

その後、アボ・アワン・ジグメは中国政府の忠実な協力者となったが、ダライ・ラマ一四世は抵抗の姿勢を崩さなかった。すぐには平和解放協定を受け入れず、署名も押印も拒んだ。だが、圧倒的な軍事力で迫る毛沢東政権に対して、一四世はあまりにも無力であった。人民解放軍の先遣隊がラサを占拠するに至っては一四世も抗しきれず、本隊が到着する直前の一〇月二四日、中国との協定を受諾した。やがて人民解放軍はラサ郊外で飛行場建設に着手した。

一〇月二六日、人民解放軍の本隊がラサに到着した。ラサに軍政委員会と軍区司令部が設置され、王其《おうき》

梅《ばい》、張国華《ちょうこつか》、譚冠三《たんかんさん》の三将軍が指揮する人民解放軍は二万人に達した。しばらくして意外な人物の名前がおおやけになってラサ市民の関心をひいた。多田等観から山形弁を習ったエリート留学僧が中国共産党政権下で息を吹き返した。ダライ・ラマ一三世の逆鱗にふれて追放され、その後、鳴りを潜めていたツァワ・ティトゥルがチベット軍区の出版物審査常任委員に任命されたのだ。

一九五二（昭和二七）年四月二八日、パンチェン・ラマ一〇世は人民解放軍に守られながら初めてラサへ入った。パンチェン・ラマはポタラ宮殿でダライ・ラマ一四世を表敬訪問し、先代以来こじれていた両者は和解した。パンチェン・ラマは臣下の礼で法王にあいさつし、付き添っていた中国政府の役人を不快にさせた。このとき一四世一七歳、パンチェン・ラマ一三歳であった。パンチェン・ラマは年少者としてではなく下位にある者としての礼法にしたがった。それはダライ・ラマとパンチェン・ラマを同格とみなす中国側にとって好ましい光景ではなかった。

パンチェン・ラマ一〇世の一か月におよぶラサ滞在中、ダライ・ラマ一四世は何度か非公式にパンチェン・ラマを招き、食事をともにした。パンチェン・ラマは本拠地のシガツェへ出発する前、法王にあいさつするため中国政府の役人とともにノルブリンカ離宮をおとずれたが、パンチェン・ラマはなるべく法王と対等にふるまおうとするあまり、その態度にぎこちなさがあった。「同格らしくふるまえ」と中国側から耳打ちされていたのはあきらかだった。その後、中国共産党政権は一院制議会である全国人民代表大会（全人代）を立ち上げ、チベット地区の全人代代表（国会議員）として一四世とパンチェン・ラマの二人を選んだ。

一九五四（昭和二九）年四月、インドのネール首相は北京をおとずれ、中国政府との間に領土と主権の尊重など平和五原則を結んだ。これは結果として、中国のチベットに対する主権を容認することにつながった。

七月一一日、ダライ・ラマ一四世は北京訪問のためラサを発った。秋には第一期となる全人代の開催が予定されていた。もはや北京とは対等の関係ではなく、一行には悲壮感がただよっていた。その日の朝、キチュー河の北岸に大勢の人々が詰めかけ、皮舟に乗り込んだ一四世を涙ながらに見送った。五日後、パンチェン・ラマ一〇世もシガツェから北京を目指した。一四世は成都から飛行機で西安に飛び、九月一日、そこでパンチェン・ラマと合流した。二人は四日に特別列車で北京へ着き、周恩来の出迎えを受けた。

九月一一日、毛沢東はダライ・ラマ一四世とパンチェン・ラマ一〇世に会った。二七日の全人代で一四世は常務委員会副委員長、パンチェン・ラマは常務委員になった。また全国政治協商会議ではパンチェン・ラマが副主席になった。一四世は一九歳になっていたが、パンチェン・ラマはまだ一六歳。チベット民族向けのお飾りの肩書きであった。

毛沢東と周恩来

北京滞在中、ダライ・ラマ一四世は毛沢東と何度か会見する機会があった。一四世によれば、毛沢東は服装に無頓着でよごれた靴をはき、シャツのそで口は破れていたという。「毛沢東は老農夫のようだった」と一四世は述懐している。余談になるが、一四世は来客の服装をけっこう細かく観察していて、相手のネクタイが曲がっていると、それとなく教えてくれる気遣いがあった。

「毛沢東についてどういう印象を持っていますか」という取材班の質問に対して、筆者の予想とはちがって、「尊敬しています。毛沢東は革命の真の偉大な指導者でした。わたしたちが会見したとき、毛沢東の表現の仕方や身振り、考え方などはとてもダイナミックでした」とダライ・ラマ一四世は好意的な毛沢東評を述べた。毛沢東から教えられたものがいくつかあるという。「たとえば、どのようにして人と接するか、どのようにしてさまざまな意見を受け入れるか、最終的にどのようにして結論を導き出すかといったことを学びました。そしてマルキシズムの考え方も学びました」と一四世はつづけた。

「周恩来についてはいかがですか」という取材班の質問に対しては、これまた意外な返事が返ってきた。

「毛沢東とちがってたいへんずる賢いと思いました。第一印象で、この人は大うそつきだとすぐわかりました。毛沢東は周恩来とちがって、本当のことをいう人だという印象を受けました」とダライ・ラマ一四世は述べたのだ。周恩来はともかく、ダライ・ラマ一四世は毛沢東の人柄にふれ、中国共産党政権と協調していけるという自信を得て、チベットに帰国した。だが、それは裏切られることになった。

一九五五（昭和三〇）年、北京からの帰途、ダライ・ラマ一四世は一五年ぶりに四歳まで暮らしたタクツェル村に立ち寄った。中国の圧力に重い気持ちになっていた一四世にとって、心休まるひとときであった。ただ、「現在はとても幸せです」と異口同音に語った村人の何人かの目に涙が浮かんでいたのを一四世は見逃さなかった。北京への旅で一四世はひと皮むけたように成長し、民衆の胸の内を察するようになっていた。ラサに戻った一四世はノルブリンカ離宮でふたたび宗教的な生活に戻ったが、近くには人民解放軍の兵舎が離宮をにらむように建っていた。

この年の終わりから翌年にかけてチベットと中国の関係が悪化し、複雑化してきた。ダライ・ラマ一四世は何度か毛沢東に書簡を送ったが、返事はなかった。

紫禁城の正門、天安門入り口の真上にも毛沢東の肖像が掲げてある。この独裁者に対するダライ・ラマ14世の評価は意外にもそう低くない

「チベットの地方の状況はだんだん悪くなり、わたしの訴えは少しも効果がありませんでした。そこでわたしは毛沢東の外見と実際の腹の内はちがうことをはっきりと悟ったのです」と一四世は述べた。ただ、初対面の好印象はその後も消えることはなかった。

ダライ・ラマ一四世、インドを訪問する

一九五六（昭和三一）年四月二二日、中国共産党政権はチベット自治区準備委員会を創設し、主任にダライ・ラマ一四世、副主任にパンチェン・ラマ一〇世と人民解放軍ラサ駐在の張経武司令官、事務局長にアボ・アワン・ジグメを任命した。パンチェン・ラマもジグメも中国寄りであり、一四世はチベットの自立性維持に危機感をいだかざるを得なかった。

この頃、難問山積のダライ・ラマ一四世の胸にふつふつとたぎっていたのは、インドへの強い思いであった。インドではこの年に釈尊生誕二五〇〇年祭が各地でおこなわれることになっており、あわせて各国の宗教人を招いてデリーで世界宗教会議がひらかれる予定だった。インドの宗教団体からこのフォーラムへの招待状が一四世のもとへ届いていた。

「わたしはどうしてもインドに行きたかった。チベット人にとってインド巡礼の旅は終生の夢でもあるのです。仏教文化創立者の生誕の地であり、チベットに文明をもたらしてくれたインドはわたしたちにとって聖地なのです。政治的な意味でもインドを訪問したかった。政治的な孤独感にさいなまれていたわたしは、インド政府指導者の助言を期待してもいたのです」とダライ・ラマ一四世は当時の心境を語った。

だが、中国政府の反応は冷ややかであった。ダライ・ラマ一四世が側近を通じてインド訪問について政府幹部に打診したところ、「ダライ・ラマは中国政府の指導者です。インド政府からの招待ならともかく、

小さな宗教団体からの招待などでインドへ行ってはなりません」という返事だった。

あとでわかったのだが、インド政府は早い段階で中国政府に対してダライ・ラマ一四世をインドへ招く用意のあることを伝えていた。一四世がインド政府要人と接触するのを嫌った中国政府は、それを握りつぶしていた。そのため一四世はインド訪問をあきらめ、代理を派遣することにしたが、その後、インド政府の正式の招待状があり、土壇場で中国政府は一四世のインド行きを認めた。世界宗教会議がひらかれる一週間前のことだった。

ダライ・ラマ一四世一行は急いで準備をととのえ、中国がつくった道路を中国製の自動車に乗ってチベット高原を突っ走った。一四世に同行する中国人の役人は、酸素マスクをつけて車に乗り込んだ。中国政府の重点政策のおかげでチベットの道路事情は一変しつつあった。

この年の一〇月二五日には、四川省の成都とラサを結ぶ自動車道路（全長二四一三キロ）が開通した。その後、青海省の西寧からラサへ通じる自動車道路（全長一万九六四五キロ）も完成し、三年後の一九五七（昭和三二）年には北方のイスラム教徒が多い新疆ウイグル自治区への自動車道路（全長一一七九キロ）が開通した。三本の幹線道路は、イザというときに人民解放軍の展開を容易にするという軍事、かつ治安の目的もあった。

一九六五（昭和四〇）年三月一日、ラサ郊外に空港が完成し、北京や成都が空路で結ばれた。その後、中国政府はラサの中心街から空港までの道路改修に巨費を投じた。その資金が途方もなく多かったのを現地で中国人ガイドは誇らしげに語ったものだ。ラサと空港の間には大河や山脈があったため、それまでは遠回りしていた。中国政府は大河に大橋を架

中国政府が巨費を投じたラサ郊外のトンネル

ラサ・クンガ空港。四川省の成都まで1時間40分ほどの飛行だ

舗装されたシガツェ街道を2人の若い僧侶を乗せた農業用トラクターが行く

シガツェのホテル。ホテル正面の大きな銅像は孔子だった

け、山脈を貫くトンネルをつくって一挙に距離を四〇キロほど短縮した。この大工事は二〇〇五（平成一七）年までかかった。

中国政府の不運は、これほどの資金を投じながら多くのチベット人の心をつかめなかった点だ。ずっと以前から人民解放軍が東へ西へと展開せざるを得ないほどに、チベット各地でチベット人の反乱が頻発していた。燃え盛るレジスタンス運動に対抗するため、人民解放軍は空爆も辞さなかった。とりわけ悲惨をきわめたのはカム地方であった。チベット民族のなかでも勇猛果敢で知られるカムパ族の抵抗は激しく、そのため犠牲者も多かった。公開処刑がおこなわれ、僧侶や尼僧は群衆の面前ではずかしめを受けた。

「一九五五（昭和三〇）年の前半までは比較的平和な状況でした。しかし中国で改革の動きが始まり、階級闘争が激化して緊張状態がつづくなか、中国政府は同じような改革のパターンをチベットでもおこない始めました。当然、そのような改革はチベットにふさわしくないわけですね」とダライ・ラマ一四世は述べた。人民解放軍はチベットの高僧や指導者を会合や祭典、食事に招待しておいて、出席するとその場で殴打したり、逮捕したり、ときには死に至らしめたというのだ。「チベットの状態は非常に悪化し、危機的な状況になりました。その結果、東チベットで公然と人民解放軍に対する反乱が起こりました」と一四世は述べたが、不穏な情勢は次第にラサにも忍び寄っていた。

✳ 第14章 ラサからダラムサラへの道

運命の三月一〇日

一九五九（昭和三四）年の初頭、ラサは五穀豊饒を祈願するモンラムで例年以上に賑わった。この大法会に各地から一万人近くの僧侶がラサに集まった。また、人民解放軍の東チベットへの侵攻以来、カム地方から難を逃れた人々が押し寄せ、ラサは人口がふくれあがっていた。カムパ族と呼ばれるかれらの多くはチベット軍やレジスタンス運動に参加し、その闘争心と忠誠心の高さを知るラサ駐屯の人民解放軍司令部は警戒を強めていた。

僧侶はむろん、ラサ市民や地方からの巡礼者もまた居座りつづける人民解放軍に対して冷たい視線を向けていた。モンラムの期間中、ラサ市内の警備を担当したのは人民解放軍ではなかった。伝統にしたがって警備の司令塔はデプン僧院の僧院長が担い、それぞれの大僧院から派遣された僧兵らが交通整理や治安の維持にあたった。僧兵による取り締まりは厳しく、非行や軽犯罪も見逃さず、不埒者《ふらちもの》には容赦なく罰金を課した。二月が過ぎても地方から来た数千人の僧侶はまだラサに滞在し、巡礼者の多くもとどまって市内はごった返していた。そのさなかにチベット史上最大の事件となる動乱が起きた。

ラサのパルコルはふだんでも人通りが多い。ラサ動乱のとき、この繁華街は大混乱になった

三月一日、ダライ・ラマ一四世は人民解放軍司令部からラサにやって来た中国劇団の公演に招待を受けた。観劇の場所は中国軍兵舎にあるホールだという。「このホールは音響設備がととのっている」とおとずれた将校は説明した。この招待が動乱の発端となった。

このとき、二三歳の青年法王はジョカン僧院で純正哲学修士という学位の最終試験を受けていた。そのうえモンラムの行事がまだ残っていて多忙だった。「モンラムと最終試験が終わってから招待を受けたい」とダライ・ラマ一四世は伝えたが、将校は納得せず、「すぐ観劇の日を決めてほしい」とせかした。唐突な観劇の誘いに強い疑念をいだいた側近の助言もあり、一四世は即答を避けた。

すでにふれたように、人民解放軍はチベット各地で指導的な僧侶や有力者を食事に招待するというふれこみで呼び出し、いきなり高圧的な態度に出て検事のように尋問したうえ、ときには身柄を拘束することもあったからだ。チベット政府と人民解放軍はぎくしゃくした関係にあり、ダライ・ラマ一四世にすれば、とても喜んで招待に応じる雰囲気ではなかった。

三月五日、ダライ・ラマ一四世はジョカン僧院でおこなわれたいくつもの儀式をつつがなく終えた。ノルブリンカ離宮へ戻る際のセレモニーにはいつも人民解放軍の幹部が参列していたが、この日、中国側からはだれも姿を見せなかった。

三月七日、人民解放軍司令部からダライ・ラマ一四世のもとに、「いつ観劇に来られるのか、はっきりした日取りを教えてほしい」と催促があった。「一〇日なら」と一四世側は伝えたが、その前日になって

「法王の警護は必要がない」と告げられた。「かれらはなにかをたくらんでいる」という情報はすぐ市中に知れ渡った。

スマホや携帯がない頃でもチベット人は早耳だった。ダラムサラに滞在していたとき、それを実感したことがある。早朝、宿泊していたホテルの前に多数のチベット人が集まっていた。高位の転生僧がおしのびで泊まっていて、朝一番の出発をかぎつけた人々がどっと押し寄せたのだ。もともとチベット人は朝に強く、建物の起工式が午前六時から始まることもある。

このときもダライ・ラマ一四世の身が危ないという情報はあっという間にラサ市内を駆け巡り、三月一〇日の日の出前から多くの民衆がノルブリンカ離宮前に集まった。民衆は人民解放軍から青年法王を守ろうと声をあげたが、それが中国側の伝令によって、「反動分子がダライ・ラマを離宮に閉じ込め、気勢をあげている」と人民解放軍司令部へ伝えられ、一気に緊張が高まった。動乱の幕あけであった。

その後、あちこちで小競り合いが連鎖反応的に起き、ついに銃声が連日鳴り響く事態へとエスカレートした。民衆と人民解放軍が激突したラサ動乱で多数の死傷者が出た。「中国がチベットを侵攻、占領した直接の結果として、一二〇万を超えるチベット人が命を落とした」とチベット亡命政府は訴えるが、数十年間をあわせた数字でむろん推定である。ラサ動乱の年にかぎっても、正確な犠牲者数はいまなお不明だ。

三月一〇日は、中国支配に対するチベット人の抵抗運動の記念日となった。以後、チベット民衆の怒りは消えず、中国政府は毎年、チベット蜂起《ほうき》記念日のラサに最大の警戒網を敷いた。ダライ・ラマ一四世は非暴力デモを訴え、チベット民衆もいったんはそれに従ったが、中国側の取り締まりは容赦なく、結局、国際ニュースとなるほどの流血の惨事がこれまで幾度となく繰り返された。

ラサ動乱を契機にダライ・ラマ一四世の母親（ディキ・ツェリン）、長姉（ツェリン・ドルマ）、末弟（テンジン・チュギェル）らはラサ市内の法王家族邸からひとまずノルブリンカ離宮へ移った。だが、その離宮も人民解放軍の攻撃目標となっていると伝えられ、法王一家は真剣にラサ脱出を検討した。自分が亡命したあと、残されたチベット人はどうなるか。一四世は悩みに悩んだ。たどりついた結論は、法王がラサにとどまれば、混乱はさらにエスカレートするだろう、ということだった。これ以上の流血の惨事は避けなければならなかった。だが、脱出成功の見通しはほとんどなかった。一四世はひたすら祈った。

三月一七日、法王一家は脱出の準備にとりかかった。母親は娘婿（長姉の夫はダライ・ラマ一四世護衛隊の隊長だった）から短い毛皮の外套と靴を、使用人から帽子を借り、銃を肩にかついだ。おもちゃの銃だった。「昼間だったらばかげて見えるでしょうが、夜だったらホンモノかどうか識別できませんもの」と、のちに母親は孫娘のヤンツォム・ドマに語っている。長姉はカムパ族の兵士に変装した。

夜のとばりが下りる頃、母親と長姉は兵士らに守られ、ひと足先にそっとノルブリンカ離宮を出た。末弟は残った。「わたしは母が連れていた一番下の弟を引き取りました。そうすれば、先を行く母たちの一行はもっと早くすすむことができると考えたからです。事実、そうすることで母たちはずいぶん早く行くことができました。カムパ族の兵士がこの一行を守ってくれました。わたしは安心することができました」とダライ・ラマ一四世は語った。母親らはキキュー河の向こう岸で、あとから来る法王一行と落ち合うことになっていた。

三月一七日午後九時三〇分、ダライ・ラマ一四世は二階の自室で僧服を脱ぎ、用意された衣類に着替え、カムパ族の兵士の姿になった。一四世の部屋は女人禁制で、掃除をする女性も入ることはできなかった。

変装した一四世は眼鏡をはずし、手にライフルを持った。母親のおもちゃの銃とちがって、ずっしりとして重かった。

ポタラ宮殿の財宝はどうなったのか。清のラストエンペラー、溥儀が北京を離れる際、側近らはすくなからずの金銀財宝を持ち去ったといわれる。だが、ダライ・ラマ一四世の側近らはポタラ宮殿どころか、ノルブリンカ離宮にあった重要な公文書や印璽《いんじ》などを持ちだすのが精いっぱいであった。

ダライ・ラマ一四世に従ったのは四人の大臣を含む政府高官、二人の個人教師や侍従、それにチベット軍将兵など約三〇〇人であった。全員が一緒に行動すれば目立つので、少人数にわかれて離宮を出た。二人の大臣がラサに残った。そのうちの一人は、八年前、北京でチベット代表として一七か条協定に調印したアボ・アワン・ジグメだった。由緒ある貴族の家に生まれたジグメはチベット政府の重臣として一四世を補佐してきたが、のちに袂《たもと》を分かつことになる。

ノルブリンカ離宮と人民解放軍司令部はどちらもキチュー河の北岸にあって、そう離れていなかった。そのとき司令部には、まだあかりが灯《とも》っていた。北岸には人民解放軍の砲兵隊が基地を構え、市中に睨みをきかせていた。ラサを抜け出すには、なんとしても南岸へ渡る必要があった。それが一行を待ち受けていた最初の試練であった。キチューはチベット語で曲水という意味で、その名のとおりラサの町を西に流れる河は、郊外で南へ大きく曲がっていた。

ダライ・ラマ一四世一行は、冬季で水量のすくなくなった河を小舟で用心深く渡った。一行は懐中電灯一つ持っていなかった。「月の光だけが頼りでした。とにかく脱出ルートはここしかなかったのです。中国軍が攻撃してきたら、わたしたちはあっけなく全滅したでしょう」と一四世は語った。ぶじに河を渡り終えると、カムパ族の兵士数十人が馬を用意して待ち受けていた。そのなかの一頭は白馬で、一四世は白馬にまたがってすぐに出発した。

数日後、ダライ・ラマ一四世一行が雪に覆われた山道を歩いていたとき、人民解放軍の戦闘機が飛んできた。「わたしたちのなかには白い服を着ている人はだれもいませんでした。黒や茶色の服を着ていたので、とても目立ちました。たとえば白い紙に黒い点々がついているようなものです。そんなところに中国軍の戦闘機がやってきたのです。攻撃されたら、もうおしまいでした」と一四世は振り返った。まさに一難去ってまた一難という状況であった。

三月二二日、人民解放軍はジョカン僧院に向けて発砲した。抗議する民衆に対して中国側の用意したラウドスピーカーで、「皆さん、わたしたちは和解に応じました」と呼びかけたのはアボ・アワン・ジグメだった。このとき四九歳だったジグメはチベット自治区ができたとき、自治区の初代主席に任命された。かれは七〇歳になったときもふたたび自治区主席に選ばれた。チベット政界の長老を二度も起用せざるを得なかったところに、チベット支配に手こずる中国共産党政権の苦渋が垣間見られる。

三月二八日、中国政府は周恩来首相の名前で、「反動主義者によってダライ・ラマは連れ去られた。チベット地方軍は人民解放軍に対して攻撃を加えた」としたうえで、「チベット地方政府を解散する」と声明を発表した。チベット地方軍とかチベット地方政府というのは中国側の言い方であるが、この国務院命令によってダライ・ラマ一四世の政治権力ははく奪された。

一七か条協定でダライ・ラマ一四世の地位は守られていたが、それもホゴにされた。そのとき、一四世の一行はインド国境を目前にしていた。携帯ラジオで一方的なチベットの政治体制の解散宣言を知った一四世は、一か月後に臨時政府の設立を宣言するが、この時点での最重要課題はインド政府の入国許可を得ることだった。

その頃、ダライ・ラマ一四世は激しい下痢に見舞われていた。馬上の振動に耐え切れず、一四世は白馬から降り、ヤクとウシの合いの子のゾモに乗りかえた。ほとんど揺れを感じさせない、おとなしいゾモの背にまたがって先を急ぐうちに一四世は元気を取り戻した。

ようやくたどり着いた国境では、別れが待っていた。ダライ・ラマ一四世に従ってきた兵士は人民解放軍と戦うためにラサへ引き返した。そのラサから届いた、多数の死傷者が出たという知らせに一四世は落ち込んだ。「さまざまなことが重なって、わたしはあのとき、とても悲しかったのです」と語るダライ・ラマ一四世の表情は沈痛そのものであった。

インドの地で日本亡命を勧められる

一九五九（昭和三四）年四月、ダライ・ラマ一四世一行は峠をいくつも越え、ようやくインド北東部のアルナチャルプラデシュ州にあるタワン町へ着いた。この州はインドと中国が領有権を主張し、この三年後に勃発した中印国境紛争では人民解放軍が同州全域を占領した。その後、人民解放軍は撤退し、現在はインドが実効支配している。

テージプールという鉄道のある町では、「インド政府の役人に迎えられ、ネール首相からは心のこもった電報をいただきました」とダライ・ラマ一四世は語ったが、それまでは食糧と飲料水の確保に苦しんだ。人の姿のない荒野を何日もすすむことになったら、飢え死にするおそれさえあった。さいわい道中に人家があって、一行はなんとか飢えをまぬがれたのだった。

ダライ・ラマ一四世がテージプール駅に着いたとき、一〇〇人近くの報道陣が待ち構えていた。一四世はこの年最大の話題の人になり、日本の新聞や雑誌も大々的に報じた。だが、「わたしたちの国境越えには、劇的なことは何もなかった。わたしは言い様のない、みじめな気持ちで国境を見つめた」と一四世は語っている。インド政府はテージプールからムスーリまで一行のために特別列車を走らせた。

四月二九日、ダライ・ラマ一四世はムスーリで中央チベット政府（チベット亡命政府）の樹立を宣言した。この地に一四世のための住まいを用意したインド政府は、中国政府への配慮も忘れなかった。ムスーリをおとずれたネール首相に対して、一四世はラサ動乱のイキサツやチベット民衆に対する人民解放軍の情け容赦のない攻撃の一部始終を話した。「わたしたちの希望はチベットの独立であり、無慈悲な弾圧の停止です」と一四世は訴えたが、「それは矛盾しています」とネールはとりあわなかった。

また、ダライ・ラマ一四世が、「ラサのチベット政府は破壊されたので、南チベットに新たに政府を設置したいと思っています」と述べると、「それは認めません」とネールは苛立ちを隠さなかった。一九五四（昭和二九）年に中国とインドの間で「中国のチベット地方とインド間の通商交通に関する中印協定」が調印され、インドはチベットが中国の一部であるのをすでに認めていたのだ。「ネール首相は非常に好意的でしたが、もう遅すぎました」と一四世はぽつんと漏らした。それが冷徹な国際政治の現実というものであった。

ダライ・ラマ一四世は、日本への亡命は一度として考えたことはなかったが、日本側のほうに一四世を受け入れようとする動きがあった。この年の九月二六日、中谷武世《たけよ》（元衆議院議員）がムスーリで一四世と会見した。このとき中谷は下中弥三郎（平凡社社長）から一四世へあてた書簡を手渡した。「中谷君はわたしと一緒にチベット問題国民協議会をつくった指導者の一人です。その中谷君からお話を申し上げると思いますが、もし閣下が日本へ来られるご意志をお持ちならば、わたしどもは喜んで歓迎申し上げる用意があります。しかし、これはわたしの個人的意見です」という内容がしたためられた書簡であった（『民族と政治』一九五九年一一月号）。

日本亡命を勧める中谷武世に対してダライ・ラマ一四世は、「あなた方のご好意に心から感謝しています。しかし、わたしはインドを離れて国外へ旅行する意志は持っていません」と答えた。一四世はインドの好意を大切にしたかったし、なによりも自分を慕ってヒマラヤを越えてきた多くの亡命チベット人が念頭にあった。かれらをインドに残して、自分だけが日本へ渡ることなど考えられなかった。

ただ、当時もダライ・ラマ一四世が先代同様、日本に格別の思いをいだいていたのは事実である。ムスーリには一四世との単独会見をものにしようと、各国のジャーナリストが詰めかけていたが、そのなかで初めて単独会見に成功したのは朝日新聞ニューデリー支局長の秋岡家栄《いえしげ》であった。中谷武世よりちょうど四か月早い五月二七日、秋岡はこれまでメディア関係者を寄せつけなかったビルラ・ハウスで一四世に一七分間、会うことができた。このとき一四世の側近は、「あなたは新聞記者として法王にお会いになるのではありません。法王は日本人としてのあなたにお会いになるのです」といった（『週刊朝日』一九五九年六月一四日号）。

ダラムサラに学校をつくる

一九六〇（昭和三五）年五月、ダライ・ラマ一四世とチベット亡命政府はインド政府が手配してくれたダラムサラへ移った。「チベットへ戻れる日までここに滞在して下さい」と、インド政府はふたたび一四世に住まいを用意した。チベット亡命政府の陣容を整え、ダラムサラで一四世が真っ先に取り組んだのは、数万におよぶチベット難民の働き口だった。その結果、インド政府は道路工事の建設現場などをあっせんし、ひとまず難民の生活のメドが立つようになった。

ヒマラヤ山中の現場は危険だらけで、亡命チベット人たちにとっては命がけの日々だった。また、とくに子どもの生活環境は劣悪で、これはダライ・ラマ一四世の心配の種であった。そこで一四世はダラムサラに寄宿制の子どもたちのための学校をつくることを決心し、その実現にあたっては姉のツェリン・ドル

ダラムサラのチベット学校

教室にダライ・ラマ14世の
写真が飾ってあった

この子どもたちはどこかで
チベットのために活躍して
いるかもしれない

マが奔走した。一四世は学校設立と運営を姉に託した。

建物の建設が突貫工事ですすめられた。最初、難民の子どもたち五〇人を受け入れて、ツェリン・ドルマ校長のもとにチベット学校が開設された。子どもたちはいくつかの建物に寄宿したが、栄養状態が改善せず、命を失う子も出た。だが、次第に世界各地の慈善団体の援助が集まるようになり、設備も充実し、メディアも注目するようになった。

一九八九（平成元）年、取材班はダラムサラの山の頂きにあるチベット子ども村をおとずれた。ダラムサラの中心街から車で一〇分ほど山道をのぼると、ダル湖に突き当たる。水を満々とたたえた美しい湖であった。そこからちょっとあがると標高一七五〇メートルの頂上の、静かな環境のなかに保育所や幼稚園から高校まである子ども村が広がっていた。校長はダライ・ラマ一四世の妹、ジェツン・ペマに代わっていた。年々、子どもたちはふえた。毎年、数百人の子どもたちが入学した。だが、二〇〇八（平成二〇）年三月、チベット全土で反中国のデモが多発したのをきっかけに中国政府は国境警備を強化し、この年を境に亡命チベット人の数が次第に減少していった。

ダライ・ラマ一四世の長兄のその後にもふれておきたい。クンブム僧院長だったトプテン・ジグメ・ノルブは一四世よりひと足早くインドに亡命し、その後、渡米した。アメリカに定住し、インディアナ大学で教鞭をとった。

文化大革命とヤクの災難

インタビューの間、ダライ・ラマ一四世はじつによく笑った。ときには豪快に笑い、ときには身をよじって顔をほころばせた。破顔一笑、目が象のように細くなった。だが、「タクツェル村の生家はまだ残った。額にしわが寄った。

「生家は、残念ながら、もうありません。一九三九（昭和一四）年、家族全員がラサに行くことになったとき、父は、父のごく近い親戚にあたる老僧に、わたしたちの家を管理してもらうことにしました。その老僧は、この地方では最大のクンブム僧院にいました。僧院にいながらわたしの生家を見てくれていたわけです。この人は、あとで古くなった旧宅を壊して新しく建て替えました。その家も、文化大革命のときに壊されてしまいました。……悲しいですね」

ダライ・ラマ一四世は忌まわしい文化大革命（一九六六～七六年）を思い出したのだろう、厳しい表情になった。故郷の家が壊されたくらいなら、一転してこれほど暗い顔を見せることもなかった。若い暴徒の集団によって有形、無形のかけがえのないチベット文化が無残にも破壊され、貶《おとし》められた。自分の親までつるし上げ、人類の遺産を破壊しまくった文化大革命は、ほんとうは文化とか革命といった表現など空々しい、おう吐をもよおすようなおぞましい出来事だった。

紅衛兵がラサで最初に暴れまわったのは一九六六（昭和四一）年七月のことで、五日間にわたってジョカン僧院やノルブリンカ離宮などを荒らしまわった。さすがに中国政府の良識派は事態を憂慮し、緊急指令がチベット自治区へ発せられた。ただちに人民解放軍によってポタラ宮殿などが閉じられ、紅衛兵の乱入を食い止めた。のちにわかったが、周恩来の命令だった。

紅衛兵たちは口々に、「四旧（旧文化、旧風俗、旧習慣、旧思想）を捨てろ！」と叫んだ。四旧の代表格と目された高僧らはつぎつぎと連行され、重労働を課せられたり、投獄された。ダライ・ラマ一四世が若い頃に瞑想と生活の場としていた静寂で優雅なノルブリンカ離宮は、一時期、あろうことか僧侶らを閉じ込める刑務所に変わった。

紅衛兵は農家まで押しかけ、農民が家族のように大切にしていたヤクを手当たりしだい殺した。初めてチベットでヤクを見たとき、筆者は首のあたりや胴のまわりから垂れ下がる毛の多さに目を見張った。ふさふさした黒や褐色の毛の長さは半端でなく、地面に届きそうだった。和牛を見慣れてきた目には毛だらけの恐ろしい猛獣のように感じられたが、家畜化されたヤクはおとなしい。

野生のヤクの集団は、少数のオスと多数のメスからなっているといわれる。ヤクの母親がオスの子を去勢し、一握りの強いオスを残すのだという。また、オスのヤクは獰猛《どうもう》なので、集団の和を保つための去勢ともいわれている。動物学の見解はともかく、チベット人の多くはそう信じている。

チベットにおいてヤクほど役に立つ動物はいない。ヤクは農作業をおこなう際の動力源であり、運搬手段としても欠かせなかった。クジラ同様、ヤクにはムダなところがすこしもなく、フンは日常生活に欠かせない燃料になったし、肉や乳はとても貴重だ。肉を吊るして保存食とし、乳から良質のチーズやバターがつくられた。

ヤクの皮と毛も昔からチベットの日常生活に活用されてきた。皮は外套や靴となり、また小舟にもなった。その毛はロープとなったし、尻尾はほうきとなったほか、アメリカではサンタクロースのひげとして重宝された。古来、白い尻尾の毛は上流家庭のハエ払いとして使われ、インドの富裕層に好まれた時期もあった。

それほどに価値のあるヤクがチベットからつぎつぎと消えていった。紅衛兵によるヤク虐殺で農民は大打撃を受

ラサ市内で見かけたヤクの像

毛色の変わったヤクは観光用にも駆り出されていた（ヤムドク湖で）

け、生活を苦しめられ、農地も荒廃していった。その一方で、どんどん入ってきた漢民族が次第にチベット文化まで変え始めた。たとえば大麦をつくっていたチベットの農民に漢民族の農業指導者は小麦への転換を命じて、収穫を減らすなど各地で混乱が生じた。

ダライ・ラマ一四世がポツンと漏らした「悲しいですね」というひとことの裏には、チベット人を打ちのめした悲惨な出来事があった。そして文化大革命以後も、チベット文化の危機や環境破壊が憂慮されている。その背景にある恐るべき勢いで進行する漢民族のチベット社会圏への進出、移住が現在も大きな問題となっているのは周知の通りである。

小学校になっていたタクツェル村の生家

一九九七(平成九)年、中国中央電視台(CCTV)が『ダライ・ラマ』というタイトルのドキュメンタリーを製作した。中国共産党政権がチベット法王およびその政教一致体制をどう見ていたかを知るうえで大いに参考となる映像であり、この機会に日本語字幕版の内容をすこし紹介したい。

ダライ・ラマ一四世の生地、アムド地方のタクツェル村はドキュメンタリーの冒頭に登場する。荒涼とした風景(字幕の説明では、青海省チキャーという地名になっている)が映し出され、ナレーションが始まる。

「七〇〇年あまりの間に、この地は多民族が雑居する地域となった。一六四四(正保元)年、清王朝が始まって以来、回族がこの地の主な住民となった。いまはこの地名だけが、最初の住民がチベット族だったと伝えている。ダライ・ラマのハモ・トンドゥプはチキャーのタクツェル村に生まれた。

ダライ・ラマ一家がラサに移住し、チベットでもっとも名高い家族となって元の家屋は解体され、この地方独特の立派な建物に建て替えられた。一九五六(昭和三一)年からここはタクツェルという小学校になっている」

文化大革命でダライ・ラマ一四世の生家が破壊されたという説明はなかった。中国共産党政権はいまもなお文化大革命に関してはハレモノにさわるように慎重で、あえてふれる必要のないときは無視するのがふつうだ。タクツェル小学校では、一四世の遠戚にあたるというチー・フゥ・チュエン校長が子どもたちに教えていた。

教壇に立ったチー・フゥ・チュエン校長がいう、「きょうは世界の屋根を勉強します。青蔵高原についての勉強です。わたくしたちの故郷、青蔵高原は青海省にあります。ここには多くの民族が暮らしています。主にはチベット族、漢族、回族、モンゴル族、サラール族、トゥー族です」。

つづいて、「一九四〇（昭和一五）年、チキャーから二〇〇〇キロ離れたチベット地方政権が、タクツェル村の農民夫婦の五歳の息子、ハモ・トンドゥプをダライ・ラマの転生として認定してからは、この地はチベット族の居住区だと思われるようになった。しかし、固有の信仰を除けばここに住むチベット族を他の民族と見分けることは、むずかしい」とナレーションはつづく。

つぎにダライ・ラマ一四世と同郷で中国チベット学研究センター所長のドルジェ・ツェテンが、「湟中県のチキャーは漢文化の影響が強く、漢族との交流のなか、漢文化が普及されてきた。この地のチベット族の人々はチベット語を使うことはすくなく、ダライ・ラマも子どもの頃、ラサ方言がまったく話せなかったし、アムド方言も完全ではなかった」と語った。

ドキュメンタリーが意識的にチベット色を薄めようとしていたのはあきらかだった。ダライ・ラマ一四世は青海省というれっきとした中国の出身という印象を視聴者に与えたいのだろう。コメンテイターにはチベット人のエリートを登場させていたが、いうまでもなく中国共産党政権の意向にそったプロパガンダ映像である。それに否応なく協力させられたチベット人エリートの胸中は複雑であったにちがいない。

中国の掌中にあったパンチェン・ラマの悲劇

「歴史にもしをつけるのは余計なことですが、それを承知でお聞きします。もしダライ・ラマ一四世がノルブリンカ離宮から脱出せずに、そのままラサにとどまっていたら、事態はどう推移したでしょう」という取材班の質問に一四世は間髪を入れず言い切った。

「わたしと一緒に脱出したチベット政府高官のなかにも、果たしてダライ・ラマが脱出したことがよかったのかどうか、疑問を持った人もいました。しかし、ときが経つにつれ、中国のチベットに対する政策はもっと、もっと無慈悲になってきました。その後、あの文化大革命が起こりました。そして六〇年代の終わり頃には、すべてのチベット人はダライ・ラマの脱出は一〇〇パーセント正しかったと感じました。

文化大革命はダライ・ラマがチベットにいても、いなくても起こった出来事ですが、ここに一つの仮定が考えられます。あのときダライ・ラマはチベットの外（インド）に亡命していたが、パンチェン・ラマは中国にいてなんとか生き延びました。もしダライ・ラマとパンチェン・ラマの二人とも中国の掌中《しょうちゅう》にあったなら、文化大革命のときに双方とも消されてしまう危険性があったということです。パンチェン・ラマは九年間も牢獄につながれ、電気ショックの拷問を受けながらも生き延びました。しかし、もしわたしも中国の掌中にあったなら、おしまいになったでしょう」

これは重要な指摘であった。いずれにしても、パンチェン・ラマ一〇世のその後が悲劇であったのはたしかだ。ダライ・ラマ一四世がインドへ亡命したあと、パンチェン・ラマはラサで中国政府の庇護のもとに、いわば法王代理者の立場に祭りあげられた。国際社会からは中国のカイライのように見られていたが、それは一時期にすぎなかった。かれは迫害され、悲惨な体験をしながらも、自分がチベット民族を代表して意見を述べなければならないと思い詰めていた。パンチェン・ラマはチベット自治区や青海省、四川省、甘粛省、雲南省のチベット族自治州を精力的に回り、民衆の声に耳を傾けた。

そこでパンチェン・ラマ一〇世が心を痛めたのは、中国政府のチベット族に対する苛酷な弾圧であった。それでなくともチベット族は漢族の役人、あるいは駐留する人民解放軍から迫害や差別を受けていた。チベット全域に食糧は十分に行きわたらず、チベット族の信仰の自由がおびやかされ、相変わらず僧院や文化遺産の破壊がおこなわれていた。こういう現実を目の当たりにして二〇代前半の青年に成長していたパンチェン・ラマは強い義憤を感じた。

一九六二（昭和三七）年、パンチェン・ラマ一〇世は中国語にして七万字を超える意見書を書き上げ、周恩来が総理の国務院へ提出した。内容は反乱の平定や民主改革、宗教問題や民族工作といった敏感な事柄ゆえに表現には十分な配慮がなされた。チベット語で書かれた原文は老練な翻訳家によって中国語に訳された。パンチェン・ラマにすれば、中国政府のチベット政策を真っこうから批判したいのはやまやまだが、それが許されるはずもない。したがって書き方も「チベット族の反乱を平定するのは当然だ」と政策を肯定したうえで、「ここ数年、チベット族の人口は減って、われわれは心配している」とつづけて、暗に中国政府のチベット迫害にクギを刺すのが精いっぱいの抵抗であった。

この前後、パンチェン・ラマ一〇世は行動をエスカレートしていた。中国政府のチベット政策を失政と見なし、毛沢東に書面で訴えたこともあっだ。パンチェン・ラマの嘆願書は中南海に強い衝撃を与えた。中国指導部が驚いたのは、迫害とか破壊といったものものしい言い方もさることながら、一線を踏み越えたかれの行動そのものであった。パンチェン・ラマへの風当たりは日増しに強まったが、それでもぶじでいられたのは周恩来のおかげであった。

一九六四（昭和三九）年末、周恩来はパンチェン・ラマ一〇世を北京に住まわせ、物心両面でめんどうをみた。監視の意味合いもあったのだろう。やがて文化大革命の嵐が吹き荒れると、パンチェン・ラマは紅衛兵の批判の矢面に立たされた。それでも決定的なダメージを受けなかったのは、そのつど周恩来の指示があって紅衛兵を押さえていたからだった。だが、周恩来の指示も紅衛兵から無視されるようになった。

一九六六（昭和四一）年八月下旬、パンチェン・ラマ一〇世の住まいが紅衛兵の襲撃にあった。かれは拉致され、リンチを受けた。事件を知った周恩来が人民解放軍を派遣し、パンチェン・ラマは北京郊外にある解放軍の兵舎に保護された。約二か月、かれは兵舎にとどまり、平穏を取り戻した北京へ帰った。

一九六八（昭和四三）年八月、パンチェン・ラマ一〇世は人民解放軍に連行され、北京政法学院に隔離監護された。だれが、どういう理由で連行し、隔離するのか、説明は一切なかった。同じ時期、毛沢東に意見書を出して権力の中枢から追い出された彭徳懐も政法学院に押し込められていた。結局、パンチェン・ラマは裁判にかけられ、九年以上も刑務所へ放り込まれた。かれが釈放されたのは、一九七七（昭和五二）年一〇月のことだった。三八歳になっていた。

一九七九（昭和五四）年七月二日、パンチェン・ラマ一〇世は全国政治協商会議副主席に選ばれ、翌年には全人代常任副委員長として復活し、久し振りに公衆の前へ姿を見せた。

その前後、衝撃的なうわさが流れた。パンチェン・ラマ一〇世が中国人女性と結婚し、一女をもうけたというのだ。「ゲルク派の高僧中の高僧が、妻帯するはずがない。悪質なデマだ」と一笑に付すチベット人もすくなくなかったが、「中国当局が女を差し向けたにちがいない」と、憤る人もいた。うわさは事実だった。たしかに娘もいた。パンチェン・ラマの妻は李潔《りけつ》といった。彼女の父親が家系図を調べたところ、かの文成公主にたどりついたという。彼女の祖父は国民党の将軍であり、それくらいのルーツにしても荒唐無稽と世間から笑われることもなかった。

伝えられるところによれば、彼女は中国共産党政権のスパイでもなく、財産目当てでパンチェン・ラマ一〇世に近づいたのでもないという。彼女が北京駅で初めてパンチェン・ラマと出会ったとき、かれは貧乏のどん底にいて、食うや食わずの状態だったというのだ。その真偽はともかく、彼女が世間の厳しい目にさらされながら生きてきたのはたしかであろう。

パンチェン・ラマ一〇世の娘の名前はリンジン・ワンモといった。彼女は聡明な女性として育ち、北京大学で学んだ。二〇〇三（平成一五）年、イギリスのオックスフォードでひらかれた国際チベット学会に彼女はゲストスピーカーとして招かれ、気品ある容姿で出席者の間で評判となった。

さて、結婚したあともパンチェン・ラマ一〇世は反骨精神を失わず、「文化大革命以前、チベットには約二五〇〇の僧院があり、僧侶と尼僧あわせて一一万人いた。それが、いまや残った僧院はわずか七〇数か所、僧侶と尼僧もあわせて七〇〇人に減った」と、衝撃的な証言をしていた。

一九八九（平成元）年一月九日、パンチェン・ラマ一〇世は北京を発ってシガツェへ向かった。本拠地のタシルンポ僧院で五世から九世までの歴代パンチェンを合葬する霊塔が完成し、その落成式に出席するためであった。一三日、かれは僧院に着き、金色の霊塔に感嘆の声をあげた。二二日、式典でパンチェン・ラマは長いスピーチをおこなった。二八日午前四時、かれは胸の激痛を訴え、医師の診断を受けた。同八時三五分、パンチェン・ラマは大声をあげたのち意識を失い、午後八時一六分に没した。五〇歳だった。同二九日、「心からパンチェン・ラマの生まれ変わりが早くあらわれるのを祈る」という声明がタシルンポ僧院から出された。

消えたニマ少年

一九九五（平成七）年五月、ダライ・ラマ一四世はゲンドゥン・チューキ・ニマという六歳の男の子をパンチェン・ラマ一〇世の転生児と認定した。この子は一九八九（平成元）年四月二五日、チベットのナクチェで生まれた。父親は医師であった。この発表があるまで水面下ではさまざまな出来事があったといわれる。たとえばパンチェン・ラマの転生児さがしの際、一四世の代理としてタシルンポ僧院の高僧がラモイ・ラツォ湖をおとずれ、ヒントを得たとされる。だが、パンチェン・ラマをチベット政策の切り札としてきた中国政府は案の定、ニマ少年をパンチェン・ラマ一一世として認めなかった。それどころか、この子の消息はぷっつりと消えてしまった。

一一月、ニマ少年を除く複数の候補者がラサのジョカン僧院に集められ、乾隆帝から贈られた黄金のつぼを用いてくじ引きがおこなわれた。選ばれたのはギャルツェン・ノルブという少年だった。表向きはタシルンポ僧院が主導したように装ったが、背後で糸を引いていたのは中国政府であった。

一九九七（平成九）年五月一四日、チベット亡命政府は、「中国政府の監視下にあるパンチェン・ラマ一一世（ニマ少年）の即時釈放を求める」と声明を発表した。ダライ・ラマ一四世が認定したニマ少年は、健在なら二〇代後半の青年になっている。筆者がチベットで中国人ガイドに尋ねたところ、「ラサにいるはずです。いまも自由に行動ができる立場ではないと思います」という返事だった。もっとも、ニマ少年の消息は当局のトップシークレットであり、ガイドの説明は単なる憶測にすぎない。

これに対して中国政府を後ろ盾とするノルブ少年は北京に居住し、青年となったいまは北京に住んでいて活発な活動を展開し、しばしばシガツェを訪問している。二〇一〇（平成二二）年二月三日、

ギャンツェのパンコル・チューデ僧院で見かけたノルブの幼児と少年の頃の写真

中国仏教協会は二五人の副会長を選出したが、そのなかにノルブ青年が含まれていた。先年、筆者はギャンツェのパンコル・チューデ僧院でかれの幼年期と少年期の写真を見つけ、思わず目を引きつけられた。ノルブ青年は北京で中国共産党政権のコントロール下で行動しているが、名実ともにパンチェン・ラマ一一世として世界のチベット仏教の信者たちから認められる日が来るのかどうか、それは神のみぞ知るである。

ダライ・ラマ一四世がゆく

ダラムサラのチベット亡命政府が軌道に乗ると、ダライ・ラマ一四世は世界各地をおとずれ、チベット民族の立場を訴える一方、中国政府との対話を求めつづけてきた。その積極的な活動姿勢はいまも変わらない。また、チベット仏教の普及のため、講演や法要などをつぎつぎとこなしてきた。おそらく一四世の肉声に接した人々は、トータルすれば膨大な数にのぼるであろう。

いずれにしても世界の指導者のなかで、これほど現役として長く活動をつづけている例はそう多くない。日本訪問もすくなくないが、これまでの新聞報道やダライ・ラマ法王日本代表部事務所のホームページなどを参考にして、日本との関連を中心にその一端をすこしピックアップしてみた。

一九六七（昭和四二）年九月二五日、ダライ・ラマ一四世は仏教伝道協会の招きで初めて来日し、東京、埼玉で法要をおこなった。

一九七八（昭和五三）年一〇月四日、ダライ・ラマ一四世は世界連邦の招きで来日し、東京で講演や法要をおこなった。

一九八〇（昭和五五）年一〇月三一日、ダライ・ラマ一四世は世界連邦の招きで来日し、東京、京都、広島、福岡、鹿児島で講演や法要をおこなった。

一九八二（昭和五七）年一〇月七日、ダライ・ラマ一四世はパリ郊外のバンセンヌでヨーロッパにおける初めての灌頂《かんじょう》をおこなった。

一九八四（昭和五九）年五月一日、ダライ・ラマ一四世は成田山新勝寺《しんしょうじ》の招きで来日し、東京や千葉で法要をおこなった。

一九八七（昭和六二）年九月一八日、ダライ・ラマ一四世は訪米し、二一日に米下院人権問題小委員会で中国政府に対する五項目の和平案（一、チベット全体を非武装地域とする。二、中国人のチベットへの人口移住政策を中止する。三、人権と自由の尊重。四、自然環境の保護。五、双方の関係についての対話）を提案した。

一九八八（昭和六三）年六月一四日、ダライ・ラマ一四世はバチカンでローマ法王、ヨハネ・パウロ二世と会見した。一五日、一四世はフランスのストラスブールでひらかれた欧州会議で中国政府に対する五項目の和平案をふたたび提案した。それはチベットの独立を一歩後退させたもので、亡命チベット人社会に動揺が広がった。

一九八九年（平成元）一二月一〇日、ダライ・ラマ一四世はオスロでひらかれたノーベル平和賞授章式で、「この賞を世界で抑圧されている人々、また自由と平和のため戦っている人々の代理として、深い感謝の念とともに受ける」とスピーチした。

一九九五（平成七）年三月二九日、ダライ・ラマ一四世は黒住教《くろずみ》の招きで来日し、岡山、石川、東京、広島で講演や法要をおこなった。

一九九六（平成八）年四月三〇日、ダライ・ラマ一四世はダラムサラでチベット問題を考える議員連盟（牧野聖修会長）の国会議員五人と会見した。このとき、在ニューデリー日本大使館の岡村善文参事官が非公式ながら同席した。日本のキャリア外交官が一四世に会ったのは、これが初めてであった。七月一七日、一四世は渡英し、エリザベス女王と会見した。女王との会見を根回ししたのは、イギリス人のロバート・フォードだった。フォードは無線通信士で一九四五（昭和二〇）年、ラサ駐留のイギリス軍勤務となった。一一歳だった一四世に謁見したこともあるフォードは赴任して二年後、チベット政府に乞われて無線通信ネットワークの整備を担った。

一九九八（平成一〇）年四月三日、ダライ・ラマ一四世はインド大菩提会と念仏宗の招きで来日し、京都、東京で講演や法要をおこなった。

二〇〇〇（平成一二）年四月一三日、ダライ・ラマ一四世は京都精華大学の招きで来日し、東京、京都、埼玉で講演や法要をおこなった。

二〇〇一（平成一三）年五月二三日、ダライ・ラマ一四世はホワイトハウスでジョージ・W・ブッシュ（ジュニア）大統領と非公式ながら会談した。中国は猛反発したが、一四世はコリン・パウエル国務長官とも会った。

二〇〇二（平成一四）年一一月九日、ダライ・ラマ一四世はモンゴル訪問からの帰途、トランジット（給油などで一時的に立ち寄り）の際に成田で小泉内閣の米田建三内閣府副大臣と会った。一四世が現職の日本政府高官と会うのは、これが初めてであった。

二〇〇三（平成一五）年九月四日、ダライ・ラマ一四世は訪米し、ジョージ・W・ブッシュ大統領と二度目の非公式会談をおこなった。一〇月三一日、一四世はチベット問題を考える議員連盟の招きで来日し、東京、奈良、伊勢、金沢で講演や法話をおこなった。

二〇〇四（平成一六）年一一月四日、ダライ・ラマ一四世は伊勢神宮を参拝した。五十鈴《いすず》川で手を洗い、二拝二拍手一拝と神道の伝統にそって拝礼した。

二〇〇五（平成一七）年四月八日、ダライ・ラマ一四世は熊本蓮華院誕生寺の招きで来日し、東京、熊本、金沢で講演や法要をおこなった。一一月九日、一四世はホワイトハウスでジョージ・W・ブッシュ大統領と三度目の非公式会談をおこなった。この場にはローラ夫人も同席した。

二〇〇六（平成一八）年七月一七日、香港紙の蘋果日報《ひんか》は、「中国各地でダライ・ラマ一四世が訪中するといううわさが広まり、青海省のクンブム僧院などに信者が続々と集まっている」と報じた。九月九日、一四世はカナダ名誉市民の称号を受けた。三〇日早朝、亡命を試みた中国在住のチベット族尼僧ら約三〇人が氷河の上を一列に並んでネパール国境のナンパラ峠に向かって歩いていたとき、中国の国境警備隊の銃撃を受け、二人が死亡した。ルーマニアの登山家、セルゲイが偶然に撮影し、一〇月一四日、ルーマニア民放局で放映され、国際社会を騒然とさせた。三一日、一四世は大聖院の招きで来日し、広島と東京で講演した。

二〇〇七（平成一九）年六月一五日、ダライ・ラマ一四世はオーストラリアを訪問し、ジョン・ハワード首相と会談した。一〇月一七日、アメリカ議会は一四世に最高勲章ゴールドメダルを授与した。ジョージ・W・ブッシュ大統領も式典に出席し、一四世と初めて公式の場で同席した。一一月一五日、一四世は全日本仏教会、神奈川県仏教会の招きで来日し、金沢、伊勢、横浜、八王子で講演した。

二〇〇八（平成二〇）年四月一五日早朝、甘粛省のチベット仏教僧院に武装警官が抗議デモの参加者を摘発するため入った。五月四日、ダライ・ラマ一四世の特使ロディ・ギャリと中国共産党中央統一戦線工作部の朱維群副部長が広東省深圳で会談した。一五日、チベット亡命政府は各地の亡命チベット人に対し、抗議活動を当面停止するよう呼びかけた。一〇月三一日、一四世は福岡県仏教連合会の招きで来日した。一一月三日、一四世は日本外国特派員協会で記者会見に臨み、「中国政府との対話に失望」と発言した。六日、一四世の特使と統一戦線工作部の杜青林部長が北京で会談したが、話し合いはすれ違いに終わった。一二月八日、一四世はポーランド北部グダニスクでフランスのニコラ・サルコジ大統領と会談した。

二〇〇九（平成二一）年六月七日、パリのベルトラン・ドラノエ市長はダライ・ラマ一四世にパリ名誉市民の称号を授与した。一〇月三一日、一四世は来日し、東京、四国、沖縄で講演した。

二〇一〇（平成二二）年二月一八日、ダライ・ラマ一四世はバラク・オバマ大統領とホワイトハウスの私的な会合に使うマップルームで初めて会談した。このとき、六八年前に受け取って紛失したルーズベルト大統領からの親書の写しを贈られた。一四世には思いもよらなかった贈りものだった。ホワイトハウスの訪問客への伝統的な心配りのこまやかさを伝えるエピソードといえよう。六月一八日、一四世は来日し、東京、長野、金沢、横浜で講演した。七月三日、チベット自治区チャムドの裁判所は一四世に関する文章をウェブサイトに載せ、国家分裂扇動罪に問われたチベット族の環境活動家リンチェン・サンドゥップに懲役五年の判決を言い渡した。一一月六日、一四世はふたたび来日し、大阪、奈良、四国、広島で講演した。

二〇一一年（平成二三）年四月二九日、ダライ・ラマ一四世は東日本大震災の犠牲者のために東京・文京区の護国寺で法要をおこなった。訪米の途中、飛行機を乗り継ぐ予定を変更しての追悼であった。六月六日、四川省カンゼ・チベット族自治州でチベット族の自由を求めるデモが相次ぎ、現地に武装警察が派遣された。三〇日、チベット自治区東部のチベット僧院に対して当局は七月のいかなる仏教行事も禁止すると通達した。七月一六日、バラク・オバマ大統領は四五分間、一四世と二回目の会談を非公開でおこなった。八月八日、チベット亡命政府首相に選出されたロブサン・センゲの就任式がおこなわれた。一一月五日、一四世はふたたび来日し、石巻市の西光寺で法要をおこなった。七日、一四世は民主党政権の渡辺周防衛副大臣と会談した。一〇年ぶり、二度目となる政府高官との会談であった。一二月一四日、四川省成都の鉄道中等専門学校でチベット族と漢族の学生一〇〇〇人以上が衝突した。

二〇一二（平成二四）年一月六日、中国四川省のアバ・チベット族チャン族自治州でチベット族住民二人が焼身自殺を図り、一人が死亡した。九月二五日、チベット仏教僧らの焼身自殺が相次いでいることを受け、亡命チベット人の特別会議が二六か国から約四〇〇人を集め、ダラムサラで始まった。一一月四日、ダライ・ラマ一四世が来日し、一三日に参院議員会館講堂で講演し、与野党の国会議員一四〇人が出席した。

二〇一三（平成二五）年四月一三日、ダライ・ラマ一四世はスイスでロバート・フォードにチベットの真実の光のための国際活動賞を授与し、これまでの労に報いた。一一月一五日、一四世は千葉工業大学などで科学者と対話した。

二〇一四（平成二六）年四月七日、ダライ・ラマ一四世は来日し、仙台、大阪、高野山などをまわった。

二〇一五（平成二七）年四月三日、ダライ・ラマ一四世は初めて北海道を訪問した。

二〇一六（平成二八）年五月一〇日、ダライ・ラマ一四世は大阪で法話をおこなった。六月一五日、ホワイトハウスでバラク・オバマ大統領は四度目となる一四世との会談をおこなった。二六日、インディアナポリスで一四世はアメリカの人気歌手レディー・ガガと対話した。

二〇一七（平成二九）年四月七日、ダライ・ラマ一四世は宗教行事に参加するため、インド北東部のタワンをおとずれた。インドが実効支配している一帯は中国もいまなお領有権を主張しているところで、一四世の訪問をインド政府が認めたことに中国外務省のスポークスマンは、「係争地域でダライ・ラマを活動させた」と激しく反発した。ここは一四世にとって、忘れられない地であった。ちょうど五八年前、ラサを脱出した一四世が国境を越えて最初にたどり着いたインド北東部の町がこのタワンであった。あのとき二三歳だった青年法王は八一歳になっていた。

✺第15章 脱走に成功したカルマパ一七世への期待

若者が親近感を抱くリーダー

終章でチベットの希望の星といわれるカルマパ一七世を取りあげ、本書の締めくくりとしたい。なぜゲルク派の歴代ダライ・ラマとは宗派のちがうカギュー派の分派に属するカルマパなのかといえば、チベット人やチベット仏教、チベット文化の行く末にかかわる有力リーダーの一人がこの青年僧にほかならないからだ。

二〇〇九（平成二一）年三月、のちにチベット亡命政府初の民選首相となるロブサン・センゲがハーバード大学法科大学院上級研究員のときに、アメリカ人ジャーナリストのパトリック・シムズから取材を受けて未来の指導者について語った際、真っ先に言及したのもカルマパ一七世だった（『ニューズウイーク日本版』二〇〇九年三月四日号）。

このときロブサン・センゲは、「中国の強硬派は、ダライ・ラマ一四世が死亡したらチベットの政治運動は衰退するか、瓦解すると見ている。重要なのはすぐに一四世の後継者になれる人物をさがせるかどうかである」と指摘し、「カルマパ一七世は民衆を引きつけるリーダーに成長した。同時に若者が親近感をいだくリーダーでもある。若者たちは同年代の一七世なら、自分たちの亡命の苦しみを理解してくれると思っている」と期待を寄せた。現在もセンゲ首相の見解に変わりはないはずだ。

日本では、カルマパ一七世の名前はダライ・ラマ一四世ほどには知られていない。だが、こんごはカルマパがますますクローズアップされ、その動静が注目されるのはまちがいない。いずれ国際社会においてダライ・ラマに代わって、カルマパが亡命チベット社会のみならず、チベット民族全体のシンボル的な存在になると思われる。ただ、一つはっきりしているのは、カルマパが跡を継いでダライ・ラマ一五世になることはありえない。あくまでもダライ・ラマはゲルク派の僧侶でなければならず、当代の一四世が大胆な改革を口にしているものの、ゲルク派主導による後継者選びは決して譲れない一線なのだ。

チベット人は末永くダライ・ラマの存続を望んでいくと思われるが、転生相続システムの欠陥はすでに述べたように転生児の成長に時間がかかることであり、カルマパ一七世に期待されるのは、その空白期間をカバーするチベット人のアイデンティティーのよりどころとなるような重量感であり、発信力だ。いずれチベット人の納得するダライ・ラマ一五世が認定された場合、カルマパがかつてのパンチェン・ラマ的な立場で支えることは十分に考えられる。

ダライ・ラマ一四世とカルマパ一七世は年齢的に半世紀の差があるが、大きな共通点もある。いずれも中国共産党政権下のチベットから脱出してインドへ亡命したことだ。またカルマパは一四世と中国政府の双方から認定された転生者という点でもきわめて異例の存在である。パンチェン・ラマに据えたノルブ少年とカルマパ少年を抱え込んで次期ダライ・ラマの選定を思うままにすすめ、チベット人を抑え込むつもりだった中国政府のもくろみは後者の脱走であてがはずれてしまった。なぜ一四歳の少年は中国を見捨て、ダラムサラへ走ったのか。カルマパの歴史をさかのぼって解明してみたい。

カルマ黒帽派とカルマ紅帽派

もともと支流にすぎなかったカルマ派だが、現在ではカギュー派の最大宗派となっている。理論を重んじるゲルク派とくらべて、カルマ派は民衆に浸透しやすい呪術的要素で信者を引きつけた。ゲルク派は富裕層に支えられていたが、カルマ派に大スポンサーはすくなく、歴代座主はカム地方を中心にこまめに布教につとめた。二〇世紀にはその積極的な布教活動が海外でも展開され、カルマ派の密教は欧米でブームを巻き起こした。

宗派の創立が早かっただけに、ゲルク派よりカルマ派のほうが先行している例はすくなくない。カルマパ一世は観音菩薩の生まれ変わりとされているし、初めて転生相続制を取り入れたのはカルマパ三世だった。その後、カルマ派は副座主（シャマルパ）を設け、これも転生児によって引き継がれるようにした。座主が空位のときや成人前は副座主が代行をつとめ、移行期の混乱に対処した。カルマパ二世がモンゴルのハーンから贈られた黒い帽子に神秘的な力がやどると信じられるようになって以来、この帽子はカルマ派のシンボルとなった。一方、シャマルパは紅《あか》い帽子をかぶり、次第に勢力を増していった。やがてシャマルパは一派をなし、カルマ派は黒帽《こくぼう》派と紅帽《こうぼう》派にわかれた。カルマパ一七世が率いるのは本流の黒帽派のほうである。

一六世紀のダライ・ラマ一世時代、ゲルク派はカルマパ八世を座主にいただくカルマ黒帽派とは相性がよかった。だが、カルマ紅帽派とは対立したり、迷惑をこうむったり、肌が合わなかった。たとえば一世のとき、ツォンカパが始めたモンラムの主導権は、シャマルパ四世率いるカルマ紅帽派に握られていた。そのため、長年、ゲルク派の僧侶はモンラムに参加すらできなかった。ツォンカパの愛《まな》弟子であった一世は精力的に動き回って、モンラムの開催権をカルマ紅帽派からゲルク派へ戻すのに成功した。

一八世紀のダライ・ラマ八世時代、パンチェン・ラマ六世が没したときもひと騒動があった。パンチェン・ラマの兄弟間で遺産をめぐって争いが生じ、兄が弟を相続からはずした（パンチェン・ラマのような高位の転生僧の遺産は大半が生まれ変わりへ引き継がれるが、一部は身内が相続した）。これだけなら世間によくある話だが、パンチェン・ラマの弟はカルマ紅帽派トップのシャマルパ一〇世で、常識はずれのところがあった。

そのシャマルパ一〇世が突然、ネパールへ旅立ち、ほどなくグルカ王からダライ・ラマ八世へ、「シャマルパを拘束した」と莫大な身代金を要求する書簡が届いた。シャマルパからも哀願する手紙が届いたが、「グルカ王とシャマルパが組んで大金をせしめようとする芝居」とチベット政府は解釈し、一切交渉に応じなかった。この一件以来、チベットとグルカの関係が悪化した。

一七八八（天明八）年、グルカ軍がシガツェへ至るルートを攻撃し、乾隆帝は援軍をチベットへ派遣した（第一次チベット・グルカ戦争）。このときの清軍兵士に戦闘意欲はあまりなく、チベットは苦境に立たされた。結局、チベットはグルカに毎年賠償金を支払うことで講和を結んだ。そのときにぬけぬけと調停役を引き受けたシャマルパ一〇世に、ダライ・ラマ八世らが苦々しい思いをいだいたのはいうまでもあるまい。

だが、四年後、グルカ軍は清軍に攻め込まれ、シャマルパ一〇世は自決した。財産は没収され、シャマルパの転生者の認定も禁じられた。以後、カルマ紅帽派のトップの生まれ変わりは二〇〇年間、空白となる。

カルマパ一六世の海外布教

カルマ黒帽派の本拠であったツゥルプ僧院はラサ西北七〇キロ、海抜四二〇〇メートルのトゥールンにあり、歴代のカルマパは明の永楽帝から贈られた豪華な黒い帽子など由緒ある記念品や法具を大切にしてきた。一九五〇年代の後半、これら貴重品がひそかにツゥルプ僧院から持ち出されたが、このときのカルマ黒帽派座主はカルマパ一六世であった。

一九二四（大正一三）年、カルマパ一六世は東チベットのデンコクで生まれ、黒帽派の摂政の認定によって座主の転生児としてツゥルプ僧院で育てられた。成人してからはブータン、ネパール、インドを巡礼し、各地で精力的に黒帽儀礼をおこなった。歴代カルマパによって受け継がれ、霊験あらかたと評判のこの儀式こそカルマ黒帽派大躍進の目玉であった。ダライ・ラマの布教の核となっているのはカーラチャクラ（時輪）といわれる灌頂であるが、それに匹敵するのがカルマパの黒帽儀礼だった。ダライ・ラマ一四世のほうが一〇歳年下だが、カルマパ一六世とは縁が深い。

一九五三（昭和二八）年、カルマパ一六世はダライ・ラマ一四世から灌頂を受け、翌年ともに中国を訪問した。派の伝統に沿ってカルマパは旅先でも布教に熱心であったが、活発な動きは中国共産党政権からマークされていた。カルマパは中国からの脱出を考え、ひそかにブータンへ法具や貴重品を移し、いつでも脱出できる準備をととのえた。

一九五八（昭和三三）年一一月、カルマパ一六世の姉がダライ・ラマ一四世の母親のもとを訪れた。「カルマパはチベットから脱出するつもりです」と姉はいい、「一緒にインドへ行きましょう」という弟のメッセージを伝えた。

一九五九（昭和三四）年、ダライ・ラマ一四世がラサを脱出した年に、カルマパ一六世もツゥルプ僧院を離れてシッキムに亡命した。

一九六八（昭和四三）年、カルマパ一六世はシッキムのダージリンにルムテク僧院を建て、カルマ黒帽派のあらたな拠点とした。チベットからブータンを経てシッキムに運ばれていた貴重な仏具などはルムテク僧院に移された。

一九七四（昭和四九）年、カルマパ一六世はデンマークのコペンハーゲンを皮切りに流ちょうな英語で海外布教活動を始めた。黒帽の神秘性がヨーロッパ人の関心を引きつけ、どんどん信者をふやした。二年後にはニューヨークで説教し、評判を呼んだ。塵も積もれば山となるで、海外布教の成功で次第にカルマ黒帽派の資金はふえていった。

一九八一（昭和五六）年、カルマパ一六世は体調を崩し、香港で精密検査を受けた結果、末期がんとわかった。香港からアメリカのイリノイ州へ移り、最先端治療を受けたが、一一月五日に没した。黒帽派座主の遺した総資産は一三〇〇億円にのぼるといわれる。カルマパの遺体は空路、シッキムへ運ばれ、ルムテク僧院に安置された。遺体は伝統にのっとり結跏趺坐の姿でミイラ化され、まばゆいばかりの金箔がはられた。その後、霊塔に納められたが、これもまたダライ・ラマ流に先行するカルマ派の慣例であった。

後継者選びで一波乱

カルマパ一六世の死後、カルマ黒帽派ではシャマル、シトゥ、ゲルツァアプ、パオの四人の高僧が中心となって生まれ変わりの探索が始まった。カルマパ一六世の太ももに黒いあざがあったので、それが目当てとなったが、転生児さがしは難航した。また、転生児に関するカルマパの遺書の存在をほのめかすうわさも飛び交った。高僧らのそれぞれの思惑もからんで、何人もの候補者が浮かんでは消えた。

一九八五（昭和六〇）年六月二六日、カム地方のラトックで男の子が生まれた。貧しい遊牧民の八番目の子どもだったが、この子の太ももに黒いあざがあった。黒あざの幼児がいるという情報が高僧の一人、シトゥの耳に入った。手回しよく調査団をラトックへ派遣したシトゥは、この子をいち早くカルマパ一六世の転生児と判定し、法名ウギェン・ティンレー・ドルジェをさずけた。

シトゥによれば、転生児が生まれる時期や場所、親の名や誕生時の様子をカルマパ一六世がメモしたと思われる魔よけが見つかり、ラトックの遊牧民の子はそれに合致するというのだ。だが、シャマルはシトゥのいう遺書を信用せず、この子の認定を拒否した。それどころか、べつの子を探し出し、独自に即位を断行した。だが、支持する声はごくわずかだった。

一九九二（平成四）年六月、ダライ・ラマ一四世は、シトゥが選んだウギェン・ティンレー・ドルジェをカルマパ一六世の転生児として承認した。また、中国政府もこれに同意した。すでにふれたようにウギェンは中国共産党政権によって認定された最初の高位の転生僧であった。ウギェンはツゥルプ僧院で即位し、先代の死から一〇年を経て正式にカルマパ一七世が誕生した。

一九九四（平成六）年九月、カルマパ一七世は北京へ赴いた。一〇月一日、カルマパは中国建国四五周年の式典にチベット自治区の代表団の一人として出席し、江沢民主席から、「中国を愛し、チベットのために尽くしてほしい」と励まされた。以来、ツゥルプ僧院には江沢民の大きな写真が飾られるようになった。

少年座主の苛立ち

カルマパ一七世が中国政府の手厚い保護下にあったのはまちがいない。だが、それは一皮むけば、当局の厳重な監視下に身を置かされていたことでもあった。カルマパはパンチェン・ラマ同様、中国政府からチベット政策の大切な切り札として当局の振りつけ通りに演じるのを求められていた。

中国政府はカルマパ少年に徹底的な愛国教育をほどこした。実際、欧米ではカルマパは完璧に洗脳され

ダラムサラの僧院で学ぶ若者たちは、中国本土に残る同輩たちより恵まれていることがいくつかある。その1つは師僧に恵まれている点だ。そのうえダライ・ラマ14世のそばにいるのだから、その恩恵は大きい

て、すでに中国共産党政権のよき理解者となったにちがいないと見られていた。だが、実情は異なっていた。中国政府の執拗なナショナリズム教育、ダライ・ラマ一四世に対する激烈な批判は、むしろ純真な少年の心に反作用を増幅させていた。

　年を経るごとに、チベットから名だたる高僧が病気や亡命でつぎつぎと消えていった。教えを乞う年齢にもかかわらず、行動を制限されたカルマパ少年は師とすべき高僧との出会いにほとんど恵まれなかった。カルマ黒帽派の座主として修めなければならない数々の修行もままならなかった。伝統的にこの派のリーダーは行動力を誇ってきただけに、カルマパはカゴの鳥の境遇に苛立った。思いあぐねた少年はインドに亡命した自派の高僧三人をたずねようとしたが、当局の許可を得られなかった。チベットの未来や宗派のシンボルとしての自分の将来に強い不安を感じた少年が、次第に大胆な計画をいだくようになったのは自然の流れであったといえよう。

　カルマパ少年はかつて自分と同じような悩みを持ち、ついには清水の舞台から飛び降りた先達の行動を知っていた。ダライ・ラマ一四世は一六歳のときにラサを脱出し、先代のカルマパも同じ年に亡命した。一九五九（昭和三四）年のチベット動乱の頃のラサは、いたるところで人民解放軍が目を光らせていた。それにくらべれば、あまりマークされていない自分のほうが脱出しやすいのではないか、という気持ちが少年の心の片隅にいくらかあったと思われる。

カルマパ一七世の脱走作戦

カルマパ一七世の亡命の経緯については米誌『タイム』(二〇〇〇年一月一七日号)の英文記事、『春秋』(同年六月号)掲載のタイシ土崎「カルマパ国外脱出のシナリオ」、『世界』(同年八月号)の田中公明「カルマパ一七世　インド脱出の衝撃と真相」、『海外事情』(同年一二月号)のルン・トック「カルマパ一七世のインド亡命」などを参考にしながら振り返ってみたい。

カルマパ一七世は一九九九(平成一一)年一二月下旬、一四歳のときにラサ郊外のツゥルプ僧院の寝室から抜け出したが、計画自体は数年前から練られていた。中国語と英語に堪能だったカルマパは早くからITなどで当局の監視の目を逃れながら外部と連絡を取り合ったり、さまざまな情報を得ていた。カルマパ少年はもっとも信頼する側近に自分の胸の内を打ちあけ、全面的な協力を得た。自分の命は捧げてもよいという忠実な側近が中心となってごく限られた、信頼する人間のみによる脱走プロジェクトチームがつくられた。そして逃走ルートに沿って支援グループも徐々に立ち上げられた。広範囲におよぶカルマ黒帽派のネットワークが役立ったのはいうまでもない。

脱出計画は長い時間をかけてあらゆる角度から検討された。思いつきのでたとこ勝負では決してなかった。さまざまなデータを分析した結果、時期としては年末が選ばれた。年末から正月にかけてツゥルプ僧院や周辺の警備が手薄になるのがわかったからだ。

カルマパ一七世の姿を警備兵の目からくらます手法は、一七世紀にダライ・ラマ五世の死を隠し通した宰相(のちに摂政)サンギェー・ギャムツォのやり方に学んだ。「法王は長い瞑想期間に入られた」とサンギェーは偽り、その死を一三年間にわたって伏せた。瞑想中、部屋に出入りできるのは許可された僧侶だけという不文律が、カルマパのときも利用されることになった。

古来、チベットでは、高位の転生僧の瞑想を中断するのは許されざる行為とされた。ただ、このカムフラージュを成功するには、芝居を演じるお付きの僧侶の命がけの協力が不可欠だった。一人は料理番であり、もう一人は専属家庭教師で、この二人だけが瞑想の場への出入りを許されるのだ。瞑想の場は、ツゥルプ僧院の最上階にあるカルマパ一七世の寝室。料理番は毎日料理をつくり、それを寝室に運び、あたかもきれいに食べられたかのごとく装い、手抜きをして怪しまれないために、いちいち後片づけまでしなければならない。

「これから座主は瞑想に入ります。どうぞ、どなたさまも面会はご遠慮下さい」と中国人の警備関係者らに伝えてから、一体、何日間、不在がバレないで過ごせるか。カルマパ一七世の脱走が首尾よく成功するか、それとも無残にも失敗するか、そのわかれ道となる第一のポイントであった。

カルマパ一七世自身も事前に準備することがたくさんあった。まず自分の容姿をガラリと変える必要があった。背が高く、気品があってそれでなくとも目立つ存在なので変装はおろそかにできない。また所持品を厳選し、列車やバス、タクシーの利用はもちろん徒歩や馬による逃避行になる場合もあるので、手荷物の範囲内で旅支度をととのえなければならない。

また出費を惜しまず、そのつど最良の交通手段を選ぶ必要があった。そのためにも資金を十分に準備する。これが成否をわける第二のポイントとなる。その点、先代カルマパの海外布教の成功でカルマ黒帽派は、チベット仏教界ではずば抜けて豊富な資金に恵まれていた。資金力が側近らを大いに勇気づけた。

第三のポイントは支援者の協力だ。計画では馬力のある四輪駆動を待機させ、チベット自治区を突っ走ってネパールの国境へ向かう。車は二四時間、昼夜のべつなく走るので二人交代体制にする。検問所にさしかかったらカルマパ一七世は下車し、大きく迂回してふたたび合流する策を取るが、どんなに頑張っても一行だけでは限界がある。たとえばネパールの国境越えは、地理に詳しい支援グループの手を借りるほうが安全だ。

第四のポイントは計画が失敗に終わったときの対策で、カルマパ一七世らが考えたのは置き手紙を残すという方法だった。「シッキムのルムテク僧院にある歴代カルマパの黒帽と法具を取りに行くのが目的で、国家や民族に対する反逆ではありません」といった意味の文面にする。途中で身柄を拘束された場合、これが言い訳になるほか、政治亡命ではないとすれば中国政府もすこしはメンツが立つであろうという意味合いもある。

カルマパ一七世には一〇歳年上の尼僧の姉がいた。姉もまたカルマパとともにチベットを離れることになった。ただ姉はひと足早く出発することにし、カルマパに同行するのは側近の僧侶二人、運転手二人のあわせて四人となった。

決行前日の一二月二七日、カルマパ一七世の側近が中国側の警備責任者に座主が長期の瞑想に入ることを告げた。警備責任者は同意し、二人の僧侶を除いてすべて面会謝絶となった。途端にカルマパの訪問客はピタリと途絶え、緊張がゆるんでリラックスした中国人の警備責任者や警備兵はテレビを楽しんだ。

翌日の夜、かれらは何一つ疑念を持たず、やはりテレビを観てのんびりしていた。この夜、テレビが視聴者好みの年末特別番組を組むのをカルマパ一七世の側近は計算に入れていた。あのときダライ・ラマ一四世は兵士に変装したが、カル

この写真を撮ったとき、ダライ・ラマ14世は4歳になったウギェン・ティンレー・ドルジェ、すなわちのちのカルマパ17世の存在をまだ知らなかった。この頃、転生児さがしで14世の頭を占めていたのはパンチェン・ラマ10世の後継者についてであった

マパは普通の少年の服装に着替えた。午後一〇時三〇分、カルマパはかねて用意の置き手紙を残して、そっと寝室の窓から抜け出した。カルマパは厳寒の山道を懸命に走った。打ち合わせの場所に待機していたトヨタのランドクルーザーが闇のなかに見えたとき、少年座主はおそらく目を輝かせたにちがいない。かれは急いで日本製の四輪駆動に飛び乗り、スリリングな逃避行が始まった。

一二月二九日、三〇日、三一日と料理番はだれもいない寝室にふだんのように定刻かっちりに食事を運び、頃合いを見てお膳を下げた。専属家庭教師も決まった時間に寝室へ入り、いつもの時間に退室した。その間、カルマパ一七世一行はランドクルーザーから列車、バス、タクシー、馬、徒歩とそのときどきの状況に応じた交通手段で先を急ぎ、大みそかに最初の目的地であるネパール国境の間近に達した。あと一歩で安全地帯にたどり着けるところで、一行はツゥルプ僧院の秘密の回線に連絡した。こんどは専属家庭教師と料理番が僧院から脱出する番だった。だが、電話に応答したのはチベット語ではなく、中国語の興奮した荒々しい声であった。まさに事件発覚直後であった。

二〇〇〇（平成一二）年一月一日、カルマパ一七世らはネパール領に入った。国境を越えると支援グループが馬を用意して待ち構えていた。翌日、マナンクという町でカルマ黒帽派の僧侶が出迎え、観光用のヘリをチャーターし、ポカラ（ネパール第二の都市）へ向かった。徒歩なら一週間以上かかるところを、ヘリは一時間足らずで着いた。やはり潤沢な逃走資金の威力は絶大だった。ポカラからバス、列車、車などを使って四日早朝にインドのデリーに着いた。

二〇〇一（平成一三）年一月五日午前一〇時三〇分、カルマパ一七世はついにダラムサラに到着した。八日間におよんだ脱出行のゴールインであった。ダラムサラに着いた当日の一行の行動については、ルン・トックの文章が詳しい。それによると、カルマパらは最初ツーリストとしてインド政府経営のバクス・ホテルに落ち着いた。側近がチベット亡命政府のタシ・ワンドゥ宗教文化相の秘書に連絡し、急いで駆けつけた秘書はカルマ黒帽派の少年座主の姿を目の当たりにして息を呑んだ。カルマパにカタをさしあげてあいさつしたあと、秘書は宗教文化相に電話で衝撃の対面を伝えた。

タシ・ワンドゥは最初、秘書の話があまりにも突飛で信じられなかった。だが、まちがいないとわかってダライ・ラマ一四世の秘書に急報した。来客中だった一四世の内心の驚きや喜びは表現のしようのないほどであったが、それを態度にあらわすのを控え、「ただちに自分の専用車をホテルへ差し向けるように」と短く指示し、そのまま会話をつづけた。一四世の秘書は法王邸の警備員に、「これからカルマパ師がいらっしゃるので門をあけたままにし、そのまま車を通して下さい」と伝えた。「どこのカルマパ師ですか」と警備員が尋ねた。「チベット国内のカルマパ師です」といわれ、警備員は予想外の返答に気が動転し、それ以上の質問はできなかった。

一〇分も経たないうちに法王専用車が邸内へ消えた。この日、ダライ・ラマ一四世が会っていたのは特別の人物だったのだろう、カルマパ一七世は応接室で待たされた。客人が退出したあと、「疲れたでしょう」「はい」と二人は離れ離れの親子が久し振りに再会したように抱き合った。

一月七日、カルマパ一七世がダラムサラにあらわれ、ダライ・ラマ一四世と会見したというビッグ・ニュースはロンドンから発信され、国際社会に大きな衝撃をもたらした。中国政府は厳重な報道管制を敷き、国営新華社通信を通じてカルマパの置き手紙を紹介してさりげなく伝えた。つまり政治的な亡命ではなく「先代の黒帽や法具を取りに行った」だけにすぎないと、まるですぐにでも戻ってくるような報道であった。

だが、カルマパ一七世の脱走を知った直後の中国政府の衝撃は大きかった。法輪功問題で煮え湯を飲まされていた総書記の江沢民はあらたな火種の発生に激怒し、カルマパのゆくえを追う中国当局の捜索は草の根をかきわけるほどに必死であった。まさしくカルマパ一行は大捜索網に引っかかる寸前にかろうじて逃げ切ったのだ。ツゥルプ僧院はただちに封鎖され、専属家庭教師と料理番の二人の僧侶がどうなったか、その後の消息はわからない。

カルマパ一七世の中国脱出は、欧米で積極的な布教活動を展開するカルマ黒帽派の僧侶や信者を勇気づけた。かれらはすでに豊富な資金力を有していたが、そこへこんどは強力なシンボルを中国から取り戻したのである。まさに鬼に金棒で、欧米に散在するカルマ黒帽派の布教拠点は競って、自由を得た座主の招聘《しょうへい》に乗り出した。

胸の内の秘めた決意

二〇一〇（平成二二）年、カルマパ一七世の訪欧計画がようやくまとまり、この年の夏に出発することになった。だが、対中国外交への配慮を重視したインド政府はカルマパの出国を認めず、訪欧は中止となった。カルマパの国外旅行はインド政府の事前承認が必要だった。カルマパの行動は依然として制約されていたのだ。中止が決まったあと、カルマパはダラムサラで『ニューズウイーク』誌のジェリー・クオ記者のインタビューに応じた。このとき眼鏡をかけたカルマパは二四歳になっていた。そのやりとりはなかなか興味深いので一部を紹介しよう（『ニューズウイーク日本版』二〇一〇年六月二三日号）。


——多くの人があなたをダライ・ラマの後継者と期待している。

「その期待は現実的なものではなく、人々の願いにすぎない。（転生を重ねて）九〇〇歳となるカルマパは、歴史的にチベットの精神的指導者だったが、政治的指導者になったことはない。すでにカルマパには大きな責任があることを考えてほしい。わたしはこれ以上の責任には耐えられない」

――若者はチベットを出てインドや欧米に行きたがっているようだ。いずれチベットの独立を求める運動も廃《すた》れていくのか。

「チベット文化を守るのはむずかしい問題だ。チベットは中国の影響が非常に大きいし、チベットの外に出ればモダンなものが影響してくる。だからわたしたちは、どうやって伝統と現代の生活を組み合わせるかを考えなくてはいけない。

人間は伝統がなければ空虚だが、時代に見合った教育を受けなければ現代社会では生きられない。わたしはいつか自由を獲得したとき、（チベット人が）自分の国を治める能力を持っているように手助けしたい」

――それはチベット独立を支持しているようにも聞こえるが。

「もちろんわたしはダライ・ラマの唱える中庸の道（独立ではなく高度な自治が認められれば、それをよしとする考え）に賛成だ。中国とチベットの関係改善には時間が必要だ。中庸が可能になるなら、わたしたちはチベットに戻って（自治に）貢献することができる。だが、何であれ、わたしたちはチベットの伝統と文化を守らなければならない。チベット仏教は世界中で受け入れられている。だからその保全は世界の文化にとって重要なのだ」

このインタビューからわかるように、カルマパ一七世

すべてのチベット人の本心を推し量るのは不可能だが、亡命チベット人のほとんどは願わくば祖国チベットで家族とともに暮らしたいと思っているはずだ（ラサ郊外で放牧を見守る親子を撮る）

1989年晩秋、ダラムサラの公邸で花をめでるダライ・ラマ14世。そのときから28年経ったいまも、チベットとチベット民族の行く末を案じる気持ちに変わりはない

への期待は本人にとって耐えがたい重圧になっているのはたしかだ。カルマパ自身、亡命チベット人社会のみならず、中国の支配下にあるチベット人の希望の星として応えることのたいへんさを骨身にしみてわかり、チベット法王として君臨してきたダライ・ラマとちがって自分はその立場にないと理解している。

だからといって、このエリート青年僧は宗教界に閉じこもって宗派のトップとして安穏な生涯をおくるつもりはないはずだ。そうでなければ第一、メディアに登場することもあるまい。好むと好まざるとにかかわらずチベット民族の救世主のような役割を担わされ、そこから逃れられない日の到来をカルマパが強く意識しているのはまちがいない。宿命の受容こそが連綿とつづく生まれ変わりというシステムのなせるワザで、カルマパ一七世の胸の内には秘めたる決意があるはずだ。

あとがき

本書を執筆中の二〇一六（平成二八）年九月一七日の朝日新聞に、「生まれ変わりを信じますか？」という読者アンケートが掲載された。一八〇九人から回答を得た結果は、「はい」が三二％、「いいえ」が六八％だった。このIT時代に、三割以上が生まれ変わりを信じているというのは予想外だった。

肯定する理由は「想像するのが楽しい」二四四人、「前世からの因果応報を感じる」一七七人、「来世でやり直したい」一三三人、「前世を記憶する人がいる」一二四人、「前世からの絆を感じる人がいる」九三人、「宇宙観として説得力がある」八七人、「故人と生き写しの人がいる」四九人、「異性や他の生きものになりたい」四〇人だった。

日本人にも前世からの因果応報を感じる人がすくなからずいるのだから、チベット民族が二一世紀の今日もダライ・ラマの転生相続システムになんの疑いを持たないのも当然といえよう。それを当代の一四世は、場合によっては断ち切ろうとしている。なぜ、そうしようとするのか。

二〇一四（平成二六）年九月初旬、ダライ・ラマ一四世の衝撃的な発言が世界を駆けめぐった。マルティン・ルターのような大胆な改革者である一四世はドイツ・ヴェルト紙のインタビューで、「転生制度は廃止すべきである」と言い切ったのだ。チベット民族のアイデンティティーにもかかわる一四世の重大発言にいち早く反応したのは中国共産党政権だった。中国外務省の華春瑩《かしゅんえい》報道官はただちに九月一〇日の記者会見で、「チベット仏教の秩序を大きく損《そこ》なう発言を中国政府と信者は絶対に認めない」と語気を強めて非難した。

歴史の皮肉というべきであろう。これまでダライ・ラマ制を封建時代の遺物としてさんざん批判してきた中国政府が一転して旧来の制度の堅持を主張したのである。これに対してダライ・ラマ一四世は、「ダライ・ラマ制度の将来は、わたしたちチベット人が決めることだ」と反発した。

ダライ・ラマ一四世は、みずからの生まれ変わりの出現を否定するような踏み込んだ発言をしているが、これはあくまでも中国政府へのメッセージである。チベット亡命政府のロブサン・センゲ首相は転生制度の存続を主張し、「(一四世の死後)チベット人はかならずダライ・ラマ一五世を探し出す」と断言している。そして、かりに中国政府が強引にほかのだれかを一五世に選んでも、「その人物は決してチベット人に支持されることはない」と強調する。

ダライ・ラマ一四世がもっとも懸念しているのは、自分がこの世を去ったあと、後継となる転生児が中国国内で中国政府主導のもとに選ばれ、教育されることだ。実際、その公算が強い。というのも、二〇〇七(平成一九)年に中国政府は、チベット仏教僧院の転生者選考に際して中国当局の事前承認を求める規則を定めているからだ。

これでは中国の意のままに操られてきたパンチェン・ラマの二の舞いとなってしまう。「わたしの転生者は中国の支配地域には生まれない」とダライ・ラマ一四世が繰り返し述べているのも、中国共産党政権への強い牽制球にほかならない。

二〇一七(平成二九)年八月九日、ダライ・ラマ一四世はニューデリーで講演し、さらに一歩踏み込んで自分が健在のうちに後継者を決めるウルトラCの可能性を示唆した。また、女性がダライ・ラマ一五世に選ばれることもあり得ると述べた。いずれも伝統的な後継者選びを根底からくつがえす、まさに革命的ともいうべき方策であり、すでに生前のバトンタッチへ向けて具体的な検討に入っているといわれる。

いずれにしても、そう遠くない将来にダライ・ラマ一四世の後継者をめぐってチベット亡命政府と中国政府の間にすさまじい暗闘が展開されるのは火を見るよりあきらかである。中国のある要人は、「ダライ・ラマがこの世から去れば、チベット問題はもはや問題ではなくなる」と言い放つ。だが、チベット人の抵抗がやむはずもなく、ダライ・ラマ後継者問題が二一世紀の大きな争点になるのはまちがいない。本書の執筆の動機も、それを見据えてのことだ。

もう一つ。世間一般には、まだチベットやダライ・ラマ、チベット仏教などに関して基本的なことが知られていないのが気になっていた。世間の関心は強いのだが、たとえば歴史の流れがすっぽりと忘れられたために、あるいは知らないせいで、不都合が生じているといったところも引っかかっていた。チベットの宗教や文化が中国大陸からインド大陸へどんどん移行している現実も、日本人はまだよくわかっていない。なにしろセラ僧院も、デプン僧院も、ガンデン僧院もインドに再建されているのだ。

二〇一三（平成二五）年五月三日、東京・文京区大塚五丁目の護国寺でチベット人僧侶が仮面舞踏チャムを演ずるというので出かけた。周知のように護国寺は真言宗豊山《ぶざん》派の大本山で、ダライ・ラマ一四世は東日本大震災の直後にここで法要を営んでいる。護国寺では時折、チベット人僧侶を招いて催しものをひらいているが、年々、若者の姿がふえているのは喜ばしいことだ。

この日も若い世代が多数おとずれ、目を輝かして砂マンダラの制作実演を見ていた。あらかじめ糸などを使って下書きしたところに赤、黄、青、緑、白に彩色した細かな砂を筒から出して幾何学的なマンダラを描いていく。気の遠くなるような作業であるが、用が済めば、たちまちこわされる。チベットでは、供養が終われば、砂マンダラは川に流されるという。どこか人生のはかなさを感じるが、このとき境内の特設舞台で演じられた仮面舞踊も所作の一つひとつに意味があるといわれる。

演者はインド南部のカルナータカ州にあるタシルンポ僧院の僧侶たちであった。インドにタシルンポ僧院が建てられたのは一九七〇年代のことだった。チベットのシガツェから逃れてきた数人の僧侶が再建に奔走し、二〇一五（昭和二七）年には新本堂が落成した。いまは立派な僧院だが、当初は小さな祠《ほこら》にすぎなかった。仮面舞踏を紹介するパンフレットには、演者がインドのタシルンポ僧院の僧侶であることが明記されていた。にもかかわらず、観客席の若者たちの会話を聞いていると、この僧侶たち全員がチベットから来日したと思い込んでいる。「チベット舞踊だから、チベットから来たお坊さんが演じている」と信じて疑わないのだ。

知り合いの大学教師によれば、学生のほとんどがダライ・ラマ一四世の亡命の経緯を知らないという。日本とアメリカが戦ったことすらわからない若者もいるご時世だ。一四世が亡命してから六〇年近く経っているのだから、驚くことでもないかしれない。だが、そうなるとチベットの現状や文化に誤解が生じてしまうのは避けられない。

いま、なぜ、ダライ・ラマはチベットのポタラ宮殿でなく、インド北端のダラムサラにいるのか。どういう歴史を歩み、これからどうなるのか。また、日本人はチベットとどう向き合ってきたのか。まだ知識のとぼしい若者たちがストンと腑《ふ》に落ちるような、あるいは目からポロリとうろこが落ちるような、そんなわかりやすいダライ・ラマとチベットの歴史を日本人と交流のあった一三世と当代の一四世に焦点をあてながらジャーナリストの目で書きたいと思った。果たして、目的が達成できたかどうか。その判断は読者にゆだねるしかない。

二〇一七（平成二九）年八月

大島　信三

ダライ・ラマ&チベット関連文献

ダライ・ラマ著、日高一輝訳『この悲劇の国、わがチベット』、蒼洋社、一九七八年

ダライ・ラマ著、木村肥佐生訳『チベットわが祖国―ダライ・ラマ自叙伝』、中公文庫、一九八九年

ダライ・ラマ著、山際素男訳『ダライ・ラマ自伝』、文藝春秋、一九九八年

ダライ・ラマ14世テンジン・ギャツォ著、三浦順子訳『愛と非暴力―ダライ・ラマ仏教講演集』、春秋社、一九九〇年

ダライ・ラマ14世法王テンジン・ギャツォ著、斎藤巌／斎藤保高訳『ダライ・ラマ　平和の哲学』、ダライ・ラマ法王日本代表部、一九九二年

ダライ・ラマ一四世テンジン・ギャムツォ著、石濱裕美子訳『ダライ・ラマの仏教入門』、光文社、一九九五年

ダライ・ラマ一四世テンジン・ギャツォ著、福田洋一訳『ダライ・ラマの仏教哲学講義―苦しみから菩提へ』、大東出版社、一九九六年

ダライ・ラマ一四世著、永沢哲訳『宇宙のダルマ』、角川書店、一九九六年

ダライ・ラマ14世テンジン・ギャツォ著、ゲシェー・ソナム・ギャルツェン・ゴンタ／藤田省吾訳『ダライ・ラマ　生き方の探究』、春秋社、一九九七年

ダライ・ラマ14世テンジン・ギャツォ著、ゲシェー・ソナム・ギャルツェン・ゴンタ監訳／鈴木樹代子訳『ダライ・ラマ　瞑想入門―至福への道』、春秋社、一九九七年

ダライ・ラマ14世テンジン・ギャツォ著、田崎國彦／渡邉郁子訳『ダライ・ラマ　他者と共に生きる』、春秋社、一九九九年

ダライ・ラマ14世テンジン・ギャツォ著、ハーディング祥子訳『ダライ・ラマ　死をみつめる心』、春秋社、一九九九年

ダライ・ラマ14世テンジン・ギャツォ著、マリア・リンチェン訳『ダライ・ラマ　智慧と慈悲』、春秋社、二〇〇〇年

ダライ・ラマ14世テンジン・ギャツォ著、谷口富士夫訳『ダライ・ラマ　３６５日を生きる智慧』、春秋社、

二〇〇一年
ダライ・ラマ14世テンジン・ギャツォ著、菅沼晃訳『ダライ・ラマ 智慧の眼をひらく』、春秋社、二〇〇一年
ダライ・ラマ14世テンジン・ギャツォ著、山際素男訳『ダライ・ラマ 幸福になる心』、春秋社、二〇〇一年
ダライ・ラマ14世テンジン・ギャツォ著、谷口富士夫訳『ダライ・ラマ 至高なる道』、春秋社、二〇〇一年
ダライ・ラマ14世テンジン・ギャツォ著、マリア・リンチェン訳『ダライ・ラマ〈心〉の修行』、春秋社、二〇〇二年
ダライ・ラマ14世テンジン・ギャツォ著、クンチョック・シタル監訳／鈴木樹代子訳／斎藤保高原典訳『ダライ・ラマ 大乗の瞑想法』、春秋社、二〇〇三年
ダライ・ラマ14世テンジン・ギャツォ著、宮坂宥洪訳『ダライ・ラマ ゾクチェン入門』、春秋社、二〇〇三年
ダライ・ラマ14世テンジン・ギャツォ著、宮坂宥洪訳『ダライ・ラマ 般若心経入門』、春秋社、二〇〇四年
ダライ・ラマ14世テンジン・ギャツォ著、マリア・リンチェン訳『ダライ・ラマ 慈悲の力』、春秋社、二〇〇四年
ダライ・ラマ14世テンジン・ギャツォ／ビクター・チャン著、牧内玲子訳『素顔のダライ・ラマ』、春秋社、二〇〇六年

¶

ハインリヒ・ハラー著、福田宏年訳『チベットの七年―ダライ・ラマの宮廷に仕えて』、白水社、一九八九年
ジョン・F・アベドン著、三浦順子／小林秀英／梅野泉訳『雪の国からの亡命―チベットとダライ・ラマ半世紀の証言』、地湧社、一九九一年
フランシスコ・J・ヴァレーラ／ジェレミー・W・ヘイワード編著、山口泰司／山口菜生子訳『［徹底討論］心と生命〈心の諸科学〉をめぐるダライ・ラマとの対話』、青土社、一九九五年
ロブサン・ワンギェル著『ダライ・ラマ14世の主治医が語る心とからだの書』、法研、一九九五年
ヤンツォム・ドマ著、ペマ・ギャルポ監修／青木真理訳『チベット 家族の肖像―ダライ・ラマ十四世の母』、近代文芸社、一九九八年
五十嵐文彦／牧野聖修著『ダライ・ラマの微笑』、蝸牛社、一九九八年
田中公明著『活仏たちのチベット―ダライ・ラマとカルマパ』、春秋社、二〇〇〇年
グレン・H・ムリン著、田崎國彦／渡邉郁子／クンチョ

ック・シタル訳『14人のダライ・ラマ　その生涯と思想』上下巻、春秋社、二〇〇六年

ロバート・サーマン著、鷲尾翠訳『なぜダライ・ラマは重要なのか』、講談社、二〇〇八年

長田幸康著『知識ゼロからのダライ・ラマ入門』、幻冬舎、二〇〇八年

石濱裕美子著『ダライ・ラマと転生―チベットの「生まれ変わり」の謎を解く』、扶桑社、二〇一六年

¶

アラン・ウィニントン著、阿部知二訳『チベット』上下巻、岩波新書、一九五九年

アンナ・ルイズ・ストロング著、西園寺公一訳『チベット日記』、岩波新書、一九六一年

ロバート・フォード著、近藤等訳『赤いチベット』、芙蓉書房、一九七〇年

ＮＨＫ取材班著『チベット紀行』、日本放送出版協会、一九八二年

藤原新也著『チベット放浪』、朝日選書、一九八二年

Ｅ・タイクマン著、水野勉訳『東チベット紀行』、白水社、一九八六年

ペマ・ギャルポ著『チベット入門』、日中出版、一九八七年

山口瑞鳳著『チベット』上下巻、東京大学出版会、一九八七～八年

英国議会人権擁護グループ報告、チベット問題を考える会編訳『チベット白書』、日中出版、一九八九年

クリストファー・ギブ著、小川英郎訳『チベット史ものがたり』、日中出版、一九八九年

チョギャム・トゥルンパ著、武内紹人訳『チベットに生まれて―或る活仏の苦難の半生』、人文書院、一九八九年

ピエール＝アントワーヌ・ドネ著、山本一郎訳『チベット＝受難と希望』、サイマル出版会、一九九〇年

ペマ・ギャルポ著『チベットはどうなっているのか？』、日中出版、一九九〇年

Ｒ・Ｄ・タリン著、三浦順子訳『チベットの娘―リンチェン・ドルマ・タリンの自伝』、中公文庫、一九九一年

坪野和子著『チベットで深呼吸』、凱風社、一九九一年

イッポリト・デシデリ原著、フィリッポ・デ・フィリッピ編、薬師義美訳『チベットの報告１、２』（全二巻）、東洋文庫、一九九一～二年

Ｗ・Ｄ・シャカッパ著、貞兼綾子監修／三浦順子訳『チベット政治史』、亜細亜大学アジア研究所、一九九二

年
R・A・スタン著、山口端鳳／定方晟訳『チベットの文化　決定版』、岩波書店、一九九三年
李奈著、韓美津訳『チベット　旅の百日』、中公文庫、一九九三年
A・T・グルンフェルド著、八巻佳子訳『現代チベットの歩み』、東方書店、一九九四年
チベット亡命政府　情報・国際関係省著、南野善三郎訳『チベットの現実』、現代社、一九九五年
ソギャル・リンポチェ著、大迫正弘／三浦順子訳『チベットの生と死』、講談社、一九九五年
ヴィッキー・マッケンジー著、山際素男訳『チベット奇跡の転生』、文藝春秋、一九九五年
フレデリック&オードリー・ハイド・チェンバース編、中島健訳『チベットの民話』、青土社、一九九六年
黒田康夫著『智慧の海―インド・チベット写真紀行』、日資出版社、一九九六年
¶
丹羽基二著『天葬の国チベット』、芙蓉書房出版、一九九七年
デイヴィッド・スネルグローヴ／ヒュー・リチャードソン著、奥山直司訳『チベット文化史』、春秋社、一九九八年
パルデン・ギャツォ著、檜垣嗣子訳『雪の下の炎』、新潮社、一九九八年
¶
チベット亡命政府　情報・国際関係省著、南野善三郎訳『チベット入門』、鳥影社、一九九九年
石濱裕美子著『図説　チベット歴史紀行』、河出書房新社、一九九九年
チベット亡命政府　情報・国際関係省著『提唱と往復書簡　ダラムサラと北京』、風彩社、二〇〇〇年
イザベル・ヒルトン著、三浦順子訳『高僧の生まれ変わり　チベットの少年』、世界文化社、二〇〇一年
石濱裕美子編著『チベットを知るための50章』、明石書店、二〇〇四年
ペマ・ギャルポ著『日本人が知らなかったチベットの真実』、海竜社、二〇〇八年
スウェン・ヘディン著、高山洋吉訳『西蔵探検記』（近代チベット史叢書3）、慧文社、二〇〇九年
チャールズ・ベル著、田中一呂訳『西蔵《チベット》―過去と現在』（近代チベット史叢書4）、慧文社、二〇〇九年
フランシス・ヤングハズバンド著、村山公三訳『西蔵《チベット》―英帝国の侵略過程』（近代チベット史叢書5）、慧文

社、二〇〇九年
高本康子著『近代日本におけるチベット像の形成と展開』、芙蓉書房出版、二〇一〇年
チベット中央政権文部省著、石濱裕美子／福田洋一訳『チベットの歴史と宗教―チベット中学校歴史宗教教科書』、明石書店、二〇一二年
メルヴィン・C・ゴールドスタイン／ベン・ジャオ／タンゼン・ルンドゥプ著、楊海英監訳、山口周子訳『チベットの文化大革命―神懸り尼僧の「造反有理」』、風響社、二〇一二年
ツェリン・オーセル／王力雄著、劉燕子編訳『チベットの秘密』、集広社、二〇一二年
ウイリアムス春美著『ぶらりあるき　チベット紀行』、芙蓉書房出版、二〇一三年
村上大輔著『チベット　聖地の路地裏――八年のラサ滞在記』、法蔵館、二〇一六年

¶

佐藤長著『古代チベット史研究』再版上下巻、同朋舎出版、一九七七年
佐藤長著『チベット歴史地理研究』、岩波書店、一九七八年
山口瑞鳳著『吐蕃王国成立史研究』、岩波書店、一九八三年
中沢新一著『チベットのモーツァルト』、せりか書房、一九八三年
佐藤長著『中世チベット史研究』、同朋舎出版、一九八六年
中村元選集第四巻『チベット人・韓国人の思惟方法』、春秋社、一九八九年
色川大吉編『チベット・曼陀羅の世界』、小学館、一九八九年
テオドール・イリオン著、林陽訳『チベット永遠の書―〈シャンバラ〉極限の果てに「生」の真理を見た』、徳間書店、一九九四年
クンチョック・シタル／ソナム・ギャルツェン・ゴンタ著、齋藤保高訳『実践・チベット仏教入門』、春秋社、一九九五年
アレクサンドラ・デビッドニール著、林陽訳『チベット魔法の書―〈秘教と魔術〉永遠の今に癒される生き方を求めて』、徳間書店、一九九七年
国立民族学博物館編『チベット　ポン教の神がみ』、財団法人千里文化財団、二〇〇九年

¶

河口慧海著『チベット旅行記』、白水社、一九七八年

高山龍三著『河口慧海―人と旅と業績』、大明堂、一九九九年
河口正著『河口慧海―日本最初のチベット入国者』新版、春秋社、二〇〇〇年
奥山直司著『評伝　河口慧海』、中央公論新社、二〇〇三年
寺本婉雅著、横地祥原編『蔵蒙旅日記』、芙蓉書房、一九七四年
隅田正三著『チベット探検の先駆者　求道の師「能海寛」』、波佐文化協会、一九八九年
江本嘉伸著『能海寛　チベットに消えた旅人』、求龍堂、一九九九年
青木文教著『秘密の国　西蔵遊記』、中公文庫、一九九〇年
青木文教著『秘密国チベット』、芙蓉書房出版、一九九五年
青木文教著『西蔵《チベット》問題――青木文教外交調書』（近代チベット史叢書1）、慧文社、二〇〇九年
青木文教著、長野泰彦／高本康子編・校訂『西蔵《チベット》全誌』、芙蓉書房出版、二〇一〇年
高本康子著『ラサ憧憬―青木文教とチベット』、芙蓉書房出版、二〇一三年
多田等観著『チベット』《特装版》、岩波書店、一九九二年
多田等観著、牧野文子編『チベット滞在記』《新装版》、白水社、一九九九年
多田明子／山口瑞鳳編『多田等観―チベット大蔵経にかけた生涯』、春秋社、二〇〇五年
今枝由郎監修・編集『多田等観全文集』、白水社、二〇〇七年
高本康子著『チベット学問僧として生きた日本人―多田等観の生涯』、芙蓉書房出版、二〇一二年
浅田晃彦著『世界無銭旅行者―矢島保治郎』、筑摩書房、一九八六年
木村肥佐生著『チベット潜行十年』、中公文庫、一九八二年
西川一三著『秘境西域八年の潜行』上中下巻、中公文庫、一九九〇年〜一九九一年
野元甚蔵著『チベット潜行１９３９』、悠々社、二〇〇一年
江本嘉伸著『西蔵漂白』上下巻、山と渓谷社、一九九三〜九四年
根深誠著『遥かなるチベット』、山と渓谷社、一九九四年

ピーター・ホップカーク著、今枝由郎／鈴木佐知子／武田真理子訳『チベットの潜入者たち―ラサ一番乗りをめざして』、白水社、二〇〇四年
旅行人編集部著『旅行人ノート　チベット第４版』、旅行人、二〇〇六年

¶

トム・ダマー著、井村宏次監訳、久保博嗣訳『チベット医学入門―ホリステック医学の見地から』、春秋社、一九九一年
テリー・クリフォード著、中川和也訳『チベットの精神医学―チベット仏教医学の概観』、春秋社、一九九三年
山本哲士著『チベット医学の世界』、東方出版、一九九六年
ピーター・ホップカーク著、京谷公雄訳『ザ・グレート・ゲーム』、中央公論社、一九九二年
ジャンベン・ギャッツォ著、池上正治訳『パンチェン・ラマ伝』、平河出版社、一九九一年
おおえ　まさのり訳編『チベットの偉大なヨギー　ミラレパ』、めるくまーる社、一九九二年
吉田順一／賀希格陶克陶／柳澤明／石濱由美子／井上治／永井匠／岡洋樹共訳注『アルタン＝ハーン』訳注、風間書房、一九九八年
棚瀬慈郎著『ダライラマの外交官ドルジーエフ―チベット仏教世界の20世紀』、岩波書店、二〇〇九年
高世瑜著、小林一美／任明訳『大唐帝国の女性たち』、岩波書店、一九九九年
W・Y・エヴァンス‐ヴェンツ著、加藤千晶／鈴木智子訳『チベット密教の祖　パドマサンバヴァの生涯』、春秋社、二〇〇〇年
ソナム・ギェルツェン著、今枝由郎監訳『チベット仏教王伝―ソンツェン・ガンポ物語』、岩波文庫、二〇一五年

著者
大島　信三（おおしま しんぞう）
昭和17年、新潟県生まれ。早稲田大学教育学部卒。同39年、産経新聞社に入社。千葉支局を振り出しに新聞と雑誌の両部門で政治や国際問題、文化全般の取材、インタビュー、編集に携わった。日本の戦後政治史や中国を中心に台湾、チベット、北朝鮮、パリと東京の街歩き、それに著名人の生き方が長年の関心領域。『週刊サンケイ』編集長、『新しい住まいの設計』編集長、特集部編集委員、『正論』編集長、編集局編集委員、特別記者を経て平成21年退社。著書に『異形国家をつくった男――キム・イルソンの生涯と負の遺産』、『宮尾登美子　遅咲きの人生』（いずれも芙蓉書房出版）がある。日本記者クラブ会員。

ダライ・ラマとチベット
――1500年の関係史――

2017年 9月25日　第1刷発行

著　者
大島《おおしま》 信三《しんぞう》

発行所
㈱芙蓉書房出版
（代表 平澤公裕）
〒113-0033東京都文京区本郷3-3-13
TEL 03-3813-4466　FAX 03-3813-4615
http://www.fuyoshobo.co.jp

印刷・製本／モリモト印刷

ISBN978-4-8295-0720-9